金融常识

从入门到精通

张卉妍 ☆ 编著

美绘插画版
Economics
经营管理

Financial Literacy

★金融，如影随形★

剥去金融学复杂的表象，
感受金融学的魅力。

个人理财、
企业融资、
金融市场，
在现实社会生活中应用金融学！

U0961733

每天读点金融学
躲避金融陷阱

四川人民出版社

金融出问题了，对我们有什么影响

体现国家的经济水平：GNP

金融常识

从入门到精通

张卉妍 ☆ 编著

四川人民出版社

图书在版编目（CIP）数据

金融常识从入门到精通 / 张卉妍编著 . -- 成都：四川人民出版社, 2021.6（2024.2重印）
ISBN 978-7-220-11674-2

Ⅰ . ①金… Ⅱ . ①张… Ⅲ . ①金融学－基本知识 Ⅳ . ① F830

中国版本图书馆 CIP 数据核字 (2019) 第 272198 号

JINRONG CHANGSHI CONG RUMEN DAO JINGTONG

金融常识从入门到精通

张卉妍　编著

出 版 人	黄立新
策划组稿	张明辉
责任编辑	刘姣娇
营销策划	张明辉
插画绘制	金版文化
责任印制	祝　健
出版发行	四川人民出版社（成都三色路238号）
网　　址	http：//www.scpph.com
E-mail	scrmcbs@sina.com
新浪微博	@四川人民出版社
微信公众号	四川人民出版社
发行部业务电话	（028）86361653　86361656
防盗版举报电话	（028）86361653
印　　刷	唐山楠萍印务有限公司
成品尺寸	135mm × 180mm
印　　张	14
字　　数	300千
版　　次	2021年6月第1版
印　　次	2024年2月第2次印刷
书　　号	ISBN 978-7-220-11674-2-01
定　　价	78.00元

前言

PREFACE

当今社会，除非你的生活能够远离金钱，否则，不管你是否喜欢，人人都需要关注金融，不仅要关注国内的，还要关注国际的。这些年来，全球经济已经一体化，可谓大家都生活在一个地球村，任何地方发生的财经事件都有可能直接或间接影响到你的切身利益。说白了，金融的变化将直接关系到你我钱包的大小。于是，有关普通百姓如何应对通货膨胀、货币、金融问题，以及美元贬值策略、中国企业转型迫在眉睫、人民币走向国际等系列话题，都成了街头巷尾的谈资。

法国哲学家狄德罗说，人们谈论最多的事情，往往是最不熟悉的事情。金融也许就是这样。它不仅在历史的长河中主宰着各国的兴衰变迁，同时也在现实生活中与我们如影随形。可以说，我们的生活时刻被金融学的影子所萦绕，日常生活的点点滴滴都与金融学有着或远或近的关系，每一件小事背后其实都有一定的金融学规律和法则可循，我们的生活已经离不开金融学。这是一个金融的世界，人人难以置身其外。金融与我们每个人一生的幸福息息相关，与一个国家强弱盛衰的运势息息相关。经济全球化是历史发展的必然趋势，中国无法置身于外。我们只有参与到全球产业链的竞争与合作中去，才能分享全球化带来的好处。我们既要参与国际游戏，享受全球化带来的好处，又要注意防范国际游戏的风险和陷阱。这就要求我们必须熟悉和掌握国际游戏的规则。毋庸置疑，历史上任何一个国家的兴衰变迁都离不开金融的力量，一切国际大事件的背后都蕴含着这样一个真理——金融在改变国家的命运。

人类已经进入金融时代、金融社会，金融无处不在，并已形成一个庞大体系。金融学涉及的范畴、分支和内容非常广，如货币、证券、银行、保险、资本市场、衍生证券、投资理财、各种基金（私募/公募）、国际收支、财政管理、贸易金融、地产金融、外汇管理、风险管理等。金融学尽管遍布我们生活当中的方方面面，但因为其具有专业性、学术性，以及需要精深的数学工具才能深悟其运行机理，所以，一般读者很难剥去金融学复杂的表象看到本质。当面对众多复杂的金融变量和令人眩晕的金融数据时，很多人只好选择逃避，于是金融学往往被束之高阁，变得“神圣”，成为专家手里的玩偶。知识只有普及大众，才能显示出其持久的生命力。如何把博大精深、抽象难懂的金融学知识用通俗易懂的语言解读，如何让它从高深的学术殿堂上走下来、步入寻常百姓家，已成为人们亟待解决的问题。

本书系统讲述了金融学的基本理论知识及其在现实社会生活中的应用，以浅显的语言普及经济学常识，以轻松的笔墨回答金融学问题。书中没有艰深晦涩的专业术语，而是以金融学的基本结构作为骨架，以生活中的鲜活事例为血肉，将金融学内在的深刻原理与奥妙之处娓娓道来，让读者在快乐和享受中迅速了解金融学的全貌，并学会用金融学的视角和思维观察、剖析种种金融现象，读懂国际热点事件背后蕴藏的金融原理。书中将金融学中最生动的一面呈现在读者面前。通过回顾金融的演化历史，以通俗易懂的语言为读者解释金融专业术语和金融原理在现实生活中的应用，并通过历史上金融家的故事，让读者身临其境地感受金融学的魅力，这是我们的编写宗旨。希望读者在阅读之后可以有所启发，在大的金融背景下，运用所学指导自己的行为，解决生活中遇见的各种难题，从而更快地走向成功。读过本书，你就会发现，金融学一点儿也不枯燥难懂，而是如此地贴近生活、如此的有趣，同时又是如此的实用。

目录

CONTENTS

上篇　入门篇：开启金融之门

停!

中篇　基础篇：走近金融的世界

下篇 操作篇：打理金融生活

上篇

入门篇：开启金融之门

PART 01

我们生活在富饶的“金融时代”——什么是金融学

推开金碧辉煌的金融学殿堂的大门

金融学研究的就是关于金钱的问题，货币就是它的研究对象。更重要的是，当你推开金融学的大门，你会发现，金融无处不在。在这里，你不仅能接触到银行存款和银行贷款，还能知道物价上涨会对利率产生什么影响；不仅能懂得利用基金、股票来理财投资，还知道外汇期货也是好的金融工具。在这里，你不仅能从美国金融中心华尔街漫步到香港，还能从北京金融大街畅游到上海陆家嘴金融中心。在这里，你不仅能欣赏到庄严古朴的建筑，还能欣赏神奇的“以钱生钱术”，甚至感受到金融操纵、控制政治的强大力量。

随着社会经济的不断进步与发展，金融投资活动越来越多地被人们所认识并接受，成为平常百姓家的一个常见话题，金融学早已走下学术的“神坛”，飞入了寻常百姓家。

改革开放以前，由于人们日常生活中很难接触或利用金融投资方面的知识，并且与西方发达国家的交流很少，所以在绝大部分人的观念中，金融学与金融投资是一项必须通过专业知识的学习与训练才能掌握的高深学问，而一般人也很难有专业的学习与训练机会。但是，改革开放以来，随着社会经济的发展，大量西方发达国家的金融知识或金融产品被引入，同时普通民众接触到越来越多的关于金融的实际问题。伴随着金融业的发展，老百姓日常理财和投资需要增加，特别是网络的普及，越来越多的人通过学习理论知识、亲身参与金融理财实践，加深了对金融学认识的广度和深度，而这些金融学知识也往往成为他们获取更多财富的重要路径。

以前，企业经济和金融甚至都可以分开，联系还不是那么紧密；而现在，全球经济紧紧地绑在一起，企业经济和金融也无法分开，更重要的是，金融已经和每个人绑在一起了，金融和实体经济相互影响和渗透，跟人们的生活密切相关。

所以无论是生活还是经营，在现在这个社会里，都已经离不开金融了。金融领域谁都可以进入，但是对于你怎么利用它，还得看个人的知识和功力。有些人走错道，可能走进了可怕的鬼屋，好端端吓病一场；有些人好好研究了，可能就走出了正确道路，不仅看到美丽的风景，也许还有很多美味诱人的财富果实。

越来越多的财富是金融活动创造的

财富是怎么创造出来的？我们说，有投入才有产出，产出就是财富。所有的产业都一样，包括农业、工业和服务业，都是以创造财富为目的的。在早期的农业社会，财富主要是粮食，是农作物；在工业社会，财富主要是产品，生产出多少产品就是创造了多少财富；在现在服务业发达的今天，财富的创造逐渐从农业和工业转移到服务业上，而在服务业中，创造财富最多的莫过于金融业了。

那么，金融是怎么创造财富的呢？我们都知道，一笔同样的钱，在不同的时间和不同的地点以及不同人手上，它带来的效益是不一样的。举个例子来说，同样100块钱，对于一个富人来说可能毫不在意，随手撕掉毫不放在心上；但是对一个穷人来说，100块钱很有用，也许可以为孩子买一罐奶粉，也许正好给年迈的父母买上一盒急用药，也许是家里好几天的菜钱。资金的效用各有不同。另外，相同的钱用在不同的地方带来的收益也完全不同。比如还是那100块钱，有些人可能拿来买吃的，被消费掉了；而有些人则有可能拿来投资，放到股市里以期赚更多的钱。金融就有这么一个作用：在没有金融业的时候，人们钱多了只能储藏起来；而有金融系统以后，人们钱多了则有很多选择，可以放在银行里拿利息，可以放到证券市场上去投资等待股息分红，可以购买保险、国债等。当然，金融投资是有风险的，这个风险则是每个参与者都需要承担的。但是与风险相对应的就是收益，金融创造出的巨大财富吸引许多人将闲置资金放到金融市场里，以期为自己创造更多的财富。

作为老牌强国的英国，资产阶级革命以后，随着资本市场的逐渐发展，股票和债券市场也随之建立起来。英国政府借助债券市场的力量，以较低的利率筹集到大量资金，不仅满足了各项经费开支，还利用这些资金建立起了一支强大的军队。英国在股票市场上也很有作为，英国的企业在股票市场上筹集到企业运营所必需的资金，同时，所有的股东都根据投资额度享有相应的有限责任。因此，许多投资者都能够积极参与到企业的发展中去，全心全意为企业的发展着想。

美国的金融市场更不必说，几乎可以这么说，美国的崛起与金融是密不可分的。美国的独立战争及南北战争，也欠下很多的战争债务。在独立战争之后，面对各种债务，管理财政的汉密尔顿很轻松地化解了这些难题，其途径其实特别简单，就是发行了三只新债，并且进行债务重组，除了化解债务危机之外，还为华尔街的兴起奠定了坚实基础。

华尔街所创造的财富自然不必在这里强调，全世界几乎大部分资本都会跑到华尔街。这充分证实金融对财富创造的一个巨大贡献。另外，几乎人尽皆知的一个人物——“股神”巴菲特，他几百亿美元的资产几乎都是通过金融活动所赚来的。中国的上海陆家嘴金融中心，那里林立的高楼中没有一家工厂，但创造的财富惊人。

从个人来说，金融更多地意味着个人理财。时间往前倒退二三十年，大部分人说起理财恐怕只有一个途径：存钱。而现在，很多人都知道投资理财有多种途径，鸡蛋不能放在一个篮子里。我们除了要规避投资风险，同样要注意储蓄的收益可能被通胀抵消，所以很多人会进行股票、债券、保险、国债、基金投资，以及搭配不同期存款来实现资产的保值增值。

所以说，如今的生活中，越来越多的财富是被金融创造出来的，金融在经济生活中的作用也将越来越重要，我们每个人

都应当越来越重视金融的作用，要更加深入地去了解和学习金融知识。当然，国家也必须加快金融制度建设，加快法制建设以促进金融的发展。

金融出问题了，对我们有什么影响

辛格夫妇都是工厂工人，如今退休在家，拿着养老金，日子闲适。一天在街上散步，听到很多人议论纷纷，说金融危机来了，许多金融公司倒闭，很多老板跳楼。二老一边唏嘘，一边庆幸地说，我们虽然没什么钱，但这个时候我们比那些金融大亨幸福。我们不投资，不买股票，没有债券，有点积蓄存银行里，多安全啊！当初不买基金，那个卖基金的小伙子还说咱们老顽固呢！这下是我们对了吧！

辛格夫妇说得到底对不对呢？是不是金融只对从事金融活动的人有影响，对普通老百姓没影响呢？金融出问题了，到底会带来哪些后果？

我们先回顾一下历史上人尽皆知的几次金融危机。1929年美国大萧条波及世界各地，大批银行倒闭，产品大量剩余积压，成桶的牛奶被倒入河里，企业纷纷破产，工人失业是普遍现象，每天排队等候救济粮的失业工人不计其数。1997年东南亚金融危机，自泰国货币危机始，短短几个月内金融危机很快席卷整个东南亚，甚至波及日本、韩国等地，并且不断向全球扩散。更近一点，2008年美国次贷危机，因次贷缘起，波及整个金融领域，以致几乎引起全面的经济危机。受此影响，危机爆发的头几个月里广东沿海许多出口加工型的企业纷纷倒闭。美国的金融危机，能波及一个广州的工人，世界各地纷纷出现失业、股市暴跌、金融动荡等现象。

金融危机对我们生活的具体影响主要有以下几个层面：第一，是金融系统层面。既然金融出现问题，那么首先受影响的就是金融系统。基金债券公司倒闭，投行关门，金融从业者失业。比如2008年美国金融危机，雷曼兄弟破产，随后在同一天美林证券被美国银行收购，接着美国保险集团AIG也陷入危机，更有“两房”（房利美和房地美）濒临退市，华尔街金融从业人员顷刻间纷纷失业，并且相当长一段时间内还很难找到工作。除投行外，与民众联系更密切的银行也一样面临危机。如果银行倒闭，除银行工作人员失业外，市民的存款皆付诸东流，如果市民把全部存款都放在银行且是同一个银行，则风险更大。现在国际金融系统联系越来越紧密，所以有“美国打个喷嚏，全球可能就要感冒”的说法。

第二，对实体经济的影响。金融危机的爆发会使实体经济进入低迷状态。金融为什么会影响实体呢？从经济体内部讲，金融发生问题，企业融资势必就困难，并且有相当一部分企业本身会因在金融市场投资而失利，于是企业进行的生产就将萎缩，社会产出减少；大量工人失业，收入减少，购买力进一步下降，有效需求减弱，经济进一步萎靡；如果是全球性的问题，不仅国内需求减少，国际需求也逐渐减少，有效需求进一步降低，经济增长势必放缓，甚至出现负增长。

第三，是市场信心。当金融低迷时，投资者对市场信心就小，如果持续低迷，则信心越来越弱。如果金融问题影响到投资者的信心，则预期收益会减少，投资者宁愿观望也不愿投资，投资需求减少，投资需求是有效需求的一部分，有效需求不足会造成经济发展失衡，影响产出增长。

任何一次金融危机都对经济带来了不同程度的影响，并且都会造成经济增长停滞或者放缓。严重的金融危机还会引起金融秩序的混乱甚至经济动荡。

所以，金融的问题不仅与国家有关，也与个人息息相关。金融危机一旦发生，每个人的日子都将变得艰难。所以，国家需要建立起完善的金融系统。对个人而言，投资则要谨慎。

为什么钱多了许多人并没有感到富有

“钱多起来了”，这句话用来形容现在的中国确实一点也不过分。首先国家富有，外汇储备多；从人们的个人财富上来说，也确实多了起来，农民们盖起小洋楼，家用电器全齐了，虽然消费习惯和设施选择等方面的差异还是很大，但室内设施其实已经跟城里并没太大差别了。至少，同10年前相比，生活水平是大大提高了，同30年前相比，更是发生了天翻地覆的变化。但是，如今人们的幸福感，也许还不如30年前呢。

为什么中国钱多了许多人并不感到富有？

陈志武教授说过这么一段话：以前基于亲情和友情从而实现的互助互惠的经济活动，如今已经是市场化、经济化的东西了，全部都渗透了隐性的金融交易。而现实里显性金融服务，如保险、养老、信贷以及其他投资产品又无法跟上，保障不够健全，那么中国人在钱多起来的同时，可能仍旧很不安，甚至更加不安。生活压力似乎远超过我们的收入，即使今天能过着富有的生活，但人们对未来总是惴惴不安。这会导致人们偏好储蓄，消费跟不上收入水平，因而会导致内需不足，难以增长，总体的经济增长仍然需要大量依靠外需来拉动，而国人的幸福感也无法提升。

所以，说起来是人们富起来了，但是金融工具没跟上。

中华民族是古老而勤劳的民族，勤劳一直都是美德，但是中国人历来勤劳却不够富有。因为我们缺少金融工具，没有丰富的产业资本和生产资金。改革开放之初，我们是没有资金，无法解决发展中需要资金的问题，因此要广引外资，借助外资的力量和技术来带动我们自身经济的发展。随着改革开放的深入，我们把资金引来了，技术引来了，制度也开始效仿和创新了，各方面都发展上去了，但是金融的创新还没跟上。

另外，随着经济每年稳步增长，中国经济增长率在世界也是备受瞩目，人们财富增加的同时消费水平也逐渐提高，很平常的日常活动也需要大量金钱的支持，收入多了，支出也多了，于是总体上人们就感觉不到财富增加了多少。另外，一个很重要的因素，通货膨胀一直伴随着人们的生活，通胀预期从来就没有减少，甚至日趋加深。人们的财富因通胀抵消的程度很大，甚至导致了人们不敢消费又不敢储蓄的双重困境。一方面，因未来的不确定性以及防范风险和意外的需要导致不敢消费；另一方面，储蓄所得收益甚至都比不上通胀，钱放在银行里不仅没有增值，甚至连保值都困难，大量储蓄面临贬值的风险。

现在的保障体系还不完善，城市居民可以享受到比较健全的保险，农村居民的保险还有很多不健全的地方。经济活动的广泛导致生活环境质量日益下降，一些百姓生活最关心最重要的问题仍然不能够很好地解决，所以打个不好听的比方，即使人们睡觉的时候手中还捏着钱，做的梦也许还是不安稳的，更谈不上幸福感。

在幸福感里面，一个很突出的问题就是房子的问题。在中国的文化里，本身就有一种置业文化，就类似于有房才有家的感觉。除了房子这个本身不动产不可流通之外，人们的消费力度更加下降，流通性更加减弱，因此更加阻碍了经济的增长。

PART 02 金融如何改变了我们的生活——为什么要读点金融学

农副产品“疯涨”背后的金融学

继“蒜你狠”“豆你玩”“姜一军”“苹什么”“糖高宗”之后，又出现了“盐王爷”。2011年，随着“3·11”日本本州岛海域地震，受碘盐抢购影响，盐价飙升。

“今天你买盐了吗？”“涨到5元一包了？！”“货架空了？！”当年在路上时不时能听到诸如此类的对话；而网络上也诞生了“盐如玉”“盐王爷”等热词。2011年3月15日，因为日本核电站泄漏事故，有谣言称日本核辐射会污染海水导致以后生产的海盐都无法食用，因此引起一些市民疯狂抢购食盐。

2009年，大蒜批发价格从4月的每公斤0.2元上涨到5月的每公斤0.3元，到6月的每公斤1元，到8月的每公斤2.5元，再到12月的每公斤4元，直至2010年初每公斤19元，一路猛涨。

于是有网友就送给了大蒜一个外号叫“蒜你狠”。同样的还有“豆你玩”等，新一轮的农副产品涨价人人都有切身体会。农副产品为何一改往日的“平民”形象，同时走上了

“疯涨”的路子？

这还得从2009年3月出现的甲流（甲型H1N1流感）疫情说起。那时，国内就盛传“大蒜具有预防甲型流感的功效”，甚至有媒体称“美国专家也把大蒜列为九大消毒蔬菜之首”。虽然其间有政府和专家出面辟谣，大蒜的抗甲流作用并未有临床证明，也没有科学依据，但是这期间不单是中国，国际上也出现了“一蒜难求”的局面。从2009年起，多个国家开始加大大蒜进口力度，其中日本、韩国及东南亚等国家大量向中国采购大蒜，使得中国的大蒜出口量大幅增加。

究竟是什么原因造成了我们日常生活的必需品出现如此疯狂涨价的局面？

物价是商品或劳务在市场上的交换价格，有输入价格和输出价格两种。输入价格是为生产或销售目的而取得商品或劳务的价格；输出价格是作为产品销售的商品或劳务的价格。企业按某一输入价格购买一项商品，再按较高的输出价格售给客户，这种情况不能视为该项商品的价格发生了变动。只有同是输入价格或输出价格增高或降低，才算物价发生了变动。

从2007年以来，物价就一直走高。国家统计局发布的2011年2月居民消费价格指数（CPI）同比上涨4.9%，涨幅与1月持平，已超过3%的警戒线。粮、肉、蛋、菜等产品上涨幅度较大，商品房价格居高不下，这些问题都与民生息息相关。通胀压力加大，物价普涨，不涨价的商品越来越少。消费者会紧盯这些价格低廉和平稳的生活必需品的价格波动，并随时采取抢购和囤积行动，这其中就包括食盐。这些客观原因的存在，使得本来并不值钱的农副产品一夜之间身价百倍，成为“金贵”的东西。

物价变动的原因，一般说来有以下几个主要方面：一是劳动生产率的变化。某种商品生产率普遍提高，该种商品的价格就会下跌；反之，如果劳动生产率普遍降低，则价格就会相应上涨。二是技术革命。技术进步，一方面使有关产品中凝结的人类复杂劳动增多，从而导致其价值增加，价格上涨；另一方面，使原有产品的经济效能相对降低，价值受贬，价格下跌。三是货币价值的变动。货币所表现的价值是商品的相对价值，即商品价值量同时发生等方面等比例的变动，商品的价格不变。但如果二者任何一方的价值单独发生变动，都会引起价格的涨跌。如果货币价值不变而商品价值提高，或者商品价值不变而货币价值降低，商品价格就会上涨；反之，如果货币价值不变而商品价值降低，或者商品价值不变而货币价值提高，商品价格就会下跌。四是供求关系。在市场经济条件下，商品价格在很大程度上受供求情况的影响。当商品供不应求时，价格就会上涨；反之，当商品供过于求时，价格就会下跌。五是竞争和垄断。竞争引起资本在各生产部门之间的转移，促使商品的价格发生变动，通常为价格下跌。垄断引起商品价格的操纵，使物价发生变动，通常为价格上涨。

当前物价上涨是全球性现象，原因错综复杂。各国为稳定物价，都采取了一些积极有效的措施。日本一直是世界上零售物价最稳定的国家之一，其稳定物价的成功做法主要有以下几个方面：

1. 高度重视生活必需品供给的稳定

日本提出，确保市场上生活必需品的供给，对于物价总水平的稳定具有决定性的意义。以蔬菜为例，蔬菜等鲜活农产品的生产和供给状况极易受气候影响，价格波动的频度和幅度远大于其他生活必需品。因此，日本的各种经济组织，一方面指导蔬菜等农产品的生产和上市有计划地进行；另一方面，当菜价出现一定程度或大幅度上升时，稳定蔬菜供给基金等组织根据市场的有效需要不失时机地向市场增投蔬菜，扩大供应，保证需求，从而平抑菜价。

2. 政府紧握流通的批发环节，调控生产和市场，稳定物价

在日本，农产品批发业主要是经营粮食、蔬菜、果品的批发。农产品批发的主要组织形式是各类农产品批发市场。考虑到分散交易很难看准市场的动态和价格变动的走向，只有当众多的交易对象聚集在一起时，才能通过供求竞争形成合理的价格。因此，政府高度重视并充分利用批发市场的作用，促进流通，调节供求，稳定物价。为此日本兴建农产品中央批发市场，以便于政府对整体市场进行有效监督和调控，并促进市场的繁荣，进而为稳定物价奠定坚实的基础。

3. 建立、健全有效的统计和信息系统，及时公开经济信息，引导消费，稳定物价

日本不仅把统计和信息系统作为制定政策的重要依据，而且把及时公开经济信息作为强化民众监督、防止“搭车涨价”和不正当竞争的手段加以运用，尽可能迅速地向国民提供有关商品供求、价格变动的正确信息，引导消费者保持合理的消费行为，防止因抢购、囤积等不正当的行为引起物价上涨。在经济企划厅物价局设置物价热线电话，倾听消费者对物价的意见和建议，接受消费者的投诉，解答消费者的咨询等。可靠信息、有效传递，是稳定民心进而稳定物价不可或缺的环节。

为什么次贷危机的根源不是中国而是美国

2008年，受华尔街金融风暴拖累，全球经济陷入泥淖，不能自拔。美国前财长保尔森曾放出惊人之语，说中国等新兴市场国家的高储蓄率造成全球经济失衡，是导致金融危机的原因。美联储前主席伯南克则干脆把美国房地产泡沫归咎于外国人尤其是中国人的高额储蓄。

2008年12月26日，《纽约时报》发表了题为“美元的移动：美国人口袋空空如也的时候中国人口袋厚厚鼓起”的分析文章。文章说，在过去10年里，中国利用规模庞大的对美贸易顺差向美国的安全资产投资。中方花费约1万亿美元购买美国财政部债券和美国政府提供担保的抵押（住宅担保贷款）证券。这使美国国内利息下降、消费扩大和住宅市场出现泡沫。

美联储前主席伯南克曾表示：“如果早点（通过人民币升值）改善国际资金流向的不均衡，就能大幅减轻金融危机的冲击。但是，仅仅依靠美国的力量是不可能实现的，只有通过国际合作才能实现。”

《纽约时报》报道说：“美国现在才知道依靠从外国借来的资金无法支撑过分的消费生活，但即便如此也很难解决问题。为了解决金融危机并扶持经济，现在反而要从外国借更多的钱。”美国现在如同瘾君子一样，正如议员林赛·格雷厄姆说：“谁都不想断这个药。”

自美国引发全球性经济危机后，美国认为是中国纵容了美

国的高消费，美国国内舆论企图将制造经济危机的罪名嫁祸给中国。

我国的美国经济研究专家、社科院荣誉学部委员陈宝森先生认为，这种说法根本是美国在推卸自己的责任，没有任何道理。美国政府和人民的过度消费观念不是在和中国打交道之后开始的。他们这种消费理念的形成也不是一朝一夕能完成的，而是有着很长的历史。所有发生的问题，都是美国人自己造成的。而且，美国指责中国等发展中国家购买美国国债过多也是没有道理的，因为这都是双方的自愿行为，如果美国认为这样有损其利益可以不卖。美国《纽约时报》的文章完全可以看出其是在推卸责任，并在为自己找替罪羊。

孔子说过：“见不贤而内自省也。”即使在美国国内学术界，也有观点认为美国的储蓄率持续下降，项目经常长期恶化，是美国自身的原因导致危机。在诸多原因中，被人们广泛诟病的就是长期的低利率造成的全社会超前消费的习惯，市场监管的缺失导致的金融衍生品的滥发等一系列问题。

自20世纪90年代走出经济衰退以来，美国一直以充分就业、物价稳定和长期保持低利率作为其货币政策的最终目标。很明显，低利率是美国多年前就开始奉行的政策，那时无论是中国还是其他新兴市场国家都还没有多大的贸易顺差，也谈不上高额储蓄。因此，保尔森关于新兴市场国家造成低利率的说法刚好颠倒了因果。

被称为“世上最伟大央行行长”的美联储前主席艾伦·格林斯潘恐怕没有想到，在退休两年多之后，对他的“清算”之声来得如此凶猛。

美联储前任主席格林斯潘在国会就金融危机做证时，承认他过去抗拒对金融市场监管的做法，有部分的过错。格林斯潘在《华尔街日报》发表的文章中承认，他任职期间实施的低利率政策可能助长了美国房价泡沫。

1992～1995年，在美国经济一片向好的情形下，格林斯潘未雨绸缪，7次提高联邦利率，为经济适度降温。而1998年亚洲金融危机扩散到全球，格林斯潘又在10周内连续三次降息，创造了美国历史上最快的降息速度，稳定了经济。同样，在2001年网络泡沫破灭、恐怖分子袭击美国后，格林斯潘在短短一年内将利率从6.5%降至1.75%，刺激经济增长。那些悲观论者曾经认为恐怖袭击后美国经济不可避免地将出现负增长，但当年美国经济增长达到了3.5%。

格林斯潘当初奉行的低利率政策导致流动性过剩，可能正是当年颇有成效的宽松货币政策导致了房地产泡沫及次贷危机的爆发。

应该承认，造成当年那场危机的原因里包括全球贸易和投资的不平衡，但因果关系必须搞清楚，是美元在美国监管层纵容下的过度投放，致使全球流动性过剩问题越来越严重，通货膨胀压力不断加大，才最终使得美元低利率政策难以为继。

回头看看，当美国的房地产商、投资银行、保险公司等玩弄五花八门的金融衍生品的时候，当华尔街的精英们把泡沫吹大从中捞取数千万美元乃至上亿美元年薪的时候，保尔森或者伯南克在哪里？号称全球最先进最健全的美国金融体系的监管者又在哪里？

追本溯源，美国的次贷危机还是美国自身造成的，美国不应该埋怨别人，而是应该更多地责怪自己。

PART 03 金融界那些叱咤风云的人——每天读点金融学家

美国金融教父——汉密尔顿

亚历山大·汉密尔顿（1757～1804）是美国的开国元勋之一，宪法的起草人之一，财经专家，美国的第一任财政部长，知名政治人物。

汉密尔顿出生于英属西印度群岛，由于母亲的不合法婚姻，他成了一个私生子，被剥夺了继承遗产的权利。他13岁的时候母亲去世，在亲戚朋友的帮助下，汉密尔顿在圣克罗伊岛做会计助手，很快显露出他的精明能干，也同时练就了商人的机警和野心。他从小就才智出众，阅读了很多不同语言的书籍，积累了商业和经济知识并可以清晰地阐述自己的观点，为以后的新生活奠定了基础。他的才华最终被一个牧师发现，牧师资助其到北美深造，从此改变了他的命运。汉密尔顿敏捷的才智、清晰的思维和表达能力在学院得到了充分的施展。

在美国的开国元勋中，没有哪位人物的生与死比亚历山大·汉密尔顿更富戏剧色彩了。在为美国后来的财富和势力奠定基础方面，也没有哪位开国大员的功劳比得上汉密尔顿。

1776年，美国独立战争爆发，汉密尔顿作为乔治·华盛顿的副官，利用他的政治思想和沟通技巧为战争的胜利立下了战功。革命结束后，他推动了费城制宪会议的召开，并为宪法的批准做出了很大贡献。他与麦迪逊、杰伊三人为争取新宪法批准在纽约报刊上共同以“普布利乌斯”为笔名发表了一系列论文，留下了一部政治学的经典——《联邦党人文集》。联邦政府成立后，汉密尔顿担任了美国政府的第一任财政部长，创建了美联储的前身——合众国第一银行；为推动美国经济的发展，他制定了一系列影响深远的政策，塑造了美国财政经济体制的框架，将美国引入一条新的经济发展道路，为美国日后成为世界一流强国奠定了坚实的基础。

切尔诺夫的结论极具说服力：“如果说杰斐逊提供了美国政治论文的必要华丽诗篇，那么汉密尔顿就撰写了美国的治国散文。没有哪位开国元勋像汉密尔顿那样对美国未来的政治、军事和经济实力有如此的先见之明，也没有哪个人像他那样制定了如此恰如其分的体制使全国上下团结一心。”

汉密尔顿于1789年9月11日出任美国第一任财政部长，任职至1795年，当时美国在经济上也处于十分艰难的境地，贸易逆差巨大，政府债台高筑，财政极为困难。在其任财政部长期间，汉密尔顿分别向国会呈交了《关于公共信用的报告》《关于国家银行报告》《关于制造业的报告》，他通过向国会提交报告的形式，阐述了他的财政经济纲领。在报告中，他不仅提出了整顿财政的措施，还提出了加快工业化以推动美国由农业国向工业国转变的措施。因此，他的财政纲领实际上是一个旨在为美国确立资本主义制度的纲领。汉密尔顿虽然没有受过财政金融方面的专门训练和实践的经历，但是他之前苦读相关的经济学著作，研究过亚当·斯密的经济学理论，并虚心向专业人士请教，担任财政部长后他显示出过人的胆量和才智。他不负华盛顿的重托，做出了一流的业绩，不但解决了联邦政府的财政困难，奠定了联邦政府的财政基础，也奠定了后来多届美国联邦政府经济发展的模式与基础。

首先，通过国债制度的建立，沉重的战争债务得到解决，濒危的公共信用又重新建立起来。

到1794年底，旧国债已经全部还清，同时发行了新的国债。美国在欧洲的信用也很快恢复，1791年2月，财政部驻阿姆斯特丹代办威廉·肖特报告，荷兰银行家表示愿意向美国提供上百万弗罗林的贷款，使美国信用出现了新的转机。

其次，建立起全国统一的关税制度和税收制度。合众银行的建立，进一步完善了信用制度。1790年12月，汉密尔顿提交增加消费税的报告，为联邦政府建立了一套完整的关税和税收制度，结束了过去各州不同的税收制度和以关税为武器的商业竞争局面，为商业发展创造了有利条件，更重要的是为联邦政府提供了有保障的财政收入。第一银行的建立使政府有了稳定的资金来源，政府财政得到了好转。

再次，汉密尔顿财政政策的实施不仅使政府建立了一套完善的财政制度，而且以发行国债、股票为契机进行美国金融业的变革，揭开了美国金融史的新篇章。随着财政金融状况的改善，流通货币的增加，股份公司大量出现，进一步促进了证券市场的形成，纽约和费城逐渐成为证券交易中心。汉密尔顿吸取英国的经验，用短短几十余年的时间，使西欧和英国经过上百年才形成的财政金融制度在美国初步建立起来，不能不说是金融业的创举。这对美国的经济起了很大的促进作用，尤其是推动了商业和航海业的发展。

汉密尔顿所推行的政策和采取的手段，是建立在维护金融资产阶级、大商人和国家利益基础上的。他有意扶持商业和金融资产阶级，使他们从政策中获取利益。

汉密尔顿不仅是美国的第一任财政部长，他还是一位战场英雄、国会议员、纽约银行的创立者、制宪会议的成员、演说家、辩论家、律师、坚定的废奴主义者、外交理论家。对于汉密尔顿在美国历史上的贡献，切尔诺夫的评价可谓恰如其分，他说，“如果华盛顿是美国之父，麦迪逊是宪法之父，那么汉密尔顿便毫无疑问是美国政府之父”。

虽然亚历山大·汉密尔顿也身为美国“建国之父”之一，却在与其主要政治对手托马斯·杰斐逊的竞争中更似乎是输得惨不忍睹。

可孰能料到历史的戏剧性就在于此，在亚历山大·汉密尔顿过世之后，他的政治遗产，包括“工业建国之路”和建立一个强有力的中央政府等，却在此后的美国历史中起着越来越显著的作用，甚至一些影响了美国历史进程的总统，如林肯和西奥多·罗斯福，他们所施行的政策就是建立在汉密尔顿的遗产基础上的。

一位学者这样描述汉密尔顿一生的经历：亚历山大·汉密尔顿是美国历史上罗曼蒂克式的人物。在我们诸多的政治人物当中，也许唯有他可以适合充当戏剧、悲情歌剧或者芭蕾舞剧的英雄角色。亚历山大·汉密尔顿从一个来自英属西印度群岛的私生子和无家可归的孤儿一跃成为乔治·华盛顿最信任的左膀右臂，但他后来卷入一桩性丑闻，在与副总统阿伦·伯尔的决斗中命丧黄泉。亚历山大·汉密尔顿的一生富于多种戏剧化的因素。他的死也是其个性张扬的尤为特别的一幕。

金融投资大鳄——索罗斯

1930年8月12日，在匈牙利首都布达佩斯城的一个犹太中产阶层家庭里，一个瘦弱的男孩出生了。这只是普通的一天，一个普通的孩子的到来。但是，几十年后，当美国《商业周刊》这样评价他，“任何一位投资家都没能取得如此出色的成就，彼得·林奇没有做到，沃伦·巴菲特也没有做到”，谁也无法忽视这个曾经普通得不能再普通的人了。

这个人就是乔治·索罗斯，一个极具争议性的人物。有人称他为“金融怪才”“世纪金融强人”“金钱魔术师”“资本舵手”“最伟大的慈善家”，有人称他为“金融大盗”“股市鳄鱼”“国际金融界的坏孩子”“最疯狂的小偷”“投机魔王”“该死的货币赌徒”。

对索罗斯个人的称呼和评价也褒贬不一，但无论称呼他什么，最重要的是他极其善于利用资金，通过资金的力量创造利润，而且速度极其惊人。从白手起家到纵横世界金融市场的金融巨头，索罗斯腰缠雄厚资金，攻击各国金融体制漏洞，无往不至，横扫天下。

在华尔街，索罗斯和巴菲特被称为“最伟大的投资经理人”。深刻的哲学头脑、渊博的金融知识、丰富的投机经验，加上敏锐的投机嗅觉，这是索罗斯在金融大潮中成为成功者的重要原因。索罗斯基金管理公司的投资管理经理加里·葛雷斯坦言：“索罗斯的天才在于，在其他任何人之前便看出了未来发展的整个趋势，他不必看到现实的变化与发展，在他的头脑中，事情发展的过程和结果早就形成了。”

作为索罗斯基金董事会的主席，他拥有的量子基金曾经是美国规模最大的基金。在近30年的投资历史中，量子基金称得上是全世界所有投资基金中业绩最好的。从最初创立双鹰基金，到后来成为量子基金的总裁；从以25万美元闯华尔街起家，到1993年以11亿美元的年收入成为美国历史上第一个年收入超过10亿美元的人，索罗斯通过他建立和管理的国际投资资金，积累了大量财富。他在1969年注入量子基金的1万美元在

1996年底已增值至3亿美元，增长近3万倍。

然而，就是这样一位华尔街有史以来收入最高的超级基金经理人，却生活朴素，没有游艇、高级轿车和私人飞机，外出都搭普通民航飞机、出租车甚至巴士。他掌管着数十亿甚至上千亿的资金，在一日之内就能赚进20亿美元，却总是心平气和，处变不惊，保持着一贯的沉着冷静。

索罗斯不仅是著名的金融投资家，更是大师级别的金融理论家。非凡的投资才华和智慧以及在长期的投资过程中形成的独具一格的投资理论，使他能够叱咤金融市场并取得辉煌战绩。

索罗斯的独具一格的投资理论，即他始终坚信金融市场是没有理性、难以预测的。他设法“在混沌中寻找秩序”，创造出独特的投资理论，并试图以这种对经典经济学的突破和颠覆，为其行动寻找根据。

索罗斯将哲学与投资实践相结合，创造了“反射理论”“枯荣相生理论”等一系列对全球投资界具有深远影响的投资理论。在这些理论的指导下，几十年来，投资市场变化万端，无数投资人在市场无情的折磨下黯然离去，许多投资机构也在不知不觉中烟消云散。索罗斯却在这险象环生的市场里取得了丰硕的投资战绩。他出色的投资才能和高超的投资技巧更是使无数投资者深受启发。

他纵横全球金融市场几十年，书写了由平民到具备全球影响力人物的传奇。几乎所有投资家都会仔细分析索罗斯的生平，特别是他的投资技巧和那些经典的投资案例，期望从中寻找到投资窍门，探索出投资成功的捷径。

他的投资经历为世界上所有投资者所惊叹，摧毁英格兰银行、狙击墨西哥比索、掀起东南亚金融风暴……

华尔街的“老船长”——范德比尔特

在19世纪末20世纪初的“镀金年代”，范德比尔特无疑是亿万富翁的代表之一。他是著名的航运、铁路、金融巨头，美国史上第三大富豪，身家远超过比尔·盖茨。他还是电脑游戏《铁路大亨》的原型人物。从100美元起家到成为亿万富豪，范德比尔特被誉为“华尔街船长”。

1794年，范德比尔特出生于纽约斯坦顿岛上，他的父亲拥有一块农场，站在那儿可以俯视整个纽约湾。范德比尔特的父亲供养着一大家子人，但他不是一个很有雄心的人。相比较而言，母亲对范德比尔特的影响更大。

在他只有16岁的时候，他就渴望开始自己的事业。一次，在里士满港口出售帆驳船的时候，他看到了机会。在蒸汽机出现以前，由荷兰人引进的这种帆驳船是纽约港主要的运输工具，平底双桅杆的帆驳船最长可达18米，宽7米，有足够的空间来装载货物。由于吃水浅，它们几乎可以在纽约水域上自由航行。范德比尔特向他的母亲借了100美元来购买帆驳船，这在1810年可不是一个小数目。母亲和他进行了一个很苛刻的交易，母亲告诉他，如果能够在他生日以前把那块未经开垦的3.2公顷土地清理干净，并且犁好种上作物，她就会给他钱。当时离他的生日只有4个星期了，但范德比尔特组织起一些邻居小孩及时地完成了这个任务，成功购买了帆驳船。

1812年的战争使范德比尔特事业获得成功。军队需要能够完全信任和依赖的供货商向保卫纽约港的要塞运送物资，虽然范德比尔特的报价与其他报价相比并不是最低的，但军队还是和他签了合同。但在大部分时间里，纽约的运输业务并不是靠合同来获得的，更准确地说，是看谁先抢到生意，然后设法保住它。

到1817年底，范德比尔特已经有了9000美元，同时还拥有数目可观的帆船运输队，但是他还是时刻关注着任何出现的变化和机会。他很快就在轮船中看到了他的未来。他卖了他的帆船，开始为托马斯·吉本斯工作，成为吉本斯一艘名为“斯托廷格”蒸汽船的船长。这艘蒸汽船由于船体很小，绰号“老鼠

船”，航行于纽约、新不伦瑞克和新泽西三个港口之间。

在快到70岁的时候，范德比尔特已经成为美国当时最富有的6个人之一，就在这时，他决定放弃所钟爱的蒸汽船并开始涉足铁路事业。1863年，当这位船长最初开始购买铁路股票时，他简直是被嘲笑着离开了华尔街。人们看到对铁路一无所知的年老的航运富豪完成了这件事——他正在把萧条的哈莱姆河与哈德孙河航线全部买下来!“让他们笑吧”，范德比尔特吼道——他从来不会斥责公众舆论。

当路面电车特许权被取消的时候，股票下跌了。随着股价的下跌，范德比尔特不停地买进，直到他认购了比实际存在的还多2.7万股的股份，他再次囤积了哈莱姆的股票。

老船长最终获得胜利的要诀是：“绝不要买任何你不想买的东西，也不要卖你没有的!”这次，股票涨到了285美元，卖空的人心惊胆战，但是船长不满意。他冷酷地喊道：“涨到1000吧，这种智力游戏会经常发生的。”但是，由于整个股票市场的恐慌，以及受船长囤积股票的明显惊吓，卖空的人在285美元的时候出手了。

范德比尔特两次围歼熊市投机商，给他和他的同伴带来了300万美元的巨额财富。这次金融战也被公认为金融操纵史上的“杰作”。《纽约先驱报》曾宣称：“华尔街市场上从未看到过这么成功的股票坐庄。”

科尼利厄斯·范德比尔特在他那个时代，是世界上最富有的白手起家的人，这位美国资本家通过从事船运业和铁路建筑等，去世时积累了1.05亿美元的财富，据测算占当时GDP的比例为1：87。他住在华盛顿区很舒服的繁华市中心里相对一般的房子里，并将第五街留给他的子孙们。但是，他还是不能完全拒绝使自己名垂千古的诱惑。1896年时，他为他的纽约和哈德孙河铁路公司在下曼哈顿建了一个新的货仓，他还为自己准备了巨大的纪念碑作为这个建筑物的组成部分，并用10万磅铜来镌刻。这个建筑物的山墙，有30英尺高，150英尺长，用了高级的浮雕，刻上范德比尔特在船舶公司和铁路公司的工作经历。这些都位于他的船队队长的中央雕像的两侧，雕像整整高12英尺，重4吨。

谁在抄底华尔街——“股神”巴菲特

巴菲特，被世人尊称为“股神”、投资大师、最负盛名的投资家、世界有史以来最成功的投资者。他以100美元起家，发展成为目前拥有巨额资产的世界富豪，是世界上目前唯一一个单靠投资发家而成为世界顶尖富豪的人。自1993年荣登世界首富后的十多年来，在《福布斯》一年一度的全球富豪榜上，巴菲特一直稳居前三名。2007年，巴菲特以520亿美元位居《福布斯》全球排行榜上第二位，仅次于首富比尔·盖茨的560亿美元。2008年，根据3月5日《福布斯》财富榜的最新报道，巴菲特的净资产增长了100亿，达到了620亿美元，位居全球首位；而比尔·盖茨的净资产增加了20亿，达580亿美元，位居全球第三。

1930年8月30日，沃伦·巴菲特出生于美国内布拉斯加州的奥马哈市，沃伦·巴菲特从小就极具投资意识，他钟情于股票

和数字的程度远远超过了家族中的任何人。他满肚子都是挣钱的道儿，五岁时就在家中摆地摊兜售口香糖。稍大后他带领小伙伴到球场捡大款用过的高尔夫球，然后转手倒卖，生意颇为红火。上中学时，除利用课余时间做报童外，他还与伙伴合伙将弹子球游戏机出租给理发店老板，挣取外快。

巴菲特可以算得上是有史以来最伟大的投资家，他依靠股票、外汇市场的投资，成为世界上数一数二的富翁。他倡导的价值投资理论风靡世界。

价值投资并不复杂，巴菲特曾将其归结为三点：把股票看成许多微型的商业单元，把市场波动看作你的朋友而非敌人（利润有时候来自对朋友的愚忠），购买股票的价格应低于你所能承受的价位。“从短期来看，市场是一架投票计算器。但从长期看，它是一架称重器”——事实上，掌握这些理念并不困难，但很少有人能像巴菲特一样数十年如一日地坚持下去。巴菲特似乎从不试图通过股票赚钱，他购买股票的基础是假设次日关闭股市或在五年之内不再重新开放。在价值投资理论看来，一旦看到市场波动而认为有利可图，投资就变成了投机，没有什么比赌博心态更影响投资。

这在很大程度上受益于他的老师，格雷厄姆教给他的学生巴菲特两个最重要的投资规则：

第一条规则：永远不要亏损；

第二条规则：永远不要忘记第一条。

格雷厄姆将自己的投资规则解释为："我大胆地将成功投资的秘密精炼成四个字的座右铭：安全边际。"巴菲特始终遵循导师的教诲，坚持"安全边际"原则。这正是巴菲特永不亏损的投资秘诀。

巴菲特经过多年的投资实践，始终相信"安全边际"是投资中最为重要的概念："在《聪明的投资人》一书中，格雷厄姆多次强调'安全边际'原则。我读过这本书已经42年了，至今我仍然认为'安全边际'的概念非常正确。许多投资者忽视了这个非常简单的投资理念，从而导致了他们从20世纪90年代以来遭受的重大损失。"

对于优秀企业的股票，巴菲特选择的是长期持有。

价值投资正是利用股市中价值与价格的背离，以低于价值的价格买入，以相当于或高于价值的价格卖出，从而获取超额利润。格雷厄姆认为价值投资的核心是价值与价格之间的差距，即"安全边际"。在证券的市场价格明显低于计算所得的内在价值时买进股票，最终必将产生超额回报。

“投资的秘密在于，在适当的时机挑选好的股票，只要它们的状况良好，就一直长期持有下去。如果不愿意持有一家股票十年，那就不要考虑持有它十分钟。”巴菲特之所以强调长期持有，他认为一方面股票价格只有经过较长时间才能回归其真实价值；另一方面，长期持有将通过复利的巨大作用使投资收益率的微小差异积累成巨大的财富；同时，长期持有还能大大地降低交易成本，减少资本利得税，使总体收益远远超过短期频繁交易的所得。

巴菲特无愧于“股神”的称号，他是第一位靠证券投资成为拥有几百亿美元资产的世界顶级富豪。伯克希尔·哈撒韦公司的股票在1964年的账面面值仅为每股19.46美元。在巴菲特接手之后，一度濒临破产的伯克希尔·哈撒韦公司不仅很快起死回生，而且已成长为资产达1350亿美元的“巨无霸”。如今，伯克希尔·哈撒韦公司旗下已拥有各类企业约50家，其中最主要的产业系是以财产保险为主的保险业务（包含直接与间接再保）。此外，伯克希尔·哈撒韦公司还生产从油漆、毛毯到冰激凌等一系列产品，该公司同时持有诸如沃尔玛和宝洁等许多大型企业的股票。而到1999年底，每股交易价格达到了5.1万美元，1998年6月，其每股价格更达到创纪录的8.09万美元。尤其难能可贵的是，伯克希尔已经是一家资产总额高达1300多亿美元的巨型企业。

商场犹如战场，成王败寇。从普通人成为富翁，是无数人的梦想；从平凡人成为世界富翁，更是无数人想所未想。通过投资实现发家为这个梦想提供了一条捷径。巴菲特因其仅仅通过投资就成为世界富翁而受到世人的顶礼膜拜。他的投资方向可以称得上是世界金融市场的风向标；他的一举一动、一言一行，可以繁荣一个市场，亦可以衰退一个市场；他的投资理念和投资哲学被全世界广泛关注和研读，对世界金融领域的投资者产生了深远影响。在44年时间里——从艾森豪威尔时代到克林顿执政，再到乔治·布什掌权，无论股市行情牛气冲天还是疲软低迷，无论经济繁荣还是萧条，巴菲特在市场上的表现总是出奇好。他的投资理念为自己创造了惊人的佳绩。

历史上最早的融资者——吉拉德

1750年5月20日，吉拉德出生于法国港口城市波尔多。他的早年充满了苦涩和艰辛。父亲皮埃尔·吉拉德是个水手，一家人都靠他的微薄收入为生。身为长子，吉拉德从小就承担着照顾弟弟妹妹的责任。8岁时，因为一次偶然事故，吉拉德的右眼失明了。

1774年7月，吉拉德第一次来到纽约。纽约商人托马斯·兰德尔看上了精力充沛的吉拉德，二人开始了一段收益丰厚的合作——纽约与新奥尔良之间的航运。这使他很快积累了一定的资本并获得一艘船的一半所有权。事业刚刚有所起色，他的梦想就被突如其来的战争打破，被迫前往人生地不熟的费城。

无论从哪个方面来看，这个法国小商贩的成功概率都是微乎其微的。他的资金少，经营业务琐碎，几乎不会说英语；

他矮胖、表情木讷、眉毛浓密，仅剩的一只左眼目光迟钝。而且他个性冷漠，举止矜持，邻居们都不喜欢他，甚至有点害怕他。没有人想到，多年后，这个陌生的小商贩竟然逐渐成为这片大陆上最富有的人。

从1780年到1800年的20年，是吉拉德海上贸易的黄金期。拿破仑战争损害了欧洲的商业，给吉拉德提供了良机。尽管禁运、阻塞、海盗和扣押商船之类的事件仍时有发生，但是情况已大有改观。因为吉拉德的商船上挂着美利坚的国旗，处于国家的保护之下。

1795年，吉拉德公司的商船“伏尔泰”号满载谷子从宾夕法尼亚出发，前往波尔多补充一些酒和水果，然后前往圣彼得堡换得亚麻和铁，再航行至阿姆斯特丹出售，得到铸币。接着又前往中国和印度，购买整整一船的瓷器、丝绸和茶，最后返回宾夕法尼亚，销售一空。

这是当时吉拉德的全球贸易的一个缩影。“伏尔泰”“卢梭”“孟德斯鸠”“爱尔维修”等18艘以法国启蒙思想家命名的商船在大洋上航行。在远东、南美、加勒比海、波罗的海、地中海，到处可见它们的身影。

1791年，美利坚第一银行成立，公众被允许购买部分股份。吉拉德趁机进入金融领域，购买了大量股份。到1811年第一银行的20年营业有效期截止时，吉拉德已经成为该银行的最大股东。国会经过激烈辩论，最终没有与第一银行续约。吉拉德投入120万美元，购买了第一银行的所有股份和资产，成立吉拉德银行。至此，吉拉德毫无争议地已经成为这个国家最富有的人。

吉拉德经过艰难的讨价还价，计划和坚持建立起自己的财富。他控制着以法国哲学家命名的拥有18艘船的舰队，运送小麦、鱼、面粉、木材、糖和咖啡。尽管时常会发生禁运、阻塞、海盗和扣押等问题，但没有对他产生太大影响，因为吉拉德和码头上最丑恶的人有资金往来。他是一个不能容忍愚蠢的精明商人，他宣称工作“是我在世上唯一的快乐”。吉拉德这个独眼、苦难的法国人从不休息，相信“劳动就是生活、幸福及一切”。

在19世纪早期，吉拉德就已经拥有了一个百万资产的航运帝国，用数百万开立了自己的私人银行。

随着他的“唯一的快乐”的高涨和国际声誉的鹊起，吉拉德和伦敦的巴林兄弟投资费城房地产、保险和美国第一银行时，获取了100万美元的利润。1811年，政治骚动正在酝酿，第一银行的特许权被国会终止，这时吉拉德抽出他的海外资本，用过去投资于美国银行的1/4——120万美元创造了他非常有名的斯蒂芬·吉拉德银行。吉拉德没有银行业和金融业前辈的指示可遵照，他是一个开拓者。他具有早期美国的利己主义者的本质，他不仅能同海盗和政治家（两者有很多相似之处）平等地做生意，也能同银行家和商人平等地做生意。

当吉拉德的巨额资本可以不受限制地投资时，他选择组建了一个私人银行来补充海运公司的信用。“我的商业资本使我能够进行赊销，能够用手头的现金无须折扣开展海运生意。”他曾经这样告诉巴林兄弟。然而，不像其他通常与大商业机构往来的私人银行，吉拉德以他的诚信闻名于世，将他的银行和生意小心翼翼地分开了。

除了他独立而保守的银行操作以外，吉拉德被认为是他那个时代独特的象征。他与大口喝酒、偷盗货物的海盗进行斗争，在商业经济中变得富有；然后，在逐渐合作化、文明化的世界中担任着积极进取的商业银行家的角色。随着商业银行新时代的到来，老化的吉拉德银行不断抵制它的合作化本质，它预示即将产生新的事物——全能的私人投资银行家。如果再活75年，富有而又有影响力的吉拉德可能就会与强大的JP摩根相抗衡！

吉拉德是早期美国的公民品质和资本精神的代表。他征服了财富，也抵抗住了财富的进攻。在征服与抵抗之际，他当之无愧跻身“美国经济领域里的建国之父”行列，因为他不仅影响了美国的经济发展史，而且影响了美国人对财富的观念。

吉拉德只是一个商人，一个公民。他富可敌国，却勤俭节约，过着清苦的生活；他吝啬、苛刻，从不施舍，却在死后把巨额财富捐给慈善事业；他自称“启蒙时代的儿子”，笃信理性，认为“宗教在我心中没有任何位置”。他以工作为灵魂，相信“劳动就是生活、幸福及一切”；他谨慎、自私，却在瘟疫突发、城市混乱之际挺身而出，冒着生命危险救治伤员，维持秩序。吉拉德正是靠这种资本主义精神建立了庞大的财富帝国，也凭着它抵抗住了财富的进攻，以节俭和捐赠诠释出一种真正健康的财富观。

按照《福布斯》杂志在2006年给出的数据，他去世后留下的财富大约600万美元。当然，这不像人们认为的那么多。一生中在某个地方，他一定失去了一部分财富，但损失在什么地方却没有留下记录。1831年的600万美元，在消费品价格调整后只相当于现在的8000万美元。因此，在他最富有的时候，也不及现在“福布斯400”中的任何一个人。在某种意义上，他的财富反映了早期的美国金融界贫穷的状况。

吉拉德以一张遗嘱完整地阐释了资本主义精神：它不仅仅是对财富的理性追求，也是对财富的理性应用。让人幸福和快乐的是对财富的追求，而不是无节制地享受财富。这种财富观是“吉拉德留给美国人的最宝贵的遗产，在美国人心中播下了一颗免于堕落的种子”。

PART 04

大家都在讲的CPI是什么——每天读点金融学名词

这年头都讲CPI

有人曾经列举了30多年前的1元钱与现在的1元钱之间的区别：

30多年前，1元钱能做什么？

大约可以买20个雪糕、3.5千克大米、25千克番茄、10千克小白菜、20个鸡蛋，到电影院看5次电影，乘20次公交车。

现在1元钱能够做什么？

或许买2个鸡蛋，夏天买200克小白菜、250克番茄、200克大米，看1/60次电影。

为什么会有如此巨大的差异？简单地说，是由于物价上涨了，钱不值钱了，所以1块钱买的东西会越来越少。

如今普通居民对物价的感觉是更贵了，CPI恐怕是大家谈论最多的经济词汇了。对于普通老百姓而言，大家对CPI的关注归根结底还是对日常生活所需品的价格变化的关注，比如说猪肉的价格变化、面粉的价格变化、蔬菜的价格变化等。那么CPI能如实地反映出老百姓最关心的日常生活费用的增长吗？

我们先来了解一下到底什么是CPI。

CPI是居民消费物价指数（Consumer Price Index）的缩写。我国的CPI指数是按食品、烟酒及用品、衣着、家庭设备用品及服务、医疗保健及个人用品、交通和通信、娱乐教育文化用品及服务、居住这八大类来计算的。这八大类的权重总和加起来是100，其中食品占比重最大，包括粮食、肉禽及其制品、蛋、水产品、鲜菜、鲜果。

在每一类消费品中选出一个代表品，比如，大多数人是吃米还是吃面，是穿皮鞋还是穿布鞋等。国家统计局选出一定数量的代表品，把这些代表品的物价按每一月、每一季、每一年折算成物价指数，定期向社会公布，就是我们所说的官方的CPI指数。

CPI就是反映市场物价的一个最基本的术语。在中国社会中，物价是和柴米油盐息息相关的，物价成为国家高度关注的问题。CPI是反映与居民生活有关的产品及劳务价格统计出来的物价变动指标，通常作为衡量通货膨胀水平的重要指标。

物价指数计算的基本方法，是以计算期各种商品的价格乘以计算期各种商品的销售量，再除以基期各种商品的价格乘以基期各种商品的销售量，即，CPI＝一组固定商品按当期价格计算的价值/一组固定商品按基期价格计算的价值×100％。

CPI是反映城乡居民消费水平和消费品价格变动情况的重要指标，也被作为观察通货膨胀水平的重要指标。如果CPI在过去的12个月中上升了2.3%，那么就表示当下的生活成本比12个月前平均要高出2.3%。而当生活成本提高时，你的购买力就随之下降。如果CPI在12个月内上升了2.3%，那么去年的100元纸币，今年只可以买到价值97.7元的商品或服务。所以，CPI升幅过大，就表明货币贬值幅度过大，通货膨胀就成为经济不稳定的因素。因此，CPI指数也是反映通货膨胀程度的有力指标。一般来说，当CPI增幅大于3%时，就已经引发了通货膨胀；而当CPI的增幅大于5%时，就已经是严重的通货膨胀了。一般在这种情况下，央行为了抑制通货膨胀，会有紧缩货币政策和财政政策的举措，但这种举措有可能造成经济前景不明朗。

编制物价指数的目的，是为国家分析物价变动对国民经济与人民生活的影响，从而制定有关物价宏观调控政策，加强物价管理提供依据，同时也为企业做出相应的经济决策提供依据。物价上涨，有可能是由以下几种原因造成的：

1. 市场的波动

市场的格局发生了一些变化，导致某一种商品或者很多商品的价格上涨。最明显的例子是石油价格上涨。比如，由于伊拉克打仗或者伊朗的形势紧张，导致市场参与者预期石油的供应可能会紧张，这会推动石油价格上涨。但是，这种上涨跟通货膨胀没有关系。

2. 价格的自由波动

这种涨跌恰恰就是市场机制在发挥作用。在计划经济条件下经常出现商品长期短缺，但在市场机制下，如果一种商品短缺，价格就会上涨，很快就会有很多企业去生产这些商品，短缺也就不存在了。因此，由于市场格局变化引起的物价上涨，实际上是市场启动了自我校正的一个过程，这个过程可以驱动资源重新配置。市场进行资源的有效配置，就是通过价格信号进行的。把这种物价上涨当作通货膨胀而对它进行调控，结果就是市场重新配置资源的机制被打断，只能扰乱市场秩序。

3. 通货膨胀型物价上涨

奥地利学派认为，通货膨胀是一种货币现象，通货膨胀就是由于货币供应量持续、过快地增长，导致物价上涨。在奥地利学派看来，通货膨胀型物价上涨不一定是物价的普遍上涨。在通货膨胀期内，不同行业、不同商品、不同服务的价格会在不同的时间以不同的幅度上涨。这样，每一类的商品、服务上涨持续的时间也不一样，最后累计上涨的幅度也不一样。物价上涨并不是同时发生物价的普遍上涨，而是呈现为一个波浪式的上涨过程。

这就如同向水中扔进一块石头，涟漪从中心向四周扩散，而且可以说，最早的价格上涨幅度必然会一直领先于后来的价格上涨幅度，因为在特定时期，新增货币源源不断地流入这些行业，越往后价格上涨的幅度会越小，相关企业及其员工所能获得的收入增加就会越少。

相对来说，价格最晚上涨的，肯定是距离权力最远的企业和行业。而所有这些价格上涨会波及较为重要的最终消费品——食品。农民可能因为猪肉、粮食价格上涨而享受到一点好处，但在他们所生产的产品价格上涨之前，其他商品与服务价格早就涨上去了，而彼时，他们的收入却并无增加。

国家经济状况的“晴雨表”：GDP

什么是GDP？它在我们的日常生活中起到了哪些作用呢？

GDP即国内生产总值。通常对GDP的定义为：一定时期内（一个季度或一年），一个国家或地区的经济中所生产出的全部最终产品和提供劳务的市场价值的总值。GDP是三个英文单词首字母的组合，即Gross Domestic Product，翻译成汉语就是“国内生产总值”。GDP是指一个国家在一年内，所生产的全部最终产品（包括劳务）的市场价格的总和。

在经济学中，GDP常用来作为衡量该国或地区的经济发展综合水平通用的指标，这也是目前各个国家和地区常采用的衡量手段。GDP是宏观经济中最受关注的经济统计数字，因为它被认为是衡量国民经济发展情况最重要的一个指标。

GDP的计算方法通常有以下几种：

1. 生产法

生产法是从生产角度计算国内生产总值的一种方法。从国民经济各部门一定时期内生产和提供的产品和劳务的总价值中，扣除生产过程中投入的中间产品的价值，从而得到各部门

的增加值，各部门增加值的总和就是国内生产总值。

计算公式为：总产出－中间投入＝增加值。

GDP＝各行业增加值之和。

也可以表示为：GDP＝Σ各产业部门的总产出－Σ各产业部门的中间消耗。

2. 收入法

收入法是从生产过程中各生产要素创造收入的角度计算GDP的一种方法，即各常驻单位的增加值等于劳动者报酬、固定资产折旧、生产税净额和营业盈余四项之和。这四项在投入产出中也称最初投入价值，各常驻单位增加值的总和就是GDP。计算公式为：

GDP＝Σ各产业部门劳动者报酬＋Σ各产业部门固定资产折旧＋Σ各产业部门生产税净额＋Σ各产业部门营业盈余。

3. 支出法

支出法是从最终使用的角度来计算GDP及其使用去向的一种方法。GDP的最终使用包括货物和服务的最终消费、资本形成总额和净出口三部分。

计算公式为：GDP＝最终消费＋资本形成总额＋净出口。

从生产角度，等于各部门（包括第一、第二和第三产业）增加值之和；从收入角度，等于固定资产折旧、劳动者报酬、生产税净额和营业盈余之和；从使用角度，等于总消费、总投资和净出口之和。

现今世界上，每个国家都非常关心经济增长。因为，没有经济的适当增长，就没有国家的经济繁荣和人民生活水平的提高。中国的GDP增长速度较快，同其他世界大国相比，在经济总量、GDP大小上，中国已经位居世界前二。

2011年2月，日本内阁府公布2010年全年经济数据，按可比价格计算，2010年日本名义GDP为5.4742万亿美元，比中国低4000多亿美元，排名世界第三。这也是1968年以来，日本经济首次退居世界第三。

2010年日本实际GDP增长3.9%，名义GDP增长1.8%。其中第四季度日本实际国内生产总值环比下降0.3%，这是日本经济五个季度以来首次出现负增长。

时任日本内阁官房长官的枝野幸男公开表示，对日本GDP被中国赶超表示欢迎。他还表示，人均GDP方面日本仍然是中国的10倍多，重要的是日本应当如何汲取其活力。为了将发展优势传给下一代，日本将继续推进经济增长战略。

GDP是目前衡量国民财富总量无可替代的指标。中国在古代农业社会一直位列全世界最发达的国家行列，自清代中后期以来才在工业革命浪潮中落后。20世纪初，中国GDP总量在世界排名最后二十位，现在终于上升到世界前二，说明中国国力大幅增强。

GDP对于任何一个国家来讲都是非常重要的，但是不能盲目崇拜GDP。没有发展的增长、虚假无效的增长、短期行为的增长、不可持续的增长和结构失衡的增长都将破坏社会经济的和谐与发展。

体现国家的经济水平：GNP

1929年，爆发了一次史无前例的世界性经济危机，对世界经济的破坏程度如同是投下了一颗原子弹。可是奇怪的是，当危机爆发之时，人们却浑然不知，当时的美国总统胡佛甚至认为经济形势正在转好。

我们没有理由嘲笑当时人们的无知。因为，当时除了苏联统计机构有尚不完善的国民经济平衡表之外，有关国民经济的统计几乎是空白。所以，人们当然不知道经济形势已经坏到什么地步。这次危害巨大的经济危机激发了人们了解国民经济状况的渴望。于是，美国参议院财经委员会委托西蒙库兹涅茨建立一系列用来统计核算一国投入和产出的指标，由此发展出“国民收入账户”。这就是国民生产总值（GNP）的雏形。1933年，当1929～1932年的国民收入统计资料公开时，人们才发现这次经济危机竟是这么可怕。

国民生产总值（GNP），是指一个国家（地区）所有常驻机构单位在一定时期内（年或季）收入初次分配的最终成果。一个国家常驻机构单位从事生产活动所创造的增加值（国内生产总值）在初次分配过程中主要分配给这个国家的常驻机构单位，但也有一部分以劳动者报酬和财产收入等形式分配给该国的非常驻机构单位。同时，国外生产单位所创造的增加值也有一部分以劳动者报酬和财产收入等形式分配给该国的常驻机构单位，从而产生了国民生产总值的概念。它等于国内生产总值加上来自国外的劳动报酬和财产收入，减去支付给国外的劳动者报酬和财产收入的差。

随着外商注入中国市场，我国GDP增长率逐年上升。但外商投资（外国国民）在中国的产出计入中国的GDP，却不是中国的GNP。因此，外商投资大规模进入中国的必然结果是，中国的GNP将明显小于GDP，GNP的增长率也会低于GDP。

中国的国民生产总值＜国内生产总值，资本输出国（如日本）的国民生产总值＞国内生产总值，如果长期存在这一现象，中国经济的前途和社会福利将受到长远而深刻的影响；如果中国自己企业的竞争力没有随着中国经济的增长和经济规模的扩大而持续提高，而只是单纯地依靠比较成本优势，甚至只是向跨国公司提供我们的比较优势资源，那么，即使中国的制造业规模有很大的扩张，也将在更大程度上只是“世界工场”，而不是真正的“世界工厂”。

在发达国家，GDP与GNP比较接近，因此常用GDP来衡量并没有什么问题。然而用GDP而不是GNP看中国国力，其中的巨大差异则会导致对中国国力与财富创造能力的严重高估。这也就是为什么世界银行用平价购买力一算，就与原来的差别那么大的原因。

国民生产总值与社会总产值、国民收入有所区别：一是核算范围不同，社会总产值和国民收入都只计算物质生产部门的劳动成果，而国民生产总值对物质生产部门和非物质生产部门的劳动成果都进行计算。二是价值构成不同，社会总产值计算社会产品的全部价值；国民生产总值计算在生产产品和提供劳务的过程中增加的价值，即增加值，不计算中间产品和中间劳务投入的价值；国民收入不计算中间产品价值，也不包括固定资产折旧价值，即只计算净产值。

国民生产总值反映了一个国家的经济水平，按可比价格计算的国民生产总值，可以计算不同时期、不同地区的经济发展速度（经济增长率）。

在现代金融生活中，只有正确评估国力，才能提高经济发展、开放效益和对外谈判的主动性。不论是GNP或GDP，都只是我们眼前能够看到的经济增长或变化，是近期能够切实感受的经济数值、经济水平，但要考虑到今后我们的下一代，甚至是子孙后代经济发展时，是不是应该计算“绿色GNP”了呢？“绿色GNP”即考虑经济发展的同时添加上资源的损耗和可再生资源的恢复。

经济发展的动力是我们的生活发展，生活最根本的则是我们身边的一草一木，是生命。如果有一天我们迎来了资源的全面

枯竭，那将毫无疑问意味着经济发展的结束，甚至生活的衰竭、生命的完结。而“绿色GNP”是摆在我们面前刻不容缓的问题。

国家经济的“体温计”：PPI

2007年PPI统计数字显示：工业品出厂价格上涨3.1%，其中生产资料价格上涨3.2%，生活资料价格上涨2.8%，原材料、燃料、动力购进价格上涨4.4%，农产品生产价格上涨18.5%。

这一年某地农民张某种了约20亩棉花，由于夏天的雨灾，收成比上一年下降了1/3。此前一年棉花价格的上涨让他笑逐颜开，但这一年棉价的下跌又让他有些失望。“今年的收成比上一年减少了，化肥、人工等成本却比上一年提高不少，如果价格再上不去，估计明年棉花的种植面积还会下降。”

在这个故事中，PPI跑赢CPI，说明生产者的成本增加速度明显超过了终端消费品的提价速度，这无疑会给企业经营带来巨大经营压力。虽然每月国家统计局都会发布PPI，不过对于大多数人来说，PPI还是一个十分陌生的概念。PPI到底是什么？代表了什么呢？

PPI是生产者物价指数（Producer Price Index）的英文缩写，它是站在生产者的角度来观察不同时期货物和服务商品价格水平变动的一种物价指数，反映了生产环节价格水平，也是制定有关经济政策和国民经济核算的重要依据。PPI可以称得上是了解国家经济发展状况的“体温计”。通过PPI的变化，我们就能大体判断国家经济的运行状况，并可由此预判未来国家的宏观经济政策。

生产者物价指数是一个用来衡量制造商出厂价的平均变化的指数，是统计部门收集和整理的若干个物价指数中的一个。

如果生产者物价指数比预期数值高，表明有通货膨胀的风险；如果生产者物价指数比预期数值低，则表明有通货紧缩的风险。生产者物价指数的主要目的在于衡量各种商品在不同的生产阶段的价格变化情形。

一般而言，商品的生产分为三个阶段：一是原始阶段，商品尚未做任何的加工；二是中间阶段，商品尚需做进一步的加工；三是完成阶段，商品至此不再做任何加工手续。PPI是衡量工业企业产品出厂价格变动趋势和变动程度的指数，是反映某一时期生产领域价格变动情况的重要经济指标。

在我国，PPI一般指统计局公布的工业品出厂价格指数。目前，我国PPI的调查产品有4000多种，包括各种生产资料和生活资料，涉及调查种类186个。其中，能源原材料价格在PPI构成中占较大比重。通常情况下，PPI走高意味着企业出厂价格提高，因此会导致企业盈利增加；但如果下游价格传导不利或市场竞争激烈，走高的PPI则意味着众多竞争性领域的企业将面临越来越大的成本压力，从而影响企业盈利，整个经济运行的稳定性也将受到考验。

因此，PPI可以用来对通货膨胀进行初期预测。理由很简单，企业成本上升时，企业通常会提高价格。一般而言，当生产者物价指数增幅很大而且持续加速上升时，该国央行相应的反应是采取加息对策阻止通货膨胀快速上涨，则该国货币升值

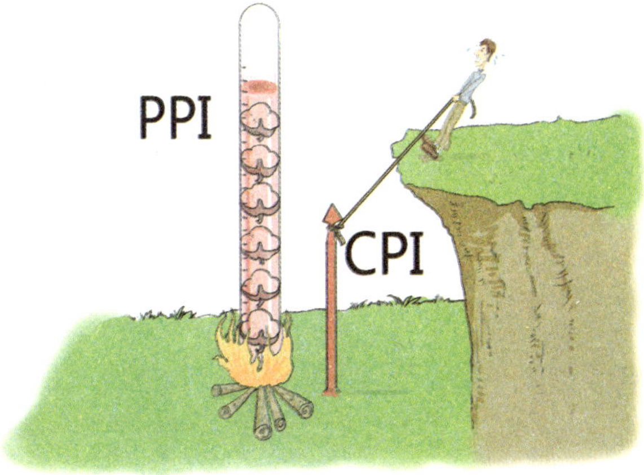

的可能性增大；反之则该国货币贬值的可能性增大。

美国劳工局曾在2.5万多家企业做调查，得出产品价格，根据行业不同和在经济中的比重、分配比例和权重、PPI能够反映生产者获得原材料的价格波动等情况，推算预期CPI，从而估计通胀风险。总之，PPI上升不是好事，如果生产者转移成本，终端消费品价格上扬，通胀上涨；如果不转移，企业利润下降，经济有下行风险。

在美国，生产者物价指数的资料收集由劳工局负责，他们以问卷的方式向各大生产厂商收集资料，收集的基准月是每个月包含13日在内该星期的2300种商品的报价，再加权换算成百进位形态，为方便比较，基期定为1967年。真正的经济学家可以通过对PPI的关注，从而正确判断物价的真正走势——这是由于食物及能源价格一向受到季节及供需的影响，波动剧烈。

对于老百姓来说，PPI通常作为观察通货膨胀水平的重要指标。由于食品价格因季节变化加大，而能源价格也经常出现意外波动，为了能更清晰地反映出整体商品的价格变化情况，一般将食品和能源价格的变化剔除，从而形成“核心生产者物价指数”，进一步观察通货膨胀率变化趋势。

生活水平的衡量尺度：**恩格尔系数**

34岁的章先生是一家企业的管理人员，从事经营工作，家庭年收入在30万元到40万元之间。说起记账的初衷，章先生说，记账习惯与年龄无关，他五六年前就开始记账，是因为觉得只有把家庭生活经营好了，才能把自己的经营管理工作做得更好。“做家庭账本和做公司的账一样，我每个月都要把家里的收入、支出、存量做平，对支出记账还要进行分类。”

消费支出是指一个家庭日常生活的全部支出，包括食品、衣着、家庭设备用品及服务、医疗保健、交通和通信、娱乐教育文化服务、居住、杂项商品和服务八大类。消费支出反映了居民的物价消费水平，是很重要的宏观经济学变量，被作为宏观调控的依据之一。这里我们所讲的恩格尔系数就是食品支出总额占个人消费支出总额的比重。

恩格尔系数是指居民家庭中食物支出占消费总支出的比重。德国统计学家恩格尔根据经验统计资料对消费结构的变动提出这一看法：一个家庭收入越少，家庭收入中或者家庭总支出中用来购买食物的支出所占的比例就越大，随着家庭收入的增加，家庭收入中或者家庭支出中用来购买食物的支出将会下降。恩格尔系数是用来衡量家庭富足程度的重要指标。

恩格尔定律主要表述的是食品支出占总消费支出的比例随收入变化而变化的一定趋势。恩格尔系数是国际上通用的衡量居民生活水平高低的一项重要指标，国际上常常用恩格尔系数来衡量一个国家和地区人民生活水平的状况。

吃是人类生存的第一需要，在收入水平较低时，其在消费支出中必然占有重要地位。随着收入的增加，在食物需求基本满足的情况下，消费的重心才会开始向穿、用等其他方面转移。因此，一个国家或家庭生活越贫困，恩格尔系数就越大；反之，生活越富裕，恩格尔系数就越小。

根据联合国粮农组织提出的标准，恩格尔系数在59%以上为贫困，50%～59%为温饱，40%～49%为小康，30%～39%为富裕，低于30%为最富裕。一般随居民家庭收入和生活水平的提高而下降。按此划分标准，20世纪90年代，恩格尔系数在20%以下的只有美国，为16%；欧洲、日本、加拿大，一般在20%～30%之间，是富裕状态；东欧国家，一般在30%～40%之间，相对富裕；剩下的发展中国家，基本上分布在小康范围。

简单地说，一个家庭或国家的恩格尔系数越小，就说明这个家庭或国家经济越富裕；反之，如果这个家庭或国家的恩格尔系数越大，就说明这个家庭或国家的经济越困难。当然数据越精确，家庭或国家的经济情况反映也就越精确。

人民网网友曾提问：恩格尔系数是一直像预期那样的直线下降呢，还是有波动的？这些数据对我们来讲有没有意义？是否预示着我们已经进入相对富裕的行列，还是只是小康水平？

国家统计局新闻发言人回答，恩格尔系数是指居民的消费支出之中，食品支出占整个消费支出的比重。它所代表的含义，一般是用来反映消费水平、生活质量变化的一个很重要的指标。恩格尔系数随着收入水平的提高、消费水平的提高，食品消费支出的比重会下降。改革开放几十年来，我们国家的恩格尔系数，无论是农村还是城市，恩格尔系数都是往下走的。不排除个别年份，因为物价水平的变化，恩格尔系数稍微有一些波动，但总的趋势是往下的。从农村来讲，基本上在42%左右；从城市来讲，居民的恩格尔系数已经下降到40%以下。这充分说明我们国家随着收入水平的提高，人们由总体小康向全面小康变化，已经摆脱了原来以吃、喝、穿这种生存意义的消费结构，正在进入以住和行消费为引导的消费升级新阶段。

国家统计局的资料显示，改革开放以来，由于收入持续快速增长，我国居民家庭的恩格尔系数呈现下降趋势，与1978年的57.5%相比，2007年我国城镇居民家庭恩格尔系数为43.1%，到2017年则降到了30%以下（29.3%），这是居民消费结构改善的主要标志。这表明，我国人民以吃为标志的温饱型生活，正在向以享受和发展为标志的小康型生活转变。

随着经济的迅速发展，人们花在食物上的支出相对于以前已经多出不少，但是食物支出占整个家庭支出的比例已经呈现下降的趋势，花在住房、汽车、教育、娱乐等其他方面的支出占据越来越大的比重。这就是恩格尔系数在不断降低，但不排除在某一特殊时期会上升，如金融危机时期、通货膨胀时期。

在使用恩格尔系数时应注意：一是恩格尔系数是一种长期趋势，时间越长趋势越明显，某一年份恩格尔系数波动是正常的；二是在进行国际比较时应注意可比口径，在中国城市，由于住房、医疗、交通等方面存在大量补贴，因此进行国际比较时应调整到相同口径；三是地区间消费习惯不同，恩格尔系数略有不同。

恩格尔定律是根据经验数据提出的，它是在假定其他一切变量都是常数的前提下才适用的。因此，在考察食物支出在收入中所占比例的变动问题时，还应当考虑城市化程度、食品加工、饮食业和食物本身结构变化等因素，这些因素都会影响家庭的食物支出。只有达到相当高的平均食物消费水平时，收入的进一步增加才不对食物支出产生重要的影响。

当然，恩格尔系数也并不是对每一个人或每一个家庭都完全适合。例如，自诩为美食家的人，以吃尽天下美食为己任，他花在食物上的消费比例肯定比其他消费多，但依此断定他贫困就有失偏颇。在适用恩格尔系数进行国际比较时，由于各国的价格体系、福利补贴等方面差异较大，所以，要注意个人消费支出的实际构成情况，注意到运用恩格尔系数反映消费水平和生活质量会产生误差。

PART 05

为什么贫者越贫，富者越富——每天读点金融学原理

什么让你一夜暴富，或一夜破产——财务杠杆率

曾经的次贷危机波及多个发达国家的金融体系，除美国新世纪金融公司，及英国的诺森罗克银行、北岩银行因其业务主要集中在抵押贷款领域而遭受重创外，花旗集团、美林银行、瑞士银行等大型综合银行和投资银行也都未能幸免。

美林有稳定的经纪业务，花旗有大量的零售银行业务和全球化的分散投资，瑞士银行有低风险的财富管理业务，一贯享受着最高的信用评级，房地产抵押贷款只是他们利润来源的一小部分，但正是这个抵押贷款业务让这些金融寡头们遭受了沉重的打击。在20倍的高杠杆放大作用下，各大金融集团在次贷危机中的投资损失率竟然达到18%～66%，平均损失约30%。

很多投资银行在追求暴利的驱使下，采用20～30倍的杠杆操作。假设一个银行A自身资产为30亿，30倍杠杆就是900亿。也就是说，这个银行A以30亿资产为抵押去借900亿的资金用于

投资，假如投资盈利5%，那么A就获得45亿的盈利，相对于A自身资产而言，这是150%的暴利；反过来，假如投资亏损5%，那么银行A赔光了自己的全部资产，还欠15亿。

通过以上的案例可以看出，高杠杆率对投行的影响是双向的，它既能放大投资银行的盈利，也能放大投资银行的风险损失。其资产的小幅减值或业务的微小损失都有可能对孱弱的资本金造成严重冲击，令其陷入绝境。

所谓的杠杆率即一个公司资产负债表上的风险与资产之比率。杠杆率是一个衡量公司负债风险的指标，从侧面反映出公司的还款能力。一般来说，投资银行的杠杆率比较高，美林银行的杠杆率在2007年是28倍，摩根斯坦利的杠杆率在2007年为33倍。

财务杠杆之所以叫杠杆，有它省力的因素。物理杠杆通过增加动力臂长度，提高动力的作用，来节省所付出的力量；而财务杠杆则通过增加贷款数量来节约自有资金的支出，增加资金的流动性，进一步提高收益水平。这里需要符合一个基本的条件，就是贷款利率低于资金利润率。也就是说，用借来的钱赚得的钱要比借钱的利息高，否则贷得越多，赔偿的就会越多。

财务杠杆率等于营业利润与税前利润之比，反映的是由于存在负债，所产生的财务费用（利息）对企业利润的影响，在一定程度上反映企业负债的程度和企业偿债能力，财务杠杆率越高反映利息费用越高，导致ROE指标越低。

简单地讲，就是把你的资金放大，这样的话你的资金成本就很小，同时你的风险和收益就放大了。因为，盈亏的百分比不是依据原来的资金，而是根据放大后的资金来衡量的。也可以把财务杠杆简单看作公司利用债务资产的程度，即公司负债与公司净资产的比值。可以确定的是，该比值越高，公司的杠杆比率就越高，说明公司的经营风险越高；比值越低，公司的杠杆比率就越低，公司的经营风险也就越低。

财务杠杆是用公司的本金去启动更多的资金，在金融学中，经常用杠杆比例这一指标来表示。杠杆比例是总资产与净资产之比，这一比例越高，风险就越大。我们从一个简单的例子来看看高杠杆所带来的高收益与高风险。

以投资股票为例，假如某投资者有1万元可用于投资，欲购买A股票，当前价格10元，他可买1000股，在不计手续费的情况下，股价上涨至15元，他可获利5000元；股价下跌至5元，他将损失5000元。

又假如他可以按1：1的比例融资（其杠杆是2倍），那么，他可购买2000股A股票。股价上涨至15元，他可获利1万元；股价下跌至5元，他将损失1万元。如此，收益和风险都扩大了 2 倍。

再假如他使用4倍的杠杆融资4万元，则其可以买4000股股票，如果股价同样从10元上涨至15元，他每股盈利5元，可以赚2万元；股票下跌至5元，他将损失2万元。其投资的收益和风险与初始投资相比，也放大了4倍。

在现实生活中，很多人为了更多更快地获得资产性收益，利用财务杠杆开始压缩生活杠杆，通过炒股炒房获得资本，尝到甜头之后，往往抵押房地产炒股，甚至继续利用房地产抵押买来的股票做抵押再炒股炒房，杠杆比例持续上升。当资产价格上涨，这些杠杆带来正面效应、获得大量收益的时候，个人

往往因为钱来得太容易而昏头，冲动买入大量奢侈品，刺激了生活杠杆；但是，如果资产价格下跌，这些杠杆作用的威力也是巨大的，你所有的资产均可能会化为泡影，成为负债累累的“负翁”。

因此，控制杠杆是分散业务风险的前提，在金融创新中要秉持“可以承受高风险，绝不承受高杠杆”的原则，当风险不可测时，控制杠杆比控制风险更重要。

不可违背的“太太定律”——市场意志原理

投资基于信念。比如，同样的消息释放出来，听闻的投资者会有截然不同甚至相反的理解；不同的分析师也会根据不同的数据得出五花八门的结论；所有的交易单，有多少买方就必定有多少卖方。市场里的每一位交易者，其实都是在根据自己的“信念系统”进行交易。而所谓的“基本面研究”和“技术分析”，不过是辅助手段，或者说让自己的交易单下得更加符合自己的心理预期。

信念是认知、情感和意志的有机统一体，是人们在一定的认识基础上确立的对某种思想或事物坚信不疑并身体力行的心理态度和精神状态。对于市场信念，各学派有着不同的见解。

奥地利学派的信念是：市场是自然的函数，任何人都不能对抗自然，而只能顺应自然。奥地利学派相信，个体与整体受同样的规则约束。如果说某种原则对个人有益，譬如节俭，那么对私有实体、国家也同样有益。经济学不存在任何的“集合悖论”，也不应人为地规划所谓的“宏观经济学”和“微观经济学”。

自然界有既定的自然规律，比如阴阳交替、潮涨潮落，那么人类本身也难逃自然规律而经历繁荣和衰败。经济活动是人所为，也无法摆脱自然的约束。奥地利学派认为，经济荣枯循环不可避免，任何国家都不可能无休止地维持增长。当乐观情绪蔓延，每个人都以为自己只需炒股投资、坐收渔利的时候，实际的储蓄逐渐被耗尽，财产的消亡必会来临。在衰退期，最好的方式就是顺其自然，不要与经济规律对抗。

凯恩斯学派的信念则完全相反，认为市场是“人类意志”的函数，是可以依靠人力改变的。他们否认个体与整体的同一性，主张用两套理论解释经济：研究国家用“宏观经济学”，研究个人行为和公司行为则用“微观经济学”。凯恩斯学派之所以如此“创新”，很可能是受到了当时物理学界变革的影响，那时牛顿的万有引力定律饱受质疑，而量子力学则方兴未艾，物理学家倾向于用量子力学解释微观的原子，而仍然沿用牛顿定律来解释宏观的天体。

然而经过时代的变迁，物理学家已经发现了这种人为界定“宏观”与“微观”的缺陷。天体是由原子所组成，国家是由个人所组成，一国的经济活动也是无数个人行为的结果。究竟哪一点才是宏观与微观的界线？

现代科学已经证实，宇宙的规律在于“分形”，即在不同尺度显现出同样的规律，彼此相似却不尽相同。自然界处处都是分形的例子。例如海岸线，无论是放大100倍还是缩小到1%，都是海岸线的形状，你无法区分出自己看到的究竟是哪个尺度的海岸线。类似的还有山脊、雪花，以及天体每个层级的公转，无不显现出分形的特质。同样，在市场中，艾略特的波浪理论清晰地展示了各个浪级之间的关系。但是和自然界所有其他分形一样——相似但不尽然，你无法发现两条完全一样的海岸线，也无法看到两组完全一样的波浪形态。

遗憾的是，凯恩斯主义者永远也不认同人类经济活动遵循分形的规律。勤俭节约对个人和家庭是美德，但到了社会层级，就变成了坏事。

凯恩斯主义者还把人类意志独立在自然之外，相信依靠人的力量可以扭转经济走势。一旦经济低迷，就用放松货币的方式实施刺激，从而实现恒久增长，彻底消除起伏不定的经济周期。总而言之，就是“人定胜天”。他们相信，市场不必由

“虚无缥缈”的自然规律左右，而完全可以依靠决策者的财政或货币政策来控制。

“相信自然”与“相信意志”，是两套水火不容的信念。信念的区别决定了思维的差异。例如，看涨黄金与看涨美元就是一个典型。前者在“自然阵营”，相信天然货币，相信滥发货币定会诱发恶性通胀的自然规律；后者则处于“意志与强权阵营”，信任人造货币（还有“国债”），其逻辑是“美元是国际储备货币”“强势美元最符合美国利益”。

信念的分歧会产生交易。有人可能会问：黄金从200美元上升到1900美元，为什么却总是有人愚蠢地卖出或做空？如果你认为市场是自然的函数，就应该顺应市场；若相信人的意志（或强权意志）可以改变市场，相信“人定胜天”，那么就会本能地选择与市场对抗。

自里根政府大力缩减政府职能，将很多原来由国家控制的工业放手推向市场以来，美国人一直陶醉在自由经济耀眼迷离的光环之中。20世纪60年代总共只占到美国国民生产总值4%的金融业和保险业在放开监管的宽松环境里追逐利益迅速膨胀，到2006年已经占到了国民生产总值的8%。这个庞大体系内的游戏参与者以超过自身资金储备几十甚至几百倍的杠杆率相互借贷套利并转嫁风险，在没有裁判的情况下攫取似乎没有穷尽的利润。

但席卷全球的金融风暴让美国人从云端跌落下来。2009年2月，29万处房产因房主无法还贷而收到强制拍卖通知，比2008年同期再上升30%。3月全美失业人口达到1320万，失业率再创新高达到8.5%。摔得鼻青脸肿的人们，带着满身伤痛互相质问：“这到底是为什么？”这正是自由市场信念过度的结果。

因此，用人的意志来左右市场，或许只会给信奉自然的信徒们一个无风险的交易机会而已。如果违背经济规律，风险将无处不在。

随大流是明智还是愚蠢——博傻理论

在艺术品市场中，商品琳琅满目，很多人对艺术品一知半解，也完全不去管某件艺术品的真实价值，即使它一文不值，也愿意花高价买下。这是因为大部分人都在期望会有比自己更不在行的人，可能会凭借一时冲动，或者喜欢它的做工和外表，而再以更高的价格从自己手中买走。像其中所描述的一样，投资成功的关键就在于准确判断究竟有没有比自己更大的笨蛋出现。只要你不是最大的笨蛋，就仅仅是赚多赚少的问题。如果再也找不到愿意出更高价格的更大笨蛋从你手中买走这件艺术品的话，那么，很显然你就是最大的笨蛋了。

“博傻理论”所要揭示的就是投机行为背后的动机，关键是判断是否有人做你的“下家”。

那什么是博傻？在股票和期货市场上，博傻是指在高价位买进股票，等行情上涨到有利可图时迅速卖出。这种操作策略通常被市场称为“傻瓜赢傻瓜”，所以只能在股市处于上升行情中适用。从理论上讲，博傻也有其合理的一面，博傻策略是高价之上还有高价，低价之下还有低价，其游戏规则就像接力棒，只要不是接最后一棒都有利可图，做多者有利润可赚，做空者减少损失，只有接到最后一棒的人倒霉。投机狂潮最有力的动机解释就是博傻理论。

1593年，一位维也纳的植物学教授到荷兰的莱顿任教，他带去了在土耳其栽培的一种荷兰人此前没有见过的植物——郁金香。荷兰人对此非常痴迷，于是教授认为可以大赚一笔，但是他所出示的高价令人望而却步。终于在一个深夜，教授带来的全部郁金香球茎都被一个窃贼收入囊中，并以比教授低很多的价格很快卖空。

郁金香就以这种方式出现在荷兰人的花园里。后来郁金香受到花叶病的侵蚀，病毒使花瓣生出一些反衬的彩色条纹或“火焰”。富有戏剧性的是带病的郁金香成了珍品，以致一个郁金香球茎越古怪价格越高。于是有人开始囤积病郁金香，又有更多的人出高价从囤积者那儿买入并以更高的价格卖出。

1638年，“最大的笨蛋”出现了，持续了五年之久的郁金香狂热悲惨落幕，球茎价格竟然跌到了一只洋葱头的售价。

经济学家凯恩斯认为，专业投资者不愿将精力用于估计内在价值，而宁愿分析投资大众将来如何作为，分析他们在乐观时期如何将自己的希望建成空中楼阁。成功的投资者会估计出什么样的投资形势最容易被大众建成空中楼阁，然后在大众之前先行买入股票，从而占得市场先机。

在如此这般疯狂的投资世界，每分钟都会诞生无数个“傻瓜”——他之所以出现就是要以高于你投资支付的价格购买你手上的投资品。只要有其他人可能愿意支付更高的价格，再高的价格也不算高。发生这样的情况，正是大众心理在发酵。

凯恩斯本身也是因为投机行为而发现了“博傻理论”。

经济学家凯恩斯为了能够专注地从事学术研究，经常出外讲课以赚取课时费，但课时费的收入毕竟是有限的，在不满足的情况下，他在1919年8月，借了几千英镑去做远期外汇这种投机生意。仅仅4个月的时间，凯恩斯净赚1万多英镑，这相当于他讲课10年的收入。刚开始有惊无险，狂妄之余仍然任由自己的欲望膨胀，仅仅3个月之后，凯恩斯就把赚到的利润和借来的本金输了个精光。赌徒的心理是输掉的总要想尽办法赢回来，上帝总是眷顾幸运的人，结果7个月后，凯恩斯涉足棉花期货交易，又大获成功。

此间凯恩斯把期货品种几乎做了个遍，而且还涉足股票。到1937年他因病而“金盆洗手”的时候，他已经积攒起一生享用不完的巨额财富。

与一般赌徒不同，作为经济学家的凯恩斯在这场投机的生意中，除了赚取可观的利润之外，最大也是最有益的收获是发现了“笨蛋理论”，也有人将其称为“博傻理论”。

对于博傻行为，可以分为两种：一种是感性博傻，一种是理性博傻。前者是在行动时不知道自己已经进入一场未知结果的博傻游戏；而后者是清楚地知道博傻及其相关的规则，只是相信一定会有更傻的投资者介入，因此会拿些少量的资金来赌一把。

始于1720年的英国股票投机狂潮有这样一个插曲：一个无名氏创建了一家莫须有的公司，自始至终无人知道这是什么公司，但认购时近千名投资者争先恐后把大门挤倒。没有多少人相信它真正获利丰厚，而是预期更大的笨蛋会出现，价格会上涨，自己要赚钱。饶有意味的是，牛顿参与了这场投机，并且不幸成了“最大的笨蛋”。他因此感叹：“我能计算出天体运行，但人们的疯狂实在难以估计。”

理性博傻能够赚取利润的前提是，会有更多的“傻子”来跟风，这是对大众心理的判断，当投资者发现当前的价位已经偏高准备撤离时，市场的高点也真正到来了。所以“要博傻，不是最傻”这句话说起来简单，做起来并不容易，没有人能准确地判断出会有多少“更傻的人”介入。所以参与博傻的前提是要对大众心理进行研究和分析，并控制好自己的心态。而对于博傻现象，完全放弃也不一定是完全合理的理性，在自己可以完全掌控的状况下，适当保持一定的理性去博傻，也不失为一种投资策略。

贫者越贫，富者越富——马太效应

马太效应无处不在，无时不有。任何个体、群体或地区，一旦在某一个方面，如金钱、名誉、地位等获得成功和进步，就会产生一种积累优势，就会有更多的机会取得更大的成功和进步。如今，马太效应在经济领域的延伸意义就是“贫者越贫，富者越富”。

其实这一点很容易理解，因为在金钱方面也是如此：即使投资回报率相同，一个本钱比他人多10倍的人，收益也多10倍；股市里的“大庄家”可以兴风作浪，而小额投资者往往血本无归；资本雄厚的企业可以纵情运用各种营销手腕推广自己的产品，小企业只能在夹缝中生存。

随着社会的发展，马太效应适用的领域也越来越广泛。经济学规律告诉我们，财富的增减有时候以几何的形式呈现。每一个有志于扩张财富的人，都应掌握财富增长的规律，去实现自己的计划。

对于投资者来说，储蓄和投资是积累财富的两大重要途径。储蓄似乎是风险最低，而且可以获得稳定的利息，然而在低利率时代仅仅依靠储蓄不可能满足你积累财富的要求。因为，通货膨胀会使你手中的货币贬值，而合理的投资会使以货币计量的资产增值，自然就不用担心资金购买力的侵蚀了。

不如我们先看个案例：

光成和青楠是同一个公司的职工，他们每月的收入都是2000元。光成刚开始每个月从工资中扣除400元存在银行做储蓄，经过3年，积累了近15000元。然后，他将其中的5000元分别存在银行和买了意外保险，再将剩下的1万元投资了股市。起初，股票上的投资有赔有赚，但经过2年多的时间，1万元变成了4万元多，再加上后面2年再投入的资本所挣得的盈利以及留存在银行里的储蓄，他的个人资产差不多达到了七八万。

而青楠则把钱全都存在了银行，5年下来扣除利息税，再加上通货膨胀，他的钱居然呈现了负增长。也就是说，如果他和光成一样，每月存400元，那5年后，他的存款也不过25000元，再扣除通货膨胀造成的损失（假定为0.03%）7.5元，则剩下24992.5元。

5年的时间，就让两个人相差将近5万元！一年就是1万，那么40年后呢？就是更大的数字了。而且，光成因为积蓄的增多，还会有更多的机会和财富进行投资，也就是能挣更多的钱；青楠则可能因为通货膨胀，积蓄变得更少。

上面这个案例正应了马太效应里的那句话：让贫者更贫，让富者更富。即便是再小的钱财，只要你认真累积、精心管理，也会有令人惊讶的效果，并让你有机会、有能力更加富有。

一些工薪族认为，每个月的工资不够用，即便省吃俭用也没剩下多少，即便理财，效果也不大，还有必要理财吗？

这种想法是错误的。只要理财，再少的钱都可能给你带来一份收益，而不理财则再多的钱也会有花光的时候。只要你肯理财，时间久了，也就积累了更多的财富，有更多的机会收获成功。不要让你的财富陷入负增长的不健康循环中。善理财者会更富有，而不懂得运作金钱赚钱的人会日益贫穷。

中篇

基础篇：走近金融的世界

PART 01 看透钱的本质——每天读点货币知识

货币的起源：谁人不识孔方兄

在太平洋某些岛屿和若干非洲民族中，人们以一种贝壳——“加马里”货币来购物，600个“加马里”可换一整匹棉花。再如美拉尼西亚群岛的居民普遍养狗，所以就以狗牙作货币，一颗狗牙大约可买100个椰子，而娶一位新娘，必须给她几百颗狗牙作礼金！

在太平洋加罗林群岛中的雅浦岛，这里的居民使用石头货币。这里每一枚货币叫作“一分”，但这样的“一分”，无法携带在身上。因为它是一个“庞然大物”的圆形石头，中心还有一个圆窟。照当地人的规定，“分”的体积和直径越大，价值就越高，因此，有的价值高的“分”的直径达到5米。这种货币是用石灰岩的矿物——文石刻成的，但雅浦岛上没有文石，当地人要远航到几百里外的帕拉乌岛把大石打下，装在木筏上运回。单是海上那惊险百出的航程，就要历时几个星期。

巨大的石头货币，有优点也有缺点：优点是不怕盗窃，不怕火烧水浸，经久耐磨；缺点是不易搬运，携带不便。所以用这种货币去购物时，必须要把货主带到石头货币旁边察看成色，然后讲价。

由于搬运艰难，人们卖掉货物换来的石头货币，只好打上印戳，让它留在原地，作为自己的一笔“不动产”。

为什么狗牙和石头也能成为货币？货币为什么能买到任何东西？要解开货币的有关疑问，就必须了解货币是怎么来的。

货币的前身就是普普通通的商品，它是在交换过程中逐渐演变成一般等价物的。货币是商品，但又不是普通商品，而是特殊商品。货币出现后，整个商品世界就分裂成为两极，一极是特殊商品——货币，另一极是所有的普通商品。普通商品以各种各样的使用价值的形式出现，普通商品只有通过与货币的比较，其价值才能得到体现。所有商品的价值只有通过与货币的比较之后，相互之间才可以比较。

货币是商品交换长期发展过程中分离出来的特殊商品，是商品交换发展的自然结果。原始社会后期，由于社会生产力的发展，在原始公社之间出现了最初的实物交换。随着生产力的进一步发展，商品交换逐渐变成经常的行为。但是，直接的物物交换中常会出现商品转让的困难，必然要求有一个一般等价物作为交换的媒介。

美国著名的金融学家米什金在其著作《货币金融学》中提到，任何履行货币功能的物品必须是被普遍接受的——每个人都愿意用它来支付商品和服务。一种对任何人而言都具有价值的物品是最有可能成为货币的。于是，经过长期的自然淘汰，商品货币发展到后期，人们自然地选择金、银等贵金属作为支付货币。在绝大多数社会里，作为货币使用的物品逐渐被金属取代。使用金属货币的好处是它的制造需要人工，无法从自然界大量获取，同时还易储存。数量稀少的金、银和冶炼困难的铜逐渐成为主要的货币金属。

随着文明的发展，人们逐渐建立了更加复杂而先进的货币制度。人们开始铸造重量、成色统一的货币。这样，在使用货币的时候，既不需要称重量，也不需要测试成色，方便得多。货币上面通常印有国王或皇帝的头像、复杂的纹章和印玺图案，以免被伪造。

中国最早的金属货币是商朝的铜贝。商代在我国历史上也称青铜器时代，当时相当发达的青铜冶炼业促进了生产的发展和交易活动的增加。于是，在当时最广泛流通的贝币由于来源的不稳定而使交易发生不便，人们便寻找更适宜的货币材料，目光自然而然集中到青铜上，青铜币应运而生，人们将其称为“铜贝”。随着冶炼技术的发达，铜不再是稀贵的金属，人们开始用更加难以获得的金和银作为铸造货币的金属材料。此后相当长的一段时间内，金、银都是被普遍使用的货币。16世纪，哥伦布发现新大陆，大量来自美洲的黄金和白银通过西班牙流入欧洲，金银货币更加得到了世界范围内的流通。

在金融学中，由贵金属或其他有价值的商品构成的货币统称为商品货币。在人类发展的很长一段时间内，几乎在任何一个国家和社会中，商品货币都发挥了交易媒介的功能。但随着人类文明的发展，金银货币还是使用不方便，并且流通困难，很难从一地运送到另一地。因此，纸币也就应运而生了。

中国北宋时期四川成都出现了一种“交子”，这就是世界上最早的纸币。北宋初年，成都一带商业十分发达，通货紧张，而当时铸造的铁钱却流通不畅。于是当地16家富户开始私下印制一种可以取代铁钱、用楮树皮造的券，后来被称作“交子”。当地政府最初想取缔这种“新货币”，但是这种“新货币”在经济流通中作用却十分明显，于是决定改由官方印制。但是“交子”的诞生地却一直没人发现。

后据历史考证，“交子”最早是在成都万佛寺内印制。

《成都金融志》中说：“北宋益州的‘交子铺’实为四川历史上最早的货币金融机构，而益州的‘交子务’则是最早由国家批准设立的纸币发行机构。”“交子”的出现，便利了商业往来，弥补了现钱的不足，是我国货币史上的一大里程碑。此外，“交子”作为我国乃至世界上发行最早的纸币，在印刷史、版画史上也占有重要的地位，对研究我国古代纸币印刷技术有着重要意义。

在商品货币时代，金属货币使用久了，就会出现磨损，变得不足值。人们就意识到可以用其他的东西代替货币进行流通，于是就出现了纸币。纸币在货币金融学中最初的定义为发挥交易媒介功能的纸片。最初，纸币附有可以兑现金属货币的作用，但是最后演变为不兑现纸币。不兑现纸币是不能兑换成黄金或者白银的，但它却拥有同样的购买力，因为它的购买力源于政府的权威和信誉。只要政府宣布它为法定偿还货币，那么在支付债务时，人们都必须接受它，而不能再把它转化为金属货币后再支付。这样一来，纸币比金属货币轻得多，流通方便，加上不需要耗费昂贵的原材料，于是很快就被人们接受了。

事实上，接受纸币也是需要一些条件的。只有人们对货币发行当局有充分的信任，并且印刷技术发展到足以使伪造极为困难的高级阶段时，纸币方可被接受为交易媒介。

纸币出现的另一个深层次的原因是由此建立的法定货币体制彻底摆脱了黄金和白银对货币总量的制约，这使得当局对货币的控制更加有弹性、更加灵活。由纸币的超发引发的通货膨胀问题逐渐被引导到经济学研究的重要课题上。凯恩斯对此曾说："用（通货膨胀）这个办法，政府可以秘密地和难以察觉地没收人民的财富，一百万人中也很难有一个人能够发现这种偷窃行为。"而这些都是建立在以不兑现纸币为基础的法定货币体制之上的。

其实严格来说，纸币并不是货币。因为，货币是从商品中分离出来的、固定充当一般等价物的商品，纸币由于没有价值，不是商品，所以也就不是货币。在现代金融学中，纸币是指代替金属货币进行流通，由国家发行并强制使用的货币符号。今天我们使用的人民币或者美元等都是由国家信用作为保障强制流通的货币符号。而纸币本身没有和金属货币同样的内在价值，它本身的价值也比国家确定的货币价值小得多，它的意义在于它是一种货币价值的符号。因为，它可以执行货币的部分功能——流通手段和支付手段，部分国家的纸币还可以执行世界货币职能（如美元等）。纸币的发行量由国家决定，但国家不能决定纸币的实际价值。

货币演进：“以物易物”到纸币做“媒”

你知道我们交换用的货币是怎么演化过来的吗？关于货币的演化，让我们先来听听经济学家弗里德曼讲述的关于上一节中的雅浦群岛的故事吧。

太平洋加罗林群岛中有个雅浦群岛，岛上不出产金属，人们使用打制成圆形的石头作为交换媒介，岛民们把这种当货币使用的圆石叫作“费”。

刚开始时，由于小岛上居民们的需求量不大，大家都以各自的出产互相交换所需物品，公平买卖。随着岛屿的扩大和人口的增加，商品流通规模随之增加，现有的“费”数量明显不够，岛上居民需要更多的“费”来衡量交易物品的价值。由于采集、打磨石头是一件很费工夫的事情，于是雅浦群岛出现了类似“铸币厂”的地方。

随着岛上商品经济的发展，“费”的使用已经极大地制约了商品流通。于是人们想出了一个办法，在岛上发行一种可以代表“费”的纸币。为了便于计算，纸币的面额一般为100费、50费、20费、10费、5费、2费、1费、0.5费、0.2费、0.1费等。这样一来，商品流通效率提高，各地物产、贸易量增加，岛上居民收入提高，就业率也保持稳定增长。

这就是货币的形象产生过程。货币自诞生以来，经历了实物货币、金属货币、信用货币等数次转变。

货币的发展一共经历了如下几个阶段：

1. 物物交换

人类使用货币的历史产生于物物交换的时代。在原始社会，人们使用以物易物的方式，交换自己所需要的物资，比如一头羊换一把石斧。但是有时候受到用于交换的物资种类的限

制，不得不寻找一种能够被交换双方都接受的物品，这种物品就是最原始的货币。牲畜、盐、稀有的贝壳、珍稀鸟类的羽毛、宝石、沙金、石头等不容易大量获取的物品都曾经作为货币使用过。

在人类早期历史上，贝壳因为其不易获得，充当了一般等价物的功能，因此成为最原始的货币之一。今天的汉字如“赚”“赔”“财”等，都有“贝”字旁，就是当初贝壳作为货币流通的印迹。

2. 金属货币

早期的金属货币是块状的，使用时需要先用试金石测试其成色，同时还要称重量。随着人类文明的发展，逐渐建立了更加复杂而先进的货币制度。古希腊、古罗马和古波斯的人们铸造重量、成色统一的硬币。

铜贝产生以后，是与贝币同时流通的。铜贝发展到春秋中期，又出现了新的货币形式，即包金铜贝，它是在普通铜贝的外表包一层薄金，既华贵又耐磨。铜贝不仅是我国最早的金属货币，也是世界上最早的金属货币。

3. 金、银

西方国家的主币为金币和银币，辅币以铜、铜合金制造。随着欧洲社会经济的发展，商品交易量逐渐增大，到15世纪时，经济发达的佛兰德斯和意大利北部各邦国出现了通货紧缩的恐慌。从16世纪开始，大量来自美洲的黄金和白银通过西班牙流入欧洲，挽救了欧洲的货币制度，并为其后欧洲的资本主义经济发展创造了起步的条件。

4. 纸币

随着经济的进一步发展，金属货币同样显示出使用上的不便。在大额交易中需要使用大量的金属货币，其重量和体积都令人感到烦恼。金属货币使用中还会出现磨损的问题，据不完全统计，自从人类使用黄金作为货币以来，已经有超过两万吨的黄金在铸币厂里，或者在人们的手中、钱袋中和衣物口袋中磨损掉。于是作为金属货币的象征符号的纸币出现了。

目前，世界上共有200多种货币，流通于世界190多个独立国家和地区。作为各国货币主币的纸币，大多精美，侧面地反映了该国历史文化，沟通了世界各国人民的经济交往。目前，世界上比较重要的纸币包括美元、欧元、人民币、日元、英镑等。

随着信用制度的发展，我们对存款货币和电子货币也已经不感到陌生了，但新的货币形式还将不断出现。货币如同魔术师的神秘魔术吸引着人们的注意力，调动人们的欲望，渗透每一个角落，用一种看不见的强大力量牵引着人们的行为。我们要正确认识货币，更要正确使用货币。

货币本质：从贝壳到信用卡，什么才是货币

货币是我们在日常生活中经常接触到的东西。在一般人看来，所谓货币，无非就是可以拿来买东西的人民币、美元或英镑等。以上所说的货币，其实是指“钱”，即流通中的现金或

通货。不过在金融学或经济学里，这样定义货币是不准确的，货币的范围要比这个大得多。在今天，支票、信用卡、银行卡都可以作为我们购物时的支付工具。实际上，在现代经济生活中，无论是商品、劳务还是金融产品的交易，用现金支付的只占极小的比重。

在日常生活中，又有很多人将货币等同于财富。一个人很富有，我们会说他很有钱；一个人囊中羞涩、生活拮据时，我们会说他没什么钱。这里的钱就指财富，但财富的范围又要比货币宽泛得多。人们购买的股票、债券、基金等金融资产和拥有的住宅、轿车等都归为财富之类，但它们不属于货币范畴。

那么，金融学到底是如何定义货币的呢？通常经济学家将被人们普遍接受的，可以充当交易媒介、价值尺度、价值储藏、支付手段和安全流动的商品，都可以看作货币，其本质是

一般等价物。它既可以是黄金、白银这样的有形物品，也可以是一种被普遍接受的符号。只要它具有以上五个方面的功能，经济学家都称它为货币。

货币的本质是固定地充当一般等价物的商品，它能和所有的商品交换，充当商品交换的媒介。货币的发展是一个漫长的过程，由贝壳、金、银、铜等这些实物货币发展到纸币、银行券这些信用货币，现在市场上又出现了虚拟的电子货币，如我们日常生活中常用到的储值卡、信用卡、电子支票、电子钱包等。

单位货币所能分配到的商品数量取决于两个因素，一是货币兑现总数量，二是商品总数量，两者之间是反比的关系。假如货币兑现总数量增加了一倍而商品总数量不变，则商品的平均价格就会增加一倍；假如货币兑现总数量不变而商品总数量减少了一倍，商品的平均价格也会增加一倍。但是，是不是说，假如货币兑现总数量不变而商品总数量增加一倍时，商品的平均价格会下降一倍呢？这种情况是很少发生的。因为，当商品总数量超过相应的货币兑现总数量的时候，如果货币兑现总数量不增加，那么商品平均价格就会下降，这时候生产者为了保护自己的利益，会减缓商品的供给以降低价格的下降幅度，降到一定程度后，商品的供给数量就会重新下降到与货币发行数量适应的程度。与此同时，因为国家对货币的供给相对充裕，一般也不会发生货币发行量不能满足商品交易需要的情况。反而是在通常情况下，国家总会超出商品交易的需要而过量发行货币。在封建社会，皇帝或国王可能会过量发行货币满足自己穷奢极欲的消费需求或战争的需要；在现代社会里，国家为了弥补财政赤字，冲销银行死账等，也可能会过量发行货币。

人们从获得货币、保存货币到兑现货币，总会保持一个或短或长的时间。其能够实行的基础是人们对社会商品供给具有连续性的预期。货币所能兑现到的商品数量不是取决于货币获得时社会的商品供需状况，而是取决于兑现时社会商品供需状况。由于社会兑现货币总数量和商品供应总数量是经常变动的，所以单位货币所能兑现到的商品数量，也就是货币的价值也是经常变动的。

货币的发明是人类社会组织史上具有重要意义的里程碑。货币的发明不但促进了产品交换、税收管理、产品分配的发展，更重要的是找到了一种在血缘关系和婚姻关系之外的新型社会生产组织形式，并直接导致了国家的诞生。

货币功能：货币为什么能买到商品

经济学家艾文只能做一件事：讲授经济学原理。物物交换的经济社会中，如果艾文想获得食物，他就必须找到一个农场主，这个农场主必须既生产他所喜欢的食物，又想学习经济学。可以想象，这需要一定的运气和大量的时间。如果我们引入货币，情况又如何呢？艾文可以为学生讲课，收取货币报酬。然后艾文可以找到任何农场主，用他收到的钱购买他所需要的食物。这样需求的双重巧合问题就可以避免了。艾文可以节省大量的时间，用这些时间，他可以做他最擅长的事——教书。

从这个例子中可以看到，货币大大降低了花费在交换物

品和劳务上的时间，提高了经济运行的效率。因此，货币就是买卖的桥梁，是商品流通的中介。在一手交钱一手交货的买卖中，货币承担着交易媒介的功能。从远古时期的贝壳，到后来的金银铜，再到纸币，再到现在的电子货币，货币的每一次进步都使买卖变得更加便利。

想了解货币具有哪些功能，我们需要从以下几个方面来认识货币：

1. 价值尺度

正如衡量长度的尺子本身有长度，称东西的砝码本身有重量一样，衡量商品价值的货币本身也是商品，具有价值。没有价值的东西，不能充当价值尺度。

在商品交换过程中，货币成为一般等价物，可以表现任何商品的价值，衡量一切商品的价值量。货币在执行价值尺度的职能时，并不需要有现实的货币，只需要观念上的货币。例如，1辆自行车值200元人民币，只要贴上个标签就可以了。当人们在做这种价值估量的时候，只要在他的头脑中有多少钱的观念就行了。用来衡量商品价值的货币虽然只是观念上的货币，但是这种观念上的货币仍然要以实在的货币为基础，人们不能任意给商品定价。因为，在货币的价值同其他商品之间存在着客观的比例，这一比例的现实基础就是生产两者所耗费的社会必要劳动量。

商品的价值用一定数量的货币表现出来，就是商品的价格。价值是价格的基础，价格是价值的货币表现。货币作为价值尺度的职能，就是根据各种商品的价值大小，把它表现为各种各样的价格。例如，1头牛价值2两黄金，在这里2两黄金就是1头牛的价格。

2. 交换媒介

在商品交换过程中，商品出卖者把商品转化为货币，然后再用货币去购买商品。在这里，货币发挥了交换媒介的作用，执行流通手段的职能。

在货币出现以前，商品交换是直接的物物交换。货币出现以后，它在商品交换关系中则起媒介作用。以货币为媒介的商品交换就是商品流通，它由商品变为货币（W—G）和由货币变为商品（G—W）两个过程组成。由于货币在商品流通中作为交换的媒介，它打破了直接物物交换和地方的限制，扩大了商品交换的品种、数量和地域范围，从而促进了商品交换和商品生产的发展。

由于货币充当流通手段的职能，使商品的买和卖打破了时间上的限制，一件商品的所有者在卖出商品之后，不一定以买另一件商品作为交换；也打破了买和卖空间上的限制，一件商品的所有者在卖出商品以后，既可以就地购买其他商品，又可以在别的地方购买任何其他商品。

3. 储藏手段

是指货币退出流通领域，充当独立的价值形式和社会财富的一般代表而储存起来的一种职能。

货币能够储藏是随着商品生产和商品流通的发展而不断发展的。在商品流通的初期，有些人就把多余的产品换成货币保存起来，储藏金、银被看成是富裕的表现，这是一种朴素的货币储藏形式。随着商品生产的连续进行，商品生产者要不断地买进生产资料和生活资料，但他生产和出卖自己的商品要花费时间，并且能否卖掉也没有把握。这样，他为了能够不断地买进，就必须把前次出卖商品所得的货币储藏起来，这是商品生产者的货币储藏。随着商品流通的扩展，货币的作用日益增大，更多的东西都可以用货币来买卖，货币交换扩展到更多的领域。谁占有更多的货币，可交换的商品就更多，储藏货币的欲望也就变得更加强烈。货币能够被储藏，可以自发地调节货币流通量，起着“蓄水池”的作用。

4. 支付手段

货币作为独立的价值形式进行单方面运动（如清偿债务、缴纳税款、支付工资和租金等）时所执行的职能。

商品交易最初是用现金支付的。但是，由于各种商品的生产时间不同，有的长些，有的短些，有的还带有季节性；同时，各种商品销售时间也是不同的，有些商品就地销售，销售时间短，有些商品需要远销外地，销售时间长。商品的让渡同价格的实现在时间上分离开来，即出现赊购的现象。赊购以后到约定的日期清偿债务时，货币便执行支付手段的职能。货币作为支付手段，开始是由商品的赊购、预付引起的，后来才慢慢扩展到商品流通领域之外，在商品交换和信用事业发达的经济社会里，就日益成为普遍的交易方式。

在货币当作支付手段的条件下，买者和卖者的关系已经不是简单的买卖关系，而是一种债权债务关系。货币一方面可以减少流通中所需要的货币量，节省大量现金，促进商品流通的发展；另一方面，货币进一步扩大了商品经济的矛盾。在赊买赊卖的情况下，许多商品生产者之间都发生了债权债务关系，如果其中有人到期不能支付，就会引起一系列的连锁反应，使整个信用关系遭到破坏。

5. 世界货币

货币在世界市场上执行一般等价物的职能。由于国际贸易的产生和发展，货币流通超出一国的范围，在世界市场上发挥作用，于是货币便有了世界货币的职能。作为世界货币，必须是足值的金和银，而且必须脱去铸币的地域性外衣，以金块、银块的形状出现。而原来在各国国内发挥作用的铸币、纸币等在世界市场上都失去作用。

在国内流通中，一般只能由一种货币商品充当价值尺度。在国际上，由于有的国家用金作为价值尺度，有的国家用银作为价值尺度，所以在世界市场上金和银可以同时充当价值尺度的职能。后来，在世界市场上，金取得了支配地位，主要由金执行价值尺度的职能。

国际货币充当一般购买手段，一个国家直接以金、银向另一个国家购买商品。同时作为一般支付手段，国际货币用以平衡国际贸易的差额，如偿付国际债务、支付利息和其他非生产性支付等。国际货币还充当国际间财富转移的手段，货币作为社会财富的代表，可由一国转移到另一国。例如，支付战争赔款、输出货币资本或由于其他原因把金、银转移到外国去。在当代，世界货币的主要职能是作为国际支付手段，用以平衡国际收支的差额。

货币制度：没有“规矩”难成方圆

没有规矩，不成方圆。货币也有货币的规矩——货币制度。货币制度是国家对货币的有关要素、货币流通的组织与管理等加以规定所形成的制度，完善的货币制度能够保证货币和货币流通的稳定，保障货币正常发挥各项职能。货币制度由国家以法律的形式规定下来。

1. 货币制度需要明确的几个问题

（1）规定货币材料。规定货币材料就是规定币材的性质，确定不同的货币材料就形成不同的货币制度。比如，货币是用贝壳还是铜、铁，是用金、银还是纸张，但是哪种物品可以作为货币材料不是国家随心所欲指定的，而是对已经形成的客观现实在法律上加以肯定。目前，各国都实行不兑现的信用货币制度，对货币材料不再做明确规定。

（2）规定货币单位。货币单位是货币本身的计量单位，规定货币单位包括两方面：一是规定货币单位的名称，二是规定货币单位的值。比如，过去铜钱的单位是“文”“贯”，金、银的单位是“两”“斤”，人民币的单位是“元”。在金属货币制度条件下，货币单位的值是每个货币单位包含的货币金属重量和成色；在信用货币尚未脱离金属货币制度条件下，货币单位的值是每个货币单位的含金量；在黄金非货币化后，确定货币单位的值表现为确定或维持本币的汇率。

（3）规定流通中货币的种类。规定流通中货币的种类主要指规定主币和辅币。主币是一国的基本通货和法定价格标准，辅币是主币的等分，是小面额货币，主要用于小额交易支付。

金属货币制度下，主币是用国家规定的货币材料按照国家规定的货币单位铸造的货币，辅币用贱金属并由国家垄断铸造；信用货币制度下，主币和辅币的发行权都集中于中央银行或政府指定机构。

（4）规定货币法定支付偿还能力。货币法定支付偿还能力分为无限法偿和有限法偿。无限法偿指不论用于何种支付，不论支付数额有多大，对方均不得拒绝接受；有限法偿即在一次支付中有法定支付限额的限制，若超过限额，对方可以拒绝接受。金属货币制度下，一般而言，主币具有无限法偿能力，辅币则是有限法偿。

（5）规定货币铸造发行的流通程序。货币铸造发行的流通程序主要分为金属货币的自由铸造与限制铸造、信用货币的分散发行与集中垄断发行。自由铸造指公民有权用国家规定的货币材料，按照国家规定的货币单位在国家造币厂铸造铸币，一般而言主币可以自由铸造；限制铸造指只能由国家铸造，辅币为限制铸造。信用货币分散发行指各商业银行可以自主发行，早期信用货币是分散发行，目前各国信用货币的发行权都集中于中央银行或指定机构。

（6）规定货币发行准备制度。货币发行准备制度是为约束货币发行规模、维护货币信用而制定的，要求货币发行者在发行货币时必须以某种金属或资产作为发行准备。在金属货币制度下，货币发行以法律规定的贵金属作为发行准备；在现代信用货币制度下，各国货币发行准备制度的内容比较复杂，一般包括现金准备和证券准备两大类。

2. 货币制度的演变

在漫漫历史长河中，随着货币的演变，货币制度也在不停地演变，先后存在过银本位制、金本位制、金银复本位制、纸币本位制。银本位制的本位货币是银；金本位制则以金为本位货币；金银复本位制的本位货币是金和银；纸币发行以这些金属货币为基础，可以自由兑换。后来随着经济社会的发展，金属货币本位制逐步退出了历史舞台，世界各地都确立了不兑现的信用货币制度，即纸币本位制。

（1）银本位制。其是指以白银为本位货币的一种货币制度。在货币制度的演变过程中，银本位的历史要早于金本位。银本位制的运行原理类似于金本位制，主要不同点在于以白银

作为本位币币材。银币具有无限法偿能力，其名义价值与实际含有的白银价值一致。银本位分为银两本位与银币本位。

（2）金本位制。其是指以黄金作为本位货币的货币制度。其主要形式有金币本位制、金块本位制和金汇兑本位制。

①金币本位制。金币本位制是以黄金为货币金属的一种典型的金本位制。其主要特点有：金币可以自由铸造、自由熔化；流通中的辅币和价值符号（如银行券）可以自由兑换金币；黄金可以自由输出输入。在实行金本位制的国家之间，根据两国货币的黄金含量计算汇率，称为金平价。

②金块本位制。金块本位制是指由中央银行发行、以金块为准备的纸币流通的货币制度。它与金币本位制的区别在于：其一，金块本位制以纸币或银行券作为流通货币，不再铸造、流通金币，但规定纸币或银行券的含金量，纸币或银行券可以

兑换为黄金；其二，规定政府集中黄金储备，允许居民当持有本位币的含金量达到一定数额后兑换金块。

③金汇兑本位制。金汇兑本位制是指以银行券为流通货币，通过外汇间接兑换黄金的货币制度。金汇兑本位制与金块本位制的相同之处在于规定货币单位的含金量，国内流通银行券，没有铸币流通。但规定银行券可以换取外汇，不能兑换黄金。本国中央银行将黄金与外汇存于另一个实行金本位制的国家，允许以外汇间接兑换黄金，并规定本国货币与该国货币的法定比率，从而稳定本币币值。

（3）金、银复本位制。其是指一国同时规定金和银为本位币。在复本位制下，金与银都如在金本位制或银本位制下一样，可以自由买卖，自由铸造与熔化，自由输出输入。

复本位制从表面上看能够使本位货币金属有更充足的来源，使货币数量更好地满足商品生产与交换不断扩大的需要，但实际上却是一种具有内在不稳定性的货币制度。“劣币驱逐良币”的现象，即金、银两种金属的市场价值高于官方确定比价而不断被人们收藏时，金、银两者中的“贵”金属最终会退出流通，使复本位制无法实现。

（4）纸币本位制。纸币本位制又称信用本位制，由于从国家法律而论，纸币已经无须以金属货币作为发行准备。纸币制度的主要特征是在流通中执行货币职能的是纸币和银行存款，并且通过调节货币数量影响经济活动。

纸币制度自实行之日起就存在着不同的争论。主张恢复金本位的人认为只有使货币能兑换为金，才能从物质基础上限制政府的草率行为，促使政府谨慎行事；赞同纸币本位制的人则认为，在当今的经济社会中，货币供应量的变化对经济的影响十分广泛，政府通过改变货币供应量以实现预定的经济目标，已经成为经济政策不可或缺的组成部分。

货币的时间价值：今日的1元未来价值多少

一个虔诚的教徒有一天遇见了上帝，就问："上帝啊，对你而言，一百年意味着什么？"上帝回答说："不过一瞬间而已。"教徒又问："那100万元呢？""不过1元钱而已。"于是教徒很高兴地说："上帝呀，请给我100万元钱吧！"上帝给了他一个让人绝望的回答："没问题，请等我一瞬间。"

会心一笑后请认真思考一下：相同的1元钱在今天和将来的价值是否相同？

很多人都会说是的，但经济学家说：不同。为什么？回答是，因为人们具有时间偏好——人们在消费时总是抱着赶早不赶晚的态度，认为现期消费产生的效用要大于对同样商品的未来消费产生的效用，因此，即使相同的1元钱在今天和未来都能买到相同的商品，其价值却不相同——因为相同的商品在今天和未来所产生的效用是不相同的。正是人们的时间偏好使货币具有了时间价值。这也正是上面那个小幽默的寓意所在：货币是具有时间价值的。今天的1元钱到明年可能就不是1元钱了，通常今天1元钱的价值要多于明天的1元钱。

本杰明·富兰克林说：钱生钱，并且所生之钱会生出更多的钱。这就是货币时间价值的本质。货币的时间价值这个概念认为，目前拥有的货币比未来收到的同样金额的货币具有更大的价值。因为，目前拥有的货币可以进行投资，在目前到未来这段时间里获得复利。即使没有通货膨胀的影响，只要存在投资机会，货币的现值就一定大于它的未来价值。专家给出的定义：货币的时间价值就是指当前所持有的一定量货币比未来获得的等量货币具有更高的价值。如果从投资者角度分析，投资就是将目前的消费推迟到将来，把这1元钱用于投资而不是用于消费，投资是要求报酬的，这个报酬就是货币时间价值。当然也可以这样考虑，由于投资者消费时间向后推迟，货币的时间价值就可以理解为是对投资者牺牲当前消费的一种补偿。

投资可以获得收入，银行存款可以给储户带来利息，今天收到的1元钱比明天收到的1元钱更值钱。我们用一个简单的例子来说明。

如果您将现在的100元存入银行，存款利率假设为5%，那么一年后将可得到105元。这5元就是货币的时间价值，或者说货币的时间价值是5%。

假设一年后，我们继续把所得的105元按同样的利率存入银行，则又过一年后，您将获得110.25元。第二年的利息比第一年多出0.25元，这是由第一年5元利息创造的利息。这就是通常所说的复利计算或者利滚利。以此方式年复一年地存款，则当初的100元将会不断地增加，年限够长的话，到时可能是当初的几倍、几十倍。通过科学计算，如果将100元存入银行连续50

年，假设每年利率维持在5%，50年后您将有1146.74元！

在现实生活中，货币的时间价值有两种计算方式：单利和复利。

单利是指在计算利息时，每一次都按照原先融资双方确认的本金计算利息，每次计算的利息并不转入下一次本金中。比如，A借B100元，双方商定年利率为5%，3年归还，按单利计算，则A3年后应收的利息为3×100×5%＝15元。

在单利计算利息时，隐含着这样的假设：每次计算的利息并不自动转为本金，而是借款人代为保存或由贷款人取走，因而不产生利息。

复利是指每一次计算出利息后，即将利息重新加入本金，从而使下一次的利息计算在上一次的本利和的基础上进行，说白了也就是利滚利。上例中，如A与B商定双方按复利计算利息，那么A在3年后应得的本利和计算如下：

第1年利息：100×5%＝5；

转为本金后，第2年利息（100＋5）×5%＝5.25；

转为本金后，第3年利息（105＋5.25）×5%＝5.5125；

加上本金，第3年的本利和为105＋5.25＋5.5125＝115.7625。

从上面的例子中，我们已经看到了复利带来的利润。事实上，对于财富来说，复利是最大的奇迹。假设您将1元钱投资到股票市场，每次收到的红利都进行再投资，如果每年投资能获得15%的收益率，根据科学计算，1元钱连续投资100年后的收益将近120万元！

无论是从公司还是从投资者的角度来说，财务决策的制定主要是依据不同投资选择的收益。例如，如果今天你手中有1万美元想投资，你必须决定怎样运用这笔钱来取得最大的收益。如果你用这笔钱投资，在5年后可以获得1.5万美元的收益，或者是在8年后可获得2万美元的回报，你将如何选择？为了回答这个问题，你必须判断这两项投资哪项给你带来的收益最大。

从另一方面来讲，早得到的1美元就比晚得到的1美元更有价值，这是因为早得到1美元就可以更快地进行投资获得收益。这意味着5年期投资比8年期投资更有价值吗？不一定，因为8年期的投资收益率通常高于5年期的投资。为了判断哪项投资更有价值，我们需要比较同一时点上两项投资的报酬率，也就是说，我们要比较所谓的等值货币。因此，我们可以通过重新估

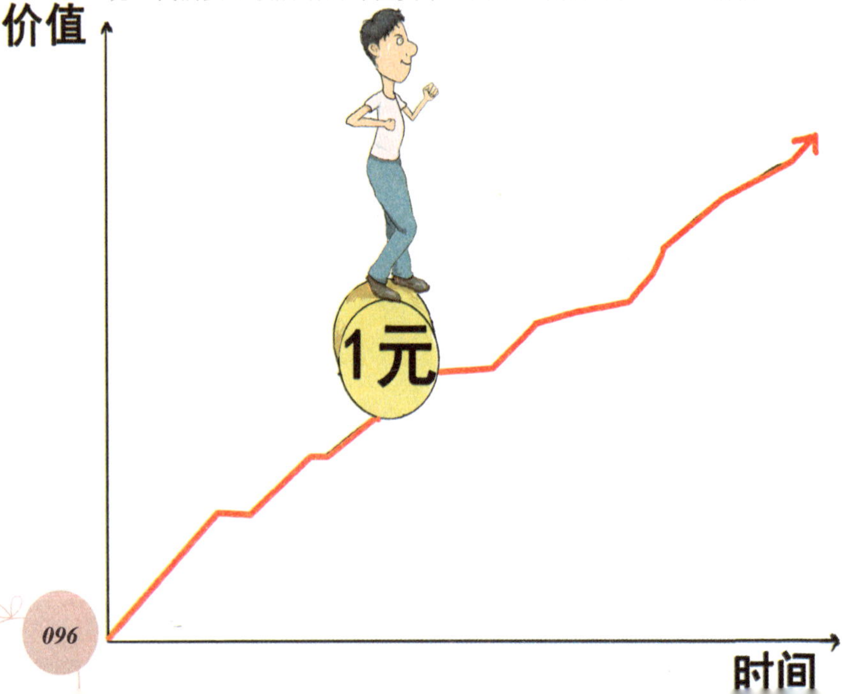

价来求得上面两项投资的现值和在未来不同时点的预期收益（5年后的1.5万美元和8年后的2万美元）。

货币时间价值的巨大效应正在于此，货币在经历了一定时间的投资和再投资后，会增加价值。换句话说，货币用于投资并经历一定时间后会增值，增值部分即为时间价值。今天的1元钱和一年后的1元钱的潜在经济价值是不相等的，前者要大于后者，因为现在的1元钱在一年之后可以超过1元钱。如果把这1元钱用于投资，从社会的角度分析，投资会有一个收益，而这个收益就是时间的价值。

时间就是金钱。货币的时间价值对个人理财很重要的启示是：理财要尽早规划，尽早行动，这样才能让您的财富不断增值。

PART 02 没有信用，金融市场就失去了基础——每天读点信用知识

信用：富人赚钱的智慧

在以熊彼特为代表的“信用创造学派”的眼中，信用就是货币，货币就是信用；信用创造货币；信用形成资本。在财富的世界里，还有什么比信用更加宝贵的呢？富人之所以富有，就是因为他们真正理解了信用的价值所在。那么，什么是信用呢？

一个名叫J. P. 摩根的人曾经主宰着美国华尔街的金融帝国。而他的祖父，也就是美国亿万富翁摩根家族的创始人——老摩根，当年却是个一无所有的人。

1835年，当时的老摩根还是个普普通通的公司职员，他没有想过发什么大财，只要能在稳定的收入之余得到一笔小小的外快就足以让他心满意足。

一个偶然的机会，老摩根注册成为一家名叫“伊特纳火灾”的小保险公司的股东，因为这家公司不用马上拿出现金，只需在股东名册上签上名字就可成为股东。这正符合当时老摩

根没有现金却想获得收益的情况。

然而在老摩根成为这家保险公司的股东没多久后，一家在伊特纳火灾保险公司投保的客户发生了火灾。按照规定，如果完全付清赔偿金，保险公司就会破产。股东们一个个惊慌失措，纷纷要求退股。

这个时候，老摩根斟酌再三，认为自己的信誉比金钱更重要，于是他便四处筹款并卖掉了自己的住房，低价收购了所有要求退股的股份，然后他将赔偿金如数付给了投保的客户。

一时间，伊特纳火灾保险公司声名大噪。

身无分文的老摩根成为保险公司的所有者，但是保险公司资金严重短缺，濒临破产。无奈之中他打出广告：凡是再到伊特纳火灾保险公司投保的客户，理赔金一律加倍给付。

他没有料到的是，没多久，指名投保火灾险的客户蜂拥而至。原来在很多人的心目中，伊特纳火灾保险公司是最讲信誉的保险公司，这一点使它比许多有名的大保险公司更受欢迎。伊特纳火灾保险公司从此崛起。

结果，老摩根不仅为公司赚取了利润，也赢得了信用资产。信用资产不仅让他自己终身受用，还让他的后代子孙受益。

在约瑟·老摩根先生的孙子J. P. 摩根主宰了美国华尔街金融帝国后，大女婿沙特利在日记中记载了J. P. 摩根生前最后一次为众议院银行货币委员会所做的证词，他的核心证词只有两个字："信用！"

从经济学的角度来看，《新帕格雷夫经济大辞典》中，对信用的解释是："提供信贷意味着把对某物（如一笔钱）的财产权给以让渡，以交换在将来的某一特定时刻对另外的物品（如另外一部分钱）的所有权。”可见，信用是和资本、财产密切相关的。因此，若我们想在财富上有所作为，就不能不向富人们看齐，随时注意自己的信用。

信用不仅是个人获得财富的智慧，更是现代经济生活中的基石，无论个人还是现代经济社会，都在遵循着一个重要的法则——无信不立。

美国加州的威尔·杰克是百万富翁。起初他身无分文，直到外出工作，才有了一些积蓄。每个周末威尔会定期到银行存款，其中一位柜员注意到了他，觉得他天生聪慧，了解金钱的价值。后来威尔决定创业，从事棉花买卖，那位银行工作人员知道了，便给他贷了款。这是威尔第一次使用别人的钱，很快他便偿还清了银行的贷款，赢得了良好的声誉。一年半之后，他改为贩卖马和骡子，逐渐积累了一些财富。后来，有两个创业失败但很优秀的保险业务员找他，希望他能以个人信誉作担保，从银行贷款相助。威尔看到这两个人的确很优秀，现在只不过是一时之艰，于是决定帮助他们。威尔向加州银行贷款。银行非常愿意把钱贷给像威尔这样有诚信的人。由于威尔的贷款额度不受限制，所以他用贷出来的钱买下了那两位业务员创立的公司的全部股份。此后，在短短10年内，这家寿险公司从原来只有40万美元的资本，通过基本客户群制度获利4000万美元。

由此可见，信用对金融生活中的生意往来和财富积累都有着非常关键的作用。分析信用对金融生活的影响，我们可以从积极作用和消极作用两个方面来看。

信用在经济中起到的积极作用主要表现在以下几个方面：

第一，现代信用可以促进社会资金的合理利用。通过借贷，资金可以流向投资收益更高的项目，获得一定的收益。

第二，现代信用可以优化社会资源配置。通过信用调剂，让资源及时转移到需要这些资源的地方，就可以使资源得到最大限度的运用。

第三，现代信用可以推动经济的增长。一方面通过信用动用闲置资金，将消费资金转化为生产资金，促进经济增长；另一方面，信用可以创造和扩大消费，通过消费的增长刺激生产扩大和产出增加，也能起到促进经济增长的作用。

同时，信用对经济的消极作用也不容忽视，它主要表现在信用风险和经济泡沫的出现。信用风险是指债务人无法按照承诺偿还债权人本息的风险。在现代社会，信用关系已经成为最普遍、最基本的经济关系，社会各个主体之间债权债务交错，形成了错综复杂的债权债务链条，这个链条上有一个环节断裂，就会引发连锁反应，对整个社会的信用联系造成很大的危害。经济泡沫是指某种资产或商品的价格大大地偏离其基本价值。经济泡沫的开始是资产或商品的价格暴涨。价格暴涨是供求不均衡的结果，即这些资产或商品的需求急剧膨胀，极大地超出了供给，而信用对膨胀的需求给予了现实的购买和支付能力的支撑，使经济泡沫的出现成为可能。

国家信用：最可信赖的信用形式

战国时，商鞅准备在秦国变法，唯恐老百姓不信，于是命人在都城的一个城门前，放了一根高三丈长的木柱，并到处张贴告示："谁能把城门前那根木柱搬走，官府就赏他五十金。"老百姓看到告示后议论纷纷。大家怀疑这是骗人的举动，但一个年轻力壮、膀大腰圆的小伙子说："让我试试看吧！我去把城门那木柱搬走，要是官府赏钱，就说明他们还讲信用，往后咱们就听他们的；如果不赏钱，就说明他们是愚弄百姓。他们往后说得再好，我们也不信他们那一套了。"说罢来到城门前把那根木柱搬走了。商鞅听到这一消息，马上命令赏给那人五十金。那位壮汉看到自己果真得到了五十金，不禁开怀大笑，一边炫耀那五十金，一边对围观的老百姓说："看来官府还是讲信用的啊！"这事一传十，十传百，不久就传遍了整个秦国。"移木立信"后，国家信用深深植根于社会，社会信用由此孕育发展，商鞅下令变法，秦国于是政行令通。

"移木立信"的故事我们都曾听说过，它其实就是国家信用的树立过程。那么，国家信用在金融市场中起到了什么样的作用呢？国债与国家信用又有什么样的关系呢？

国家信用既是国家为弥补收支不平衡、建设资金不足的一种筹集资金方式，同时也是实施财政政策、进行宏观调控的一种措施与手段。

国家信用是一种特殊资源，政府享有支配此种资源的特权，负责任的好政府绝不能滥用国家信用资源。政府利用国家信用负债获得的资金应该主要用于加快公共基础设施的建设，以及为保障经济社会顺利发展并促进社会公平的重要事项，以向社会公众提供更多的公共物品服务，并实现社会的和谐与安宁。

国家信用的财务基础是国家将来偿还债务的能力，这种偿债能力源于属于国家（全体人民）的财务资源。它的现金流来源于三个方面：国家的税收收入、政府有偿转让国有资产（包括土地）获得的收入以及国家发行货币的专享权力。

国家信用的基本形式是发行政府债券，包括发行国内公债、国库券、专项债券、财政透支或借款等。公债是一种长期负债，一般在1年以上甚至10年或10年以上，通常用于国家大型项目投资或较大规模的建设，在发行公债时并不注明具体用途和投资项目；国库券是一种短期负债，以1年以下居多，一般为1个月、3个月、6个月等；专项债券是一种指明用途的债券，如中国发行的国家重点建设债券等；财政透支或借款是在公债、国库券、专项债券仍不能弥补财政赤字时，余下的赤字即向银行透支和借款。透支一般是临时性的，有的在年度内偿还。借款一般期限较长，一般隔年财政收入大于支出时（包括发行公债收入）才能偿还。有的国家（如中国）只将财政向银行透支和借款算为财政赤字，而发行国库券和专项债券则作为财政收入而不在赤字中标示。国家信用应当由国家的法律予以保障。

在我国，20世纪50年代初期曾发行过公债，后来一度取消。1979年经济改革以来，从1982年开始发行国库券，后又发行国家重点建设债券等国家信用工具，一方面筹集部分资金弥补财政赤字，另一方面主要是为了增加生产投资，加快国家重点建设。到20世纪90年代，国家信用已成为我国筹集社会主义建设资金的重要工具，债券、发行市场和流通市场也有了很大发展。

国家信用是以国家为主体进行的一种信用活动。国家按照信用原则以发行债券等方式，从国内外货币持有者手中借入货币资金。说白了，国家信用其实是一种国家负债。

随着资本主义的发展，国家信用甚至从国内发展到了国外，即一国政府以国家名义向另一国政府或私人企业、个人借债以及在国际金融市场上发行政府债券。它既成为弥补一国财政赤字的手段，也成为调节国际收支、调节对外贸易的有力杠杆。这种国家信用主要不是用于弥补经常性财政收支出现的赤字，而是聚集资金用于经济建设的手段。特别是对国外发行政府债券，一方面可以弥补国内建设资金的不足，另一方面也可以引进国外先进技术，扩大对外贸易，调节国际收支。

国家信用影响了金融市场发展的全过程。在资本的原始积累时期，国家信用是强有力的杠杆之一。在资本主义制度下，政府债券主要是通过资本主义大银行或在公开金融市场上发行的，银行不仅可以从中取得大量回扣，而且政府发行的各种债券还为银行的股份公司提供了大量虚拟资本和投机的重要对象。并且随着资本主义经济危机和财政危机的加深，通过国家信用取得的收入，已成为国家财政收入的重要来源，是弥补亏空的主要手段。在现代西方发达国家，国家信用已不单纯是取得财政收入的手段，而且已成为调节经济运行的重要经济杠杆。

国际信用：管用的《君子协定》

大家常会提到“君子协定”一词，但是大家可能不知道，“君子协定”最早其实是金融学上的一个概念，也称为“绅士协定”。它专门用于国际事务之间，意思是说这是一种相对购买方式，双方如果有一方无法履行购买义务，对方便不能对它进行有效制裁。

《君子协定》出台的具体背景是，经济合作与发展组织为了协调各成员国之间的出口信贷政策，开始处理出口信贷事务。《君子协定》虽然是一个正式协定，却没有强制力。不过，由于经济合作与发展组织的22个成员国几乎囊括了全球最发达的国家和地区，所以该协定在全球经济事务中具有极大的影响力。不仅如此，就连一些没有参加《君子协定》的国家和地区，在办理出口信贷时也往往自觉参照该协定行事，其效力可见一斑。

众所周知，商品进出口贸易需要得到金融支持，出口信贷能够在一定程度上提高本国产品的国际竞争力，促进商品出口。可是，随着市场竞争的加剧，每个国家尤其是发达国家都竞相给本国企业提供越来越优惠的出口信贷条件，这便大大激化了国际贸易争端，同时也大大增加了各国出口信贷的补贴支出。

正是在这种情况下，各国政府慢慢醒悟过来，渐渐意识到如果一味这样在出口信贷优惠条件方面攀比，大家都没好处，于是开始在这方面寻求协调和合作的可能性。国际信用是指一个国家的政府、银行及其他自然人或法人对别国的政府、银行及其他自然人或法人所提供的信用。随着国际经济联系的不断加强，国际信用在国际商务中的地位日益显赫。

国际信用具有经济性。国际商业信用不仅是一种信誉和荣誉，也是一种国际范围内不受限制的社会资源，是企业全球化发展的一种柔性资本，具有经济性。高认可度的商业信用可以促使企业提供更好的产品和服务、获取经济规模、树立积极形象，从而可以提高客户合作意愿，强化客户忠诚度。

国际信用是一种竞争力。随着企业出口产品、服务、项目的增多，面对国外市场的竞争对手越来越多。国际信用作为柔性竞争力在争取国外生产订单、维系客户、获取市场资源、开拓市场等方面表现出高度的匹配性。所以，注重维护并不断提高国际信用，是进入国际市场的每一个企业必须重视的战略营销问题。

国际信用的种类：

1. 贸易信用

贸易信用是指以各种形式与对外贸易业务联系在一起的信用。贸易信用有商业信用和银行信用两种形式。

（1）商业信用发生于下列情况：

①预付款信用。进口商向外国出口商预付的货款，将来由出口商供货偿还。

②公司信用。进口商从外国出口商方面以商品形态获得的信用，然后定期清偿债务。

（2）银行信用可分为以下三种：

①银行对出口商提供的短期信用，如商品抵押贷款或商品凭证抵押贷款。

②由卖方（出口方）银行提供给出口商的中长期信贷，称为卖方信贷。这与大型成套设备及技术的出口密切相关。出口商（卖方）以分期付款和赊销的方式将主要机器或成套设备卖给进口商，然后根据协议由进口商分期偿付货款。由于出口商要在全部交货若干年后才能陆续收回全部货款，因此为保持企业正常经营，往往需向当地银行获取这种信贷。

③银行对进口商提供的信用。这主要包括以下三种：一是承兑信用。即当出口商提供商业信用给进口商时，出口商往往

要求由银行承兑票据；二是票据贴现。如果出口商在汇票到期前需要现款，可以将已经进口商或其银行承兑的汇票拿到银行中去贴现；三是买方信贷。即卖方（出口方）银行提供给买方企业（进口方）或买方银行的中长期信贷。

2. 金融信用

金融信用没有预先规定的具体运用方向。金融信用包括偿还债务、进行证券投资等。金融信用有银行信用和债券形式的信用之分。

我国由于企业信用缺失每年造成的经济损失，不得不引起人们对企业信用的重视。企业的国际信用不足集中体现在以下几方面：

一是国际信用总体水平偏低。出口主体增多、出口机动性明显，市场无序竞争加强。

二是对知识产权重视不够。这也成为影响企业国际信用的重要因素。

三是信用工具的限制。随着现代通信技术的发展，金融工具的增多，越来越多的机构和市场融资者发行大量的债券、股票、商业票据和其他证券，各种信用工具广泛应用。一些经营者自身的水平限制信用工具的使用，影响企业的经营效益和效率。

四是品牌缺失抑制信用提升。在当今市场竞争中，品牌已经成了企业综合竞争力在信用上的最聚焦的体现。我国企业长期以来过分依赖于成本竞争理念，忽视塑造知名品牌，品牌信用尚未较好地建立。良好的国际信用是企业无形的竞争资本，信用建设理应成为企业发展战略之一。

国与国之间打交道和人与人之间交往一样，都需要讲信用，而《君子协定》就是国家交往的信用，从金融学上来说就是国际信用。所谓国际信用，是国与国之间发生的借贷行为。

这种借贷行为既可以是通过赊销商品提供的国际商业信用，也可以是通过银行贷款提供的国际银行信用，还可以是政府之间相互提供的信用。因此，《君子协定》在各国提供出口信贷时虽然不具备法律效力，但由于各国信守诺言，实际上它比法律更管用。

银行信用：把钱放进银行最放心

生活中，不管是老人还是年轻人，当手中有了一部分闲置资金以后，首先想到的可能会是在银行存一笔钱。在回答为什么要把钱存进银行这个问题时，我想读者朋友们的答案一定是："银行安全啊！"可是银行究竟为什么安全呢？这就涉及我们今天的话题——银行信用。

1976年，一位曾经在美国读过书的经济学家尤努斯，将27美元借给42名农村妇女用于生产，使他们摆脱了贫穷。随后，他逐步建立起了孟加拉国乡村银行——格莱泯银行。任何妇女，只要能够找到4个朋友，在必要的时候同意归还贷款，那么格莱泯银行就向其发放贷款。如果借款人违约，其他人在贷款还清之前就不能借款。这一做法非常成功，今天，格莱泯银行拥有超过2500个分支机构，超过98%的还款率超过世界上任何一家成功运作的银行。这家成功的银行已经向超过750万人提

供贷款，其中97%是女性，65%的借款人以此摆脱了贫穷。目前，在亚洲、非洲、拉丁美洲，已经有90多家模仿该做法的银行。传统的经济理论无法支撑这种想法，尤努斯却为此打开了一扇新的大门。

我们从故事里的借贷中看到的就是银行信用。银行信用有什么特点呢？银行信用是由商业银行或其他金融机构授给企业或消费者个人的信用。在产品赊销过程中，银行等金融机构为买方提供融资支持，并帮助卖方扩大销售。商业银行等金融机构以货币方式授予企业信用，贷款和还贷方式的确定以企业信用水平为依据。商业银行对不符合其信用标准的企业会要求提供抵押、质押作为保证，或者由担保公司为这些企业作出担保。后一种情况实质上是担保公司向申请贷款的企业提供了信用，是信用的特殊形式。银行信用的概念说起来有点烦琐，其实，生活中我们每个人都曾经感受过银行信用，比如向银行贷款、申领信用卡等。

在社会信用体系中，银行信用是支柱和主体信用，是连接国家信用和企业信用、个人信用的桥梁，在整个社会信用体系的建设中具有先导和推动的作用。可以说，银行信用的正常化是整个社会信用健全完善的重要标志，也是构筑强健金融体系的基石。银行信用是以存款等方式筹集货币资金，以贷款方式对国民经济各部门、各企业提供资金的一种信用中介形式，它对个人贷款的审批是非常严格的。

刘女士在北京东四环看中一套价值400万的房子，按照首付四成的比例，她需要拿出160万的首付款。虽说刘女士夫妇年收入不算低，但她表示最近股市比较好，不太想动用股市里的钱支付首付款，而是想通过抵押自己现有住房支付首付款，然后再办理住房按揭贷款。也就是说，400万元的房款全部通过银行贷款方式支付。

刘女士这一算盘打得不错。但她向建行、招行、北京银行等银行工作人员咨询了一圈下来，发现银行根本无法满足她的要求。所有银行均表示抵押贷款不能作为购买房子的首付款，也有银行直接告知，房屋抵押率最多只能做到七成左右，有的银行还表示利率上浮10%。

招商银行的一位工作人员说，只要是用于购房、买车、装修、旅游等消费，均可以申请办理个人抵押贷款，但是必须出具贷款用途证明。例如，抵押贷款用于购房，客户需要提供购房合同、首付款收据等。为了降低经营风险和控制放贷规模，一些银行已经开始停办个人贷款业务，虽然有些银行仍然可以办理个人贷款，但对贷款的用途审查得更加严格。

银行对贷款部门或个人进行严格的审批，降低了银行收回贷款的风险，这样在一定程度上就能够保证储户存款的安全。试想，如果银行放松了对贷款的审批，人们不管是买房还是买车，只要向银行申请就能贷到款，但贷款人却没有能力去偿还银行的贷款，长期下去，银行所面临的将不仅是储户的存款不保，甚至还有可能倒闭，美国次贷危机不就是个很好的证明吗？

一般来说，银行信用具有以下特点：

第一，银行信用是以货币形态提供的。银行贷放出去的已不是在产业资本循环过程中的商品资本，而是从产业资本循环过程中分离出来的暂时闲置的货币资本，它克服了商业信用在数量规模上的局限性。

第二，银行信用的借贷双方是货币资本家和职能资本家。由于提供信用的形式是货币，这就克服了商业信用在使用方向上的局限性。

第三，在产业周期的各个阶段上，银行信用的动态与产业资本的动态往往不一致。

此外，商业银行都会进行信用评级，这是对银行内在的安全性、可靠性的判断，反映了对银行陷入困境而需要第三方（如银行所有者、企业集团、官方机构等）扶持的可能性的意见。商业银行财力级别定义为：

AAA级银行拥有极强的财务实力。通常情况下，它们都是一些主要的大机构，营运价值很高且十分稳定，具有非常好的财务状况以及非常稳定的经营环境。

AA级银行拥有很强的财务实力。通常情况下，它们是一些重要的大机构，营运价值较高且比较稳定，具有良好的财务状况以及较稳定的经营环境。

A级银行拥有较强的财务实力。通常情况下，它们具有一定的营运价值且相对稳定。这些银行或者在稳定的经营环境中表现出较好的财务状况，或者在不稳定的经营环境中显示出可以接受的财务状况。

BBB级银行的财务实力一般，它们常常受到以下一个或多个因素的限制：不稳固或正处于发展中的营运价值，较差的财务状况或不稳定的经营环境。

BB级银行财务实力很弱，周期性地需要或最终需要外界的帮助与支持。这类机构的营运价值不可靠，财务状况在一个或多个方面严重不足，经营环境极不稳定。

B级银行是银行财务实力最弱的一个级别。这类银行缺乏必要的营运价值，财务状况很差，经营环境极不稳定，经常需要外界的扶持。

当然，为了维护银行信用，避免坏账，银行在发放贷款时通常都要求提供抵押物，就是将借款客户的全部或者部分资产作为抵押品的放款。放款银行有权接管、占有抵押品，并且在进一步的延期、催收均无效时，有权拍卖抵押品，以此收益弥补银行的呆、坏账损失。

PART 03

格林斯潘调节金融的“利器”——每天读点利率知识

利息：利息是怎样产生的

利息是金融学中一个非常重要的概念，也许每一位读者对此都不陌生，但很难保证对银行利息究竟说明什么、究竟是怎样产生的会有一个正确认识。总体来看，利息是借款人付给贷款人的报酬；同时它还必须具备一个前提，那就是两者之间必须存在着借贷关系。

什么是利息呢？利息是资金所有者由于向国家借出资金而取得的报酬，它来自生产者使用该笔资金发挥营运职能而形成的利润的一部分，是指货币资金在向实体经济部门注入并回流时所带来的增值额，其计算公式是：利息＝本金×利率×时间。

现实生活中，贷款人把收取利息收入看作理所当然的。在会计核算中，全球各国的会计制度都规定，借款所发生的利息支出首先要作为财务费用列入成本，只有在扣除这一部分后，剩下的部分才能作为经营盈利看待。

刘先生在银行任职。多年来，在他的办公桌的玻璃台板下总压着一张储蓄存款利率表。凡穿西装的季节，在他西装衣袋里也总有一个票夹子，票夹子里藏着一张储蓄存款利率表。储蓄存款利率升了降，降了升难以记牢，所以刘先生就随处备有利率表，为的是与人方便、与己方便。

一次，一位中年妇女在储蓄柜台取款后迟迟没有离去，以为银行把她存款的利息算错了。刘先生把几次变化的利率一行一行抄给她，把利率计算的方法告诉她，她这才打消了心中的疑团。

还有一位熟人曾让刘先生帮她计算利息。说3年前向姐夫借了12000元钱，当时没有约定还款时间，也没有约定还款时加上多少利息，只想手头宽裕了，把借款和利息一次还清。刘先

生就将随身带的利率表递上，并把利息计算的方法、保值贴补的时间段很明白地告诉她，由她根据自己的实际和承诺计算利息，末了她连声道谢。另外，刘先生家与亲戚家也有过几次借款关系，在还款时也是参照储蓄存款的利率还款的，双方都乐意接受。

在生活中，常常有民间借贷，有承诺的也好，无承诺的也好，还款时常要与同期的储蓄存款利息比一比。在炒股生涯中，常常要算一算自己的股票或资金盈利，自然而然要想到与同期的利率作比较。利率为什么在不同的时期有不同的变化？这代表着什么？利率的高低又是由什么决定的？

现代经济中，利率作为资金的价格，不仅受到经济社会中许多因素的制约，而且，利率的变动对整个经济产生重大的影响。利率的高低，成为衡量一定数量的借贷资本在一定时期内获得利息多少的尺度。那么，是利率决定利息，还是利息决定利率呢？

利息出现的原因主要有以下五点：一是延迟消费。当放款人把金钱借出，就等于延迟了对消费品的消费。根据时间偏好原则，消费者会偏好现时的商品多于未来的商品，因此，在自由市场会出现正利率。二是预期的通胀。大部分经济会出现通货膨胀，代表一定数量的金钱，在未来可购买的商品会比现在较少。因此，借款人需向放款人补偿此段期间的损失。三是代替性投资。放款人可以有选择地把金钱放在其他投资上。由于机会成本，放款人把金钱借出，等于放弃了其他投资的可能回报，借款人需与其他投资竞争这笔资金。四是投资风险。借款人随时有破产、潜逃或欠债不还的风险，放款人需收取额外的金钱，以保证在出现这些情况后，仍可获得补偿。五是流动性偏好。人会偏好其资金或资源可随时供立即交易，而不是需要时间或金钱才可取回，利率亦是对此的一种补偿。

现实生活中，贷款人把收取利息收入看作是理所当然的。利息在国民生活中所发挥的重要作用主要表现为以下几个方面：

1. 影响企业行为的功能

利息作为企业的资金占用成本已直接影响企业经济效益水平的高低。企业为降低成本、增进效益，就要千方百计地减少资金占压量，同时在筹资过程中对各种资金筹集方式进行成本比较。全社会的企业若将利息支出的节约作为一种普遍的行为模式，那么，经济成长的效率也肯定会提高。

2. 影响居民资产选择行为的功能

在我国居民实际收入水平不断提高、储蓄比率日益加大的条件下，出现了资产选择行为，金融工具的增多为居民的资产选择行为提供了客观基础，而利息收入则是居民资产选择行为的主要诱因。居民重视利息收入并自发地产生资产选择行为，无论对宏观经济调控还是对微观基础的重新构造都产生了不容忽视的影响。从我国目前的情况看，高储蓄率已成为我国经济的一大特征，这为经济高速增长提供了坚实的资金基础，而居民在利息收入诱因下作出的种种资产选择行为又为实现各项宏观调控做出了贡献。

3. 影响政府行为的功能

由于利息收入与全社会的赤字部门和盈余部门的经济利益

息息相关，因此，政府也能将其作为重要的经济杠杆对经济运行实施调节。例如，中央银行若采取降低利率的措施，货币就会更多地流向资本市场；当提高利率时，货币就会从资本市场流出。如果政府采用信用手段筹集资金，可以用高于银行同期限存款利率来发行国债，将民间的货币资金吸收到手中，以用于各项财政支出。

利率：使用资本的应付代价

利率，就表现形式来说，是指一定时期内利息额同借贷资本总额的比率。利率是单位货币在单位时间内的利息水平，表明利息的多少。

凯恩斯把利率看作“使用货币的代价”，因为暂时放弃货币的使用权而获得的报酬，是对放弃货币流通性的一种补偿。从借款人的角度来看，利率是使用资本的单位成本，是借款人使用贷款人的货币资本而向贷款人支付的价格；从贷款人的角度来看，利率是贷款人借出货币资本所获得的报酬率。

当你去银行存钱，银行会按照存期划分的不同利率来给客户计算利息。利率的存在告诉我们，通过放弃价值1元的现期消费，能够得到价值多少钱的未来消费。整体利率的多少，对于现值至关重要，必须了解现值才能了解远期的金融现值，而利率正是联系现值和终值的一座桥梁。

哪些因素会导致利率的变化？通常情况下，影响利率的因素大致有4种：

1. 货币政策

政府制定货币政策的目的就是促进经济稳定增长。控制货币供给和信贷规模，可以影响利率，进而调节经济增长。扩大货币供给，会导致利率下降；反之，则造成利率上升。

2. 财政政策

一个国家的财政政策对利率有较大的影响。通常而言，当财政支出大于财政收入时，政府会在公开市场上借贷，以此来弥补财政收入的不足，这将导致利率上升；而扩张性的经济政策往往扩大对信贷的需求，投资的进一步加热又会导致利率下降。

3. 通货膨胀

通货膨胀是指在信用货币条件下，国家发行过多的货币，使过多的货币对应过少的商品，造成物价普遍上涨的一种现象。通货膨胀的成因比较复杂，因此，通货膨胀使得利率和货币供给之间的关系相对复杂。如果货币供给量的大幅增长不是通货膨胀引起的，那么利率不仅不会下降，反而会上升，造成高利率的现象，以弥补货币贬值带来的损失。因此，利率水平随着通货膨胀率的上升而上升，随着通货膨胀率的下降而下降。

4. 企业需求和家庭需求

企业对于信贷的需求往往成为信贷利率变化的“晴雨表”：每当经济步入复苏和高涨之际，企业对信贷需求增加，利率开始上扬和高涨；而经济发展停滞时，企业对信贷的需求也随之减少，于是，利率转趋下跌。家庭对信贷的需求也影响到利率的变化：当需求增加时，利率上升；需求减弱时，利率

便下跌。

经济学家一直在致力于寻找一套能够完全解释利率结构和变化的理论，可见利率对国民经济有着非常重要的作用。曾经有人写了这么一则场景故事：

1993年初的某一天，克林顿上台不久，就经济问题召见格林斯潘。

克林顿：“老爷子，现在经济这么低迷，你看，下一步怎么办？”

格林斯潘：“没什么，我只要挥舞一下手中的魔棒，那帮人就会推动市场。”老爷子像打哑谜一样应付这位上任不久的克林顿。

克林顿：“真的？什么魔棒？哪些人？怎么推动市场？”总统显得非常着急。他从座位上站起来，手里拿着一支笔，在房间里走来走去，两眼一直望着格林斯潘。

格林斯潘："就是华尔街那帮金融大亨，我的老相识、老朋友们，他们都得听我的。"

"听你的，不听我的？"克林顿有点不服气。

"当然是听我的。不信，你瞧瞧！"格林斯潘用不容争辩的口气说。

"我对您手中的那根魔棒感兴趣，是什么东西？"

"利率。"

利率为什么具有如此魔力？因为利率涨跌关系着居民、企业、政府各方的钱袋。这能不让人紧张吗？

利率是经济学中一个重要的金融变量，几乎所有的金融现象、金融资产均与利率有着或多或少的联系。当前，世界各国频繁运用利率杠杆实施宏观调控，利率政策已成为各国中央银行调控货币供求，进而调控经济的主要手段，在中央银行货币政策中的地位越来越重要。合理的利率，对发挥社会信用和利率的经济杠杆作用有着重要的意义，而合理利率的计算方法是我们关心的问题。那么利率的水平是怎样确定的呢？换句话说，确定利率水平的依据是什么呢？

首先，是物价总水平。这是维护存款人利益的重要依据。利率高于同期物价上涨率，就可以保证存款人的实际利息收益为正值；相反，如果利率低于物价上涨率，存款人的实际利息收益就会变成负值。因此，看利率水平的高低不仅要看名义利率的水平，更重要的还要看是正利率还是负利率。

其次，是大中型企业的利息负担。长期以来，大中型企业生产发展的资金大部分依赖银行贷款，利率水平的变动对企业成本和利润有着直接的影响。因此，利率水平的确定必须考虑企业的承受能力。

再次，是国家财政和银行的利益。利率调整对财政收支的影响，主要是通过影响企业和银行上交财政税收的增加或减少而间接产生的。因此，在调整利率水平时，必须综合考虑国家财政的收支状况。银行是经营货币资金的特殊企业，存贷款利差是银行收入的主要来源，利率水平的确定还要保持合适的存贷款利差，以保证银行正常经营。

最后，是国家政策和社会资金供求状况。利率政策要服从国家经济政策的大方针，并体现不同时期国家政策的要求。与其他商品的价格一样，利率水平的确定也要考虑社会资金的供求状况，受资金供求规律的制约。

利率通常由国家的中央银行控制，例如在美国利率的高低由联邦储备委员会管理。现在，所有国家都把利率作为宏观经济调控的重要工具之一。当经济过热、通货膨胀上升时，便提高利率，收紧信贷；当过热的经济和通货膨胀得到控制时，便会把利率适当地调低。因此，利率是重要的基本经济因素之一。

复利：银行存款如何跑过CPI

爱因斯坦曾经这样感慨道："复利堪称是世界第八大奇迹，其威力甚至超过原子弹。"

古印度的舍罕王准备奖励自己的宰相西萨班达依尔，此人发明了国际象棋。舍罕王问西萨班达依尔想要什么，西萨班达依尔拿出一个小小的国际象棋棋盘，然后对国王说：“陛下，金银财宝我都不要，我只要麦子。您在这张棋盘的第1个小格里放1粒麦子，在第2个小格里给2粒，第3个小格给4粒，以后每个小格都比前一小格多一倍。然后，您将摆满棋盘上所有64格的麦子，都赏给我就可以了！”

舍罕王看了看那个小棋盘，觉得这个要求实在太容易满足了，当场就命令了下来。

不过，当国王的奴隶们将麦子一格格开始放时，舍罕王才发现：就是把全印度甚至全世界的麦子都拿过来，也满足不了宰相的要求。

那么这个宰相要求的麦粒究竟有多少呢？有人曾计算过，按照这种方式填满整个棋盘大约需要820亿吨麦子。即使按照现在全球麦子的产量来计算，也需要550年才能满足西萨班达依尔的要求。

复利的计算是对本金及其产生的利息一并计算，也就是“利滚利”。复利计算的特点是：把上期末的本利和作为下一期的本金，在计算时每一期本金的数额是不同的。复利的计算公式是：$S=P(1+i)^n$。

复利现值是指在计算复利的情况下，要达到未来某一特定的资金金额，现在必须投入的本金。所谓复利也称“利滚利”，是指一笔存款或者投资获得回报之后，再连本带利进行新一轮投资的方法。复利终值是指本金在约定的期限内获得利息后，将利息加入本金再计利息，逐期滚算到约定期末的本金之和。

例如拿10万元进行投资的话，以每年15%的收益来计算，第二年的收益并入本金就是11.5万，然后将这11.5万作为本金再次投资，等到15年之后拥有的资产就是原来的8倍，也就是80万，而且这笔投资还将继续以每5年翻一番的速度急速增长。

这其实是一个按照100%复利计算递增的事例。不过在现实中，理想中100%的复利增长是很难出现的，即使是股神巴菲特的伯克希尔哈撒韦公司，在1993年到2007年的15年里年平均回报率也仅为23.5%。不过，即使只有这样的复利增长，其结果也是惊人的。

金融领域有个著名的72法则：如果以1%的复利来计息，经过72年后，本金就会翻一番。根据这个法则，用72除以投资回报率，就能够轻易算出本金翻番所需要的时间。

比如，如果投资的平均年回报率为10%，那么只要7.2年后，本金就可以翻一番。如果投资10万元，7.2年后就变成20万元，14.4年后变成40万元，21.6年后变成80万元，28.8年后就可以达到160万元。每年10%的投资回报率并非难事，由此可见复利的威力。

想财富增值，首先必须进行投资。根据72法则，回报率越高，复利带来的效应收益越大。而银行的存款利息过低，所以储蓄并不是增值财富的根本选择。想保持高的收益，让复利一展神奇的话，那就需要进行高回报率的投资。

从复利的增长趋势来看，时间越长，复利产生的效应也就越大。所以，如果希望得到较高的回报，就要充分利用这种效应。进行投资的时间越早，复利带来的收益越大。在条件允许的情况下，只要有了资金来源，就需要制订并开始执行投资理财的计划。

复利的原理告诉我们，只要保持稳定的常年收益率，就能够实现丰厚的利润。在进行投资的选择时，一定要注重那些有着持续稳定收益率的领域。一般情况下，年收益率在15%左右最为理想，这样的收益率既不高也不低，稳定且易于实现。找到稳定收益率的领域后，只要坚持长期投资，复利会让财富迅速增值。

还要注意到，复利的收益是在连续计算的时候，才会有神奇的效应。这就要求我们在投资的时候，要防止亏损。一两年内收益平平还不要紧，一旦出现严重亏损，就会前功尽弃，复

利的神奇力量也会消失殆尽，一切又得从头开始。利用复利进行投资时，需要谨记的是：避免出现大的亏损，一切以“稳”为重。

李嘉诚自16岁白手起家，到73岁时，57年的时间里他的资产达到了126亿美元。对于普通人来说，这是一个天文数字，李嘉诚却最终做到了。李嘉诚的成功在于他有着持久、稳定的收益。

让李嘉诚的财富不断增值的神奇工具就是复利。复利的神奇在于资本的稳步增长，要利用复利使财富增值，就得注重资本的逐步积累。改掉随意花钱的习惯，这是普通人走向复利增值的第一步。

所以，我们要学会每天积累一些资金，持续投资，将种子养成大树。所以说成功的关键就是端正态度，设立一个长期可行的方案持之以恒地去做，这样成功会离我们越来越近。

负利率：利息收入赶不上物价上涨

2008年11月，日本6个月期的国库券的利率为负，即－0.004%，投资者购买债券的价格高于其面值。这是很不寻常的事件——在过去的50年中，世界上没有任何一个其他国家出现过负利率。这种情况是如何发生的呢？

我们通常假定，利率总是为正。负利率意味着你购买债券所支付的金额低于你从这一债券所获取的收益（从贴现发行债券的到期收益中可以看出）。如果出现这样的情况，你肯定更愿意持有现金，这样未来的价值与今天是相等的。因此，负利率看上去是不可能的。

日本的情况证明这样的推理并不准确。日本经济疲软与负的通货膨胀率共同推动日本利率走低，但这两个因素并不能解释日本的负利率。答案在于，大投资者发现将这种6个月期国库券作为价值储藏手段比现金更为方便。因为，这些国库券的面值比较大，并且可以以电子形式保存。出于这个原因，虽然这些国库券利率为负，一些投资者仍然愿意持有，即使从货币的角度讲，持有现金更为划算。显然，国库券的便利性使得它们的利率可以略低于零。例如，一个1000块钱的东西一年后值1065块钱，但是1000块存在银行一年后负利率才1038块，还没有它升值快，存钱不赚反赔。

当物价指数（CPI）快速攀升，存银行的利率还赶不上通货膨胀率，导致银行存款利率实际为负，就成了负利率。用公式表示：负利率＝银行利率－通货膨胀率（CPI指数）。在这种情形下，如果你只把钱存在银行里，会发现随着时间的推移，银行存款不但没有增加，购买力却逐渐降低，看起来就好像在缩水一样。

假如你把钱存进银行里，过一段时间后，算上利息在内没有增值，反而贬值了，这就是负利率所引发的。负利率是指利率减去通货膨胀率后为负值。当你把钱存入银行，银行会给你一定的利息回报，比如某年的一年期定期存款利率是3%，而这一年整体物价水平涨了10%，相当于货币贬值10%。一边是银行给你的利息回报，一边是你存在银行的钱越来越不值钱了，那么这笔

存款的实际收益是多少呢？用利率（明赚）减去通货膨胀率（暗亏），得到的这个数，就是你在银行存款的实际收益。

例如，2008年的半年期定期存款利率是3.78%（整存整取），而2008年上半年的CPI同比上涨了7.9%。假设你在年初存入10000元的半年定期，存款到期后，你获得的利息额：（10000×3.78%）－（10000×3.78%）×5%＝359.1元（2008年上半年征收5%的利息税）；而你的10000元贬值额10000×7.9%＝790元。790－359.1＝430.9元。也就是说，你的10000元存在银行里，表面上增加了359.1元，而实际上减少了430.9元。这样，你银行存款的实际收益为－430.9元。

负利率的出现，意味着物价在上涨，而货币的购买能力却在下降，即货币在悄悄地贬值，存在银行里的钱也在悄悄地缩水。在负利率的条件下，相对于储蓄，居民更愿意把自己拥有的财产通过各种其他理财渠道进行保值和增值，如购买股票、基金、外汇、黄金等。如果银行利率不能高过通货膨胀率，那么这就意味着：存款者财富缩水，国家进入“负利率时代”。

虽然理论推断和现实感受都将“负利率”课题摆在了百姓面前，但有着强烈“储蓄情结”的中国老百姓仍在“坚守”储蓄阵地。银行储蓄一向被认为是最保险、最稳健的投资工具。但也必须看到，储蓄投资的最大弱势是：收益较之其他投资偏低，长期而言，储蓄的收益率难以战胜通货膨胀，也就是说，特殊时期通货膨胀会吃掉储蓄收益。因此，理财不能单纯依赖“积少成多”的储蓄途径。

负利率将会对人们的理财生活产生重大影响。以货币形式存在的财富如现金、银行存款、债券等，其实际价值将会降低，而以实物形式存在的财富如不动产、贵金属、珠宝、艺术品、股票等，将可能因为通货膨胀的因素而获得价格的快速上升。因此，我们必须积极地调整理财思路，通过行之有效的投资手段来抗击负利率。

面对负利率时代的来临，普通居民需要拓宽理财思路，选择最适合自己的理财计划，让“钱生钱”。抵御负利率的手段有很多：

首先，是进行投资，可以投资基金、股票、房产等，还可以购买黄金珠宝、收藏品。当然，我们必须以理性的头脑和积极的心态来进行投资，不要只看到收益，而忽视风险的存在。除了投资之外，还要开源节流，做好规划。其中首要的就是精打细算。在物价不断上涨的今天，如何用好每一分收入显得尤为重要。每月收入多少、开支多少、节余多少等，都应该做到心中有数，并在此基础上分清哪些是必要的开支、哪些是次要的、哪些是无关紧要的或可以延迟开支的。只有在对自己当前的财务状况明白清楚的情况下，才能做到有的放矢。

其次，是广开财源，不要轻易盲目跳槽，在条件允许的情况下找一些兼职。与此同时，也要不断地提升自我，增强职场与市场竞争力。

最后，就是要做好家庭的风险管理，更具体来说，就是将家庭的年收入进行财务分配，拿出其中的一部分来进行风险管理。而提及风险，就必然要提到保险，保险的保障功能可以使人自身和已有财产得到充分保护，当发生事故的家庭面临资产入不敷出的窘境时，保险金的支付可以弥补缺口，从而降低意外收支失衡对家庭产生的冲击。从这一点来说，该买的保险还是要买，不能因为省钱而有所忽视。

负利率时代的到来，对于普通老百姓尤其是热衷于储蓄的人来说是一个不得不接受的事实；而在积极理财、投资意识强的人的眼中，它却意味着赚钱时代的到来。我们只有通过科学合理的理财方式来进行个人的投资，才能以行之有效的投资手段来抵御负利率。抵御负利率的手段有很多，如减少储蓄、多消费，甚至以理性的头脑和积极的心态进行投资（如股票、房产等）。因为你的投资收益越大，抵御通货膨胀的能力也就越强。所以，负利率不可怕，可怕的是面对负利率却无动于衷！

利息税：储蓄也要收税

刚从银行出来的王先生有点郁闷："前些天，我哥哥打算买房，让我支援一下，这不，今天我就从银行取出了一个一年期15万元存款。然而最后到手的利息只有3024元，被扣掉的利息税就有756元，这是不是太夸张了？利息已经够低的了，怎么还要扣这么多利息税？炒股红利这些都不收税，储蓄为什么要收利息税？"

王先生的疑惑也是很多存款人的疑惑，为什么在低利率的时代还要征收利息税？这种利息税是不是应该取消？

什么是利息税？利息税实际是指个人所得税的"利息、股息、红利所得"税目，主要指对个人在中国境内储蓄人民币、外币而取得的利息所得征收的个人所得税。对储蓄存款利息所得征收、停征或减免个人所得税（利息税）对经济具有一定的调节功能。

新中国成立以来，利息税曾三度被免征，而每一次的变革都与经济形势密切相关。1950年，我国颁布《利息所得税条例》，规定对存款利息征收所得税。但当时国家实施低工资制度，人们的收入差距也很小，因而在1959年停征了存款利息所得税。1980年通过的《个人所得税法》和1993年修订的《个人所得税法》，再次把利息所得列为征税项目。但是，针对当时个人储蓄存款数额较小、物资供应比较紧张的情况，随后对储蓄利息所得又做出免税规定。

根据1999年11月1日起开始施行的《对储蓄存款利息所得征

收个人所得税的实施办法》，不论什么时间存入的储蓄存款，在1999年11月1日以后支取的，1999年11月1日起开始滋生的利息要按20%征收所得税。全国人大常委会在2007年6月27日审议了国务院关于提请审议全国人大常委会关于授权国务院可以对储蓄存款利息所得停征或者减征个人所得税的决定草案的议案，国务院决定自2007年8月15日起，将储蓄存款利息个人所得税的适用税率由现行的20%调减为5%。而到了2008年10月8日，国家宣布次日开始取消利息税。

征收利息税是一种国际惯例，几乎所有西方发达国家都将储蓄存款利息所得作为个人所得税的应税项目，多数发展中国家也都对储蓄存款利息所得征税，只是征税的办法有所差异。

美国纳所得税一般约39%，没有专门的利息税，但无论是工资、存款利息、稿费还是炒股获利，美国纳税局都会把个人的实际收入统计得清清楚楚，寄出账单。

德国利息税为30%，但主要针对高收入人群。如果个人存款利息单身者低于6100马克、已婚者低于1.22万马克，就可在存款时填写一张表格，由银行代为申请免征利息税。

日本利息税为15%。

瑞士利息税为35%，而且对在瑞士居住的外国人的银行存款也照征不误。

韩国存款利息被算作总收入的一部分，按总收入纳税，银行每3个月计付一次利息，同时代为扣税。

瑞典凡通过资本和固定资产获得的收入，都要缴纳资本所得税，税率为30%。资本所得包括存款利息、股息、债息及房租等收入。但政府为了鼓励消费，会为那些申请了消费贷款的人提供30%的贷款利息补贴。

菲律宾利息税为20%，在菲的外国人或机构（非营利机构除外）也照此缴纳。

澳大利亚将利息计入总收入，一并缴纳所得税。所得税按总收入分不同档次，税率由20%至47%不等。

当然，也有不征收利息税的国家，如埃及、巴西、阿根廷及俄罗斯等。

而关于中国是否征收利息税，向来有争论。取消利息税基于以下理由：

一是利息税主要来源于中低收入阶层，加重了这些弱势群体的经济负担。中低收入者与高收入者相比，很难找到比银行

存款回报率更高的投资渠道；征收利息税使中低收入者的相对税收高于高收入者。

二是自从1999年征收利息税以来，利息税的政策目标并没有很好地实现。恢复征收利息税以来，居民储蓄存款势头不但没有放慢，反而以每年万亿元以上的速度增长。

2008年，在央行下调存贷款利率的同时，国务院做出暂停征收利息税的决定。这两个政策一道出台，特别是自1999年11月1日开征以来便一直争议不断的利息税的暂停，对老百姓究竟有啥影响呢？

我们以2008年政策的出台为界点，免征利息税可以说对老百姓的影响很小。在存款利率和利息税调整前，一个人1万元的一年期定期存款，按照调整前4.14%的存款利率，扣除5%的利息税后，一年实际可以拿到393.3元的利息收入；在下调存款利率和暂时免征利息税后，一个人1万元一年期的定期存款按照目前3.87%的利率，拿到手里的利息收入有387元，反而比政策调整前少了6.3元钱。

免征存款利息税，部分弥补了降低利率给普通百姓带来的利息收入的损失，尽管这种补偿是象征性的，但重大财经政策背后的这种“补偿民生”的思维值得肯定。毕竟普通民众还是将自己财产的很大一部分放在银行存着作为今后生活的保障。他们多数人对投资理财并不擅长，市场上也无太多投资工具可以为他们服务。因此，他们最信赖的还是存款。

利率调整：四两拨千斤的格林斯潘“魔棒”

1987年10月19日，这一天对于华尔街的投资人来说是个难忘的“黑色的星期一”。这一天的道琼斯指数在3个小时内暴跌了22.6%，6个半小时内股票市值缩水5000多亿美元。当天，38名富豪告别了《福布斯》富豪榜，当时的亿万富翁亚瑟·凯恩在家中饮弹自尽。第二天早上，刚任美联储主席两个月的格林斯潘下令降低联邦基金利率，随后，市场长期利率也随之下降。经过几个月的调整，华尔街的投资者们逐步获得了投资回报和信心，美国有惊无险地渡过了一场经济泡沫破裂的浩劫。格林斯潘由此挥舞着“利率”这根魔棒，开始了他辉煌的传奇人生。

在此后的18年里，格林斯潘改变了美国货币政策的工具，使联邦基金利率成为连接市场和政策的指示器，利率工具在他的手中就像是一根“魔棒”，引导着美国经济乃至世界经济的走势。在格林斯潘时代，美国经济保持了长达十多年的新经济增长，创造了一个世纪传奇。

不少人认为，美国经济的长期增长归功于格林斯潘的利率政策。在当前我国社会经济领域里，能够撬动整个经济杠杆的倒有不少，其中运用得最多的要数存贷款利率。当我国经济被认为处于“通货膨胀”时期实行从紧货币政策时，有关方面频繁调高存贷款利率。以一年期定期存款利率为例，自2007年3月18日起，在不到9个月的时间里，连续6次上调，年利率从2.52%飙升至2007年12月20日的4.14%，增幅为64.3%。当经济被认为处于“通货紧缩”时期实行宽松货币政策时，有关方面频繁调低存贷款利率。仍以一年期定期存款利率为例，自2008年9月16日起，在不到3个月的时间里，连续4次下调，将此前的年利率从4.14%，猛砸至2008年12月23日的2.25%，跌幅为45.7%，回到2006年8月19日以前的水平，甚至可以说已经降到了2002年的水平，离改革开放以来的最低点1.98%只差0.27个百分点。而且当时还有人说年利率仍有下调空间，甚至有可能实行零利率。目的是十分明显的，这就是要运用利率杠杆撬动整个社会经济。

真正控制货币乘数阀门的却是利率。对于贷款投资者而

言，利率就是资金的使用成本，利率高到一定程度，说明资金的成本太高了，厂商就不愿意贷款投资了，生产受到一定的限制；当利率降低到一定程度，投资需求就会逐渐增加；相反，当利率下降的时候，物价指数下降，说明经济已经开始变冷了。在资金市场里，利率如同一个裁判，在各种投资项目面前树起一个标杆。凡是投资收益率高于利率的项目就能成立，否则不然。这就为资源流向何处提供了调节机制。

利率对经济调控的重要作用主要表现在两个方面：一是究竟要达到什么目的？二是调整的依据何在？

从利率调整的目的来看，主要是解决以下几方面的问题：

1. 调节社会资金总供求关系

在其他条件不变的情况下，调高银行利率有助于吸引闲散资金存入银行，从而推迟社会消费品购买力的实现，减少社会总需求。与此同时，银行利率的提高也会增加企业贷款成本，抑制商品销售，减少企业盈利。

所以，当出现社会资金总需求大于总供给引发通货膨胀时，银行会采取提高利率来进行干预。调低银行利率的作用恰恰相反。

2. 优化社会产业结构

政府通过对需要扶持、优先发展的行业实行优惠利率政策，能够很好地从资金面来支持其发展；相反，对需要限制发展的行业或企业，则可以通过适当提高银行利率的方式来提高其投入成本。两者相结合，就能很好地调节社会资源，实现产业结构优化配置。

3. 调节货币供应量

当全社会的货币供应量超过需求量时会引发通货膨胀，导致物价上涨。所以，政府可以通过调整银行利率来调节货币供应量。这主要是通过提高利率来减少信贷规模、减少货币投放，来达到抑制通货膨胀、稳定物价的目的。

4. 调节居民储蓄

银行通过提高利率水平，可以吸引居民把闲余资金存入银行，减少社会货币总量，抑制通货膨胀。通过降低利率水平，可以驱使储蓄从银行转入消费领域，促进消费。

而在这个过程中，利率的调整就会对居民储蓄结构产生实质性影响，调节实物购买、股票投资比重。

5. 促使企业提高经济效益

银行通过提高利率水平，会间接地迫使企业不断加强经济核算、努力降低利息负担，这在客观上提高了企业管理水平，促进了企业和全社会经济效益的提高。

如果企业认识不到这一点，或者根本做不到这一点，一旦整个企业的资金使用效益还够不上银行利息，或者贷款到期时无法正常归还贷款，就可能会被迫关门。

6. 调节国际收支

银行通过调整利率水平，不但会在国内金融市场产生影响，还会在国际金融市场产生联动作用，调节国际收支。具体地说，如果国内利率水平高于国际水平，就会吸引国外资本向国内流动，从而导致国际收入大于国际支出。反之亦然。利率调整的目的就是要保持国际收支基本平衡，至少是不能大起大落，否则是会影响国家金融安全的。

利率作为资本的价格，与普通商品一样，它的价格调整必定会受到货币供求状况影响。市场经济越成熟，资金供应状况对利率调整的影响作用就越大，利率调整对资金供应状况的调节作用也就越大。总的来看，当资金供应不足时利率水平会上升，当资金供大于求时利率水平会下降。一方面，资金供应状况会促使银行调整利率；另一方面，利率水平的调整也会改善资金供应状况，两者是相辅相成的。

在社会平均利润率一定的时候，利率的调整实际上就是把社会平均利润重新划分为利息、企业利润两部分，而这个比率应当尊重借贷资本供求双方的竞争性关系。因此，利率调整主要应尊重价值规律要求。如果像自然科学家那样研究出各种各样的调整模型来，即使有效，其中也会带有个人偏见的。

PART 04 世界金融的构成与发展——每天读点金融体系知识

国际金融体系：构成国际金融活动的总框架

国际金融体系是国际货币关系的集中反映，它构成了国际金融活动的总体框架。在市场经济体制下，各国之间的货币金融交往都受到国际金融体系的约束。金融体系包括金融市场、金融中介、金融服务企业，以及其他用来执行居民户、企业和政府金融决策的机构。有时候特定金融工具的市场拥有特定的地理位置，如纽约证券交易所和大阪期权与期货交易所就是分别坐落于美国纽约和日本大阪的金融机构。然而，金融市场经常没有一个特定的场所，股票、债券及货币的柜台交易市场——或者场外交易市场的情形就是这样，它们本质上是连接证券经纪人及其客户的全球化计算机通信网络。

金融中介被定义为主要业务是提供金融服务和金融产品的企业。它们包括银行、投资公司和保险公司。其产品包括支票账户、商业贷款、抵押、共同基金及一系列各种各样的保险合同。

就范围而言，当今的金融体系是全球化的，金融市场和金融中介通过一个巨型国际通信网络相连接。因此，支付转移和证券交易几乎可以24小时不间断地进行。举个例子：

如果一家基地位于德国的大型公司希望为一项重要的新项目融资，那么它将考虑一系列国际融资的可能性，包括发行股票并将其在纽约证券交易所或伦敦证券交易所出售，或是从一项日本退休基金那里借入资金。如果它选择从日本退休基金那里借入资金，这笔贷款可能会以欧元、日元甚至美元计价。

1. 国际金融体系的主要内容

（1）国际收支及其调节机制。即有效地帮助与促进国际收支出现严重失衡的国家通过各种措施进行调节，使其在国际范围内能公平地承担国际收支调节的责任和义务。

（2）汇率制度的安排。由于汇率变动可直接影响到各国之间经济利益的再分配，因此，形成一种较为稳定的、为各国共同遵守的国际间汇率安排，成为国际金融体系所要解决的核心问题。一国货币与其他货币之间的汇率如何决定与维持，一国货币能否成为自由兑换货币；是采取固定汇率制度，还是采取浮动汇率制度，或是采取其他汇率制度，等等，都是国际金融体系的主要内容。

（3）国际储备资产的选择与确定。即采用什么货币作为国际间的支付货币；在一个特定时期中心储备货币如何确定，以维护整个储备体系的运行；世界各国的储备资产又如何选择，以满足各种经济交易的要求。

（4）国际间金融事务的协调与管理。各国实行的金融货币政策，会对相互交往的国家乃至整个世界经济产生影响。因此，如何协调各国与国际金融活动有关的金融货币政策，通过国际金融机构制定若干为各成员国所认同与遵守的规则、惯例和制度，也构成了国际金融体系的重要内容。国际金融体系自形成以来，经历了金本位制度、布雷顿森林体系和现行的浮动汇率制度。

2. 金融体系的重要作用

金融体系包括金融市场和金融机构。金融市场和人们常见的市场一样，在那里人们买卖各种产品，并讨价还价。金融市场可能是非正式的，如社区的跳蚤市场；也可能是高度组织化和结构化的，如伦敦或者苏黎世的黄金市场。金融市场和其他市场的唯一区别在于，在这个市场上，买卖的是股票、债券和期货合约等金融工具而不是锅碗瓢盆等实物。最后，金融市场涉及的交易额可能很大，可能是风险巨大的投资交易。当然，一笔投资的回报可能让投资者赢得盆满钵满，也可能让投资者输得一贫如洗。由于金融市场具有较高的价格挥发性，如股票市场，因此，金融市场的消息很值钱。

金融机构也是金融体系的一部分，和金融市场一样，金融机构也能起到将资金从储蓄者转移到借款者的作用。然而，金融机构是通过销售金融债权获取资金并用这些资金购买公司、个人和政府的金融债权来为他们融资的。金融机构包括商业银行、信用社、人寿保险公司以及信贷公司，它们有一个特殊的名字：金融中介机构。金融机构控制着整个世界的金融事务，为消费者和小企业提供各种服务。尽管金融机构不像金融市场那样受到媒体关注，但它却是比证券市场更重要的融资来源地。这一现象不仅在美国如此，在世界其他工业化国家亦是如此。

国际金融机构：为国际金融提供便利

第二次世界大战后建立了布雷顿森林国际货币体系，并相应地建立了几个全球性国际金融机构，作为实施这一国际货币体系的组织机构，它们也是十分重要的全球性国际金融机构，即国际货币基金组织，简称世界银行的国际复兴开发银行、国际开发协会和国际金融公司。

为适应世界经济发展的需要，先后曾出现各种进行国际金融业务的政府间国际金融机构，国际金融机构的发端可以追溯到1930年5月在瑞士巴塞尔成立的国际清算银行。它是由英国、法国、意大利、德国、比利时、日本的中央银行和代表美国银行界的摩根保证信托投资公司、纽约花旗银行和芝加哥花旗银行共同组成的，其目的就是处理第一次世界大战后德国赔款的支付和解决德国国际清算问题。此后，其宗旨改为促进各国中央银行间的合作，为国际金融往来提供额外便利，以及接受委托或作为代理人办理国际清算业务等。该行建立时只有7个成员国，现已发展到45个成员国和地区。

从1957年到20世纪70年代，欧洲、亚洲、非洲、拉丁美洲等地区的国家为发展本地区经济的需要，同时也是为抵制美国对国际金融事务的控制，通过互助合作方式，先后建立起区域性的国际金融机构，如泛美开发银行、亚洲开发银行、非洲开发银行和阿拉伯货币基金组织等。

国际金融机构是指从事国际金融管理和国际金融活动的超

国家性质的组织机构，能够在重大的国际经济金融事件中协调各国的行动；提供短期资金缓解国际收支逆差稳定汇率；提供长期资金促进各国经济发展。按范围可分为全球性国际金融机构和区域性国际金融机构。

国际金融机构在发展世界经济和区域经济方面发挥了积极作用。不过，这些机构的领导权大都被西方发达国家控制，发展中国家的呼声和建议往往得不到应有的重视和反映。

1. 国际开发协会

国际开发协会是专门对较落后的发展中国家发放条件优惠的长期贷款的金融机构。成立协会的建议是1957年提出的，协会正式成立于1960年9月。

国际开发协会的组织机构与世界银行相同。其资金来源主要有：（1）会员国认缴的股本；（2）工业发达国家会员国提供的补充资金；（3）世界银行从净收益中拨给协会的资金；（4）协会业务经营的净收益。

协会的贷款条件是：1972年按人口平均国民生产总值不到375美元的发展中国家的政府或企业。贷款不收利息，只收0.75%的手续费，贷款期限50年。至1988年财政年度，协会提供信贷资金总额为508.91亿美元。

近年来，我国与国际开发协会的业务往来日益增多，至1995年6月末，我国共利用协会贷款100.61亿美元。

2. 国际金融公司

国际金融公司建立于1956年7月。申请加入国际金融公司的国家必须是世界银行的会员国。国际金融公司的组织机构和管理方式与世界银行相同。

国际金融公司的主要任务是对属于发展中国家的会员国中私人企业的新建、改建和扩建等提供资金，促进外国私人资本在发展中国家的投资，促进发展中国家资本市场的发展。其资金来源主要是会员国认缴的股本、借入资金和营业收入。

国际金融公司提供贷款的期限为7～15年，贷款利率接近于市场利率，但比市场利率低，贷款无须政府担保。

3. 亚洲开发银行

1966年在东京成立，同年12月开始营业，行址设在菲律宾的首都马尼拉。成立初期有34个国家参加，1988年增加到47个，其中亚太地区32个，西欧和北美15个。其管理机构由理事会、执行董事会和行长组成。

亚洲开发银行的宗旨是通过发放贷款和进行投资、技术援助，促进本地区的经济发展与合作。其主要业务是向亚太地区加盟银行的成员国和地区的政府及其所属机构、境内公私企业，以及与发展本地区有关的国际性或地区性组织提供贷款。贷款分为普通贷款和特别基金贷款两种。前者贷款期为12～25年，利率随金融市场的变化调整；后者贷款期为25～30年，利率为1%～3%，属长期低利优惠贷款。

亚洲开发银行的资金来源主要是加入银行的国家和地区认缴的股本、借款和发行债券，以及某些国家的捐赠款和由营业收入所积累的资本。

我国在亚洲开发银行的合法席位于1986年恢复。1988年末我国在亚行认缴股本16.17亿美元，为亚行第三大认股国。至

1996年12月末，已获亚行贷款项目59个，总额达63.8亿美元；此外还接受亚行提供的无偿技术援助237项，金额1.036亿美元。

4. 非洲开发银行

非洲开发银行于1963年9月成立，1966年7月开始营业，行址设在科特迪瓦的首都阿比让。我国于1985年5月加入非洲开发银行，成为正式成员国。

非洲开发银行的宗旨是：为成员国经济和社会发展服务，提供资金支持；协助非洲大陆制订发展的总体规划，协调各国的发展计划，以期达到非洲经济一体化的目标。其主要业务是向成员国提供普通贷款和特别贷款。特别贷款条件优惠，期限长，最长可达50年，贷款不计利息。非洲开发银行的资金主要是成员国认缴的股本。为解决贷款资金的需要，它还先后设立了几个合办机构：非洲开发基金、尼日利亚信托基金、非洲投资开发国际金融公司和非洲再保险公司。

国际金融中心：冒险者的天堂

国际金融中心就是指能够提供最便捷的国际融资服务、最有效的国际支付清算系统、最活跃的国际金融交易场所的城市。

金融市场齐全、服务业高度密集、对周边地区甚至全球具有辐射影响力是国际金融中心的基本特征。目前，公认的全球性国际金融中心是伦敦、纽约。除此之外，世界上还存在着许多区域性的国际金融中心，如欧洲的法兰克福、苏黎世、巴黎，亚洲的中国香港、上海，新加坡，日本东京等。

1. 法兰克福金融中心

法兰克福作为世界著名金融中心，全世界10大银行中有9家、50大银行中有46家在此地立足，有50多个国家的200家外国银行在这里设立分行或办事处，其中包括中国银行。德国的三大商业银行，即德意志银行、德雷斯顿银行和商业银行的总部全都设在此地。此外还有340多家银行，共3.3万多人在这里从事银行业。但最引人注目的还是法兰克福证券交易所，这是仅次于纽约和东京的交易所，有6900种各国证券及股票在这里上市和交易。交易所设在建于1879年的古典风格大楼里，游客可在楼上观看交易活动。交易厅的一面墙壁上，是90平方米大小的显示荧幕，由电脑控制，上边各大企业的股票价格清晰可见，是德国经济的“晴雨表”。最特别的自然是证券交易所门前空地的牛雕像和熊雕像，分别代表股市的牛市和熊市。

2. 苏黎世金融市场

苏黎世金融市场是另一个重要的国际金融市场，瑞士的苏黎世金融市场和伦敦金融市场、纽约金融市场构成世界著名的三大国际金融市场。瑞士原本是一个传统的债权国，其中央银行（瑞士国家银行）设在苏黎世，其作为国际金融中心具备许多有利的条件：瑞士从1815年起成为永久中立国，没有受到历次战争的破坏，瑞士法郎又长期保持自由兑换。因此，在国际局势紧张时期，瑞士成为别国游资的避难场所，黄金、外汇交易十分兴隆。它对资本输出没有什么限制；具备国际游资分配中心的作用；它保护私人财产，允许资本自由移动；瑞士的政治、经济稳定，有连续性；瑞士法郎是世界上比较稳定的货币之一；“二战”后欧洲经济的恢复和发展促进了苏黎世金融市场的发展。

3. 中国香港国际金融中心

中国香港国际金融中心，金融机构和市场紧密联系，政府的政策是维护和发展完善的法律架构、监管制度、基础设施及行政体制，为参与市场的人士提供公平的竞争环境，维持金融及货币体系稳定，使香港能有效地与其他主要金融中心竞争。香港地理环境优越，是连接北美洲与欧洲时差的桥梁，与亚洲和其他东南亚经济体系联系紧密，又与世界各地建立了良好的通信网络，因此能够成为重要的国际金融中心。资金可以自由流入和流出本港，也是一项重要的因素。香港金融市场的特色是资金流动性高。市场根据有效、透明而又符合国际标准的规例运作。香港的工作人口有一定教育水平，海外专业人士来港工作也十分容易，进一步推动了金融市场的发展。

4. 新加坡国际金融中心

新加坡是一个面积很小的岛国，1965年才取得独立。新加坡自然资源缺乏，国内市场狭小，这对一个国家的经济发展是不利因素，但新加坡也存在许多优势。首先，新加坡的地理位置优越，而且基础设施比较发达，使得它成为东南亚的重要贸易中心和港口，也为金融业的发展奠定了基础；其次，英语在新加坡广泛使用，而英语是国际金融业中通用的语言，这就为新加坡金融业的发展提供了有利条件。到20世纪70年代初，新加坡已经发展成为亚太地区金融业最发达的国家，成为亚洲美元市场的中心。通过新加坡的金融市场，地区外的资金得以被吸收到东南亚地区，为本地区的经济发展筹集了急需的资金。对新加坡自身而言，金融业的发展促进了经济发展，而经济发展又为金融的进一步深化提供了动力。

作为国际金融市场的枢纽，国际金融中心为世界经济的发展做出了巨大贡献。同时国际金融中心的发展也给当地经济带来显著的收益。全球性金融中心、地区性金融中心和大批离岸金融市场构成了全球性的金融网络，使各国的经济和金融活动紧密地联系在一起。24小时不间断运行的外汇市场提供了货币交易的国际机制，而这种货币交易是跨国经济活动的重要基础。日益证券化的国际资本市场使发达国家的资本供给和发展中国家的投资机会得以连接，形成了资本有效配置的国际机制。在国际金融活动中，制度、政策和货币的障碍越来越小，有力地推动了经济全球化进程。

世界金融组织：谁在负责处理我们的钱

当代国际金融的一大特点是，国际金融组织相继出现，并且在全球化经济发展中起着越来越重要的作用。所以，我们简单了解一些全球性金融组织概况也是很有必要的。

关于全球性金融组织，可以主要关注以下几个：

1. 世界银行集团

之所以称之为集团，是指这不仅仅是一家银行，它实际上包括国际复兴开发银行、国际开发协会、国际金融公司、解决投资争端国际中心、多边投资担保机构等一系列组织。

成立世界银行集团的目的，最早是为了给西欧国家战后复兴提供资金援助，1948年后转变为帮助发展中国家提高生产力、促进社会进步和经济发展、改善和提高人民生活水平。世界银行集团的主要业务机构有以下三个：

（1）国际复兴开发银行

国际复兴开发银行简称世界银行，是与国际货币基金组织同时成立的另一个国际金融机构，也是联合国的一个专门机构。

国际复兴开发银行成立于1945年12月，1946年6月25日正式开始营业。当时以美国为代表的许多国家认为，为了在第二次世界大战结束后能够尽快恢复受战争破坏的各国经济、开发发展中国家经济，有必要成立这样一个国际性金融组织，利用其自有资金和组织私人资本，为生产性项目提供贷款或投资。

所以，《国际复兴开发银行协定》规定，它的宗旨是：对生产性投资提供便利，协助成员国的经济复兴及生产和资源开

发；促进私人对外贷款和投资；鼓励国际投资，开发成员国的生产资源，促进国际贸易长期均衡发展，维持国际收支平衡；配合国际信贷，提供信贷保证。

（2）国际开发协会

国际开发协会成立于20世纪50年代。当时的背景是亚洲、非洲、拉丁美洲地区的发展中国家经济十分落后，外债负担沉重，自有资金严重不足，迫切需要获得大量外来资金摆脱困境，发展经济。可与此同时，国际货币基金组织、国际复兴开发银行的贷款门槛高，贷款数量又有限，无法满足上述国家免息低息、数量庞大的贷款需求。

在这种情况下，1958年美国提议建立一个能为上述国家提供优惠贷款的开发性国际金融机构。1960年，世界银行集团正式成立国际开发协会并开始营业，总部设在美国首都华盛顿。

国际开发协会的宗旨是：向符合条件的低收入国家提供长期优惠贷款，帮助这些国家加速经济发展，提高劳动生产率，改善人民生活水平。国际开发协会与国际复兴开发银行虽然在法律地位、财务上相互独立，可是在组织机构上却是中国人熟悉的“两块牌子、一套人马”。

（3）国际金融公司

《国际复兴开发银行协定》规定，世界银行的贷款对象只能是成员国政府，如果对私营企业贷款必须由政府出面担保；而且，世界银行只能经营贷款业务，不能参与股份投资，也不能为成员国私营企业提供其他有风险的贷款业务。这样一来，就在很大程度上限制了世界银行的业务范围，不利于发展中国家发展民族经济。

为了弥补这一缺陷，1956年世界银行集团成立了国际金融公司，主要是为成员国的私营企业提供国际贷款。

国际金融公司的宗旨是：为发展中国家的私营企业提供没有政府机构担保的各种投资；促进外国私人资本在发展中国家的投资；促进发展中国家资本市场的发展。

2. 国际清算银行

国际清算银行是西方主要国家中央银行共同创办的国际金融机构，具体指美国的几家银行集团与英国、法国、德国、意大利、比利时、日本等国家的中央银行在1930年共同出资创办的，总部设在瑞士巴塞尔，享有国际法人资格及外交特权和豁免权，并且不需要纳税。

成立国际清算银行，最早的目的是处理第一次世界大战后德国对协约国赔偿的支付及处理同德国赔款的“杨格计划”的相关业务。后来则转变为促进各国中央银行之间的合作，为国际金融业务提供便利条件，作为国际清算的代理人或受托人。

说得更明确一点就是，最早美国是要利用这个机构来掌握德国的财政，并且把欧洲债务国偿还美国的债务问题置于美国监督之下。1944年布雷顿森林会议后，国际清算银行的使命实际上已经完成了，是应当解散的，但美国仍然把它保留了下来，并作为国际货币基金组织和世界银行的附属机构。国际清算银行不是政府之间的金融决策机构，它实际上相当于西方国家中央银行的银行。

中国于1984年与国际清算银行建立业务联系，办理外汇与黄金业务；派员参加国际清算银行股东大会，以观察员身份参加年会。国际清算银行从1985年起开始对中国提供贷款，并于1996年接纳中国大陆地区、中国香港特区，及巴西、印度、俄罗斯等加入该组织。

国际清算银行的服务对象是各国中央银行、国际组织（如国际海事组织、国际电信联盟、世界气象组织、世界卫生组织）等，不办理个人业务。目前，全球各国的外汇储备约有1/10存放在国际清算银行。这样做的好处是：外汇种类可以自由转换；免费储备黄金，并且可以用它作抵押取得85%的现汇贷款；可以随时提取，不需要说明任何理由。

世界银行：条件苛刻的世界贷款银行

世界银行集团是一家国际金融组织，总部设在美国首都华盛顿，但国际金融组织不仅仅是世界银行集团一家。除了世界银行集团外，还有国际货币基金组织、国际开发协会、国际金融公司、亚洲开发银行等。其中，国际开发协会、国际金融公司是世界银行集团的附属机构。平常所说的世界银行，一般是指世界银行集团下的国际复兴开发银行。

中国是世界银行的创始国之一，1980年5月15日，中国在世界银行和所属国际开发协会及国际金融公司的合法席位得到恢复。1980年9月3日，该行理事会通过投票，同意将中国在该行的股份从原7500股增加到1.2万股。我国在世界银行有投票权。在世界银行的执行董事会中，我国单独派一名董事。我国从

1981年起开始向该行借款，此后，我国与世界银行的合作逐步展开、扩大。世界银行通过提供期限较长的项目贷款，推动了我国交通运输、行业改造、能源、农业等国家重点建设，以及金融、文卫、环保等事业的发展。同时，还通过本身的培训机构，为我国培训了大批了解世界银行业务、熟悉专业知识的管理人才。

世界银行集团目前由国际复兴开发银行（即世界银行）、国际开发协会、国际金融公司、多边投资担保机构和解决投资争端国际中心五个成员机构组成。这五个机构分别侧重于不同的发展领域，但都运用其各自的比较优势，协力实现其共同的最终目标，即减轻贫困。

通过向国际金融市场借款、发行债券和收取贷款利息，以及各成员国缴纳的股金三种渠道，世界银行获得资金来源。

在通过对生产事业的投资，协助成员国经济的复兴与建设，鼓励不发达国家对资源的开发方面，世界银行仍然发挥着不可小觑的作用。另外，世界银行通过担保或参加私人贷款及其他私人投资的方式，促进私人对外投资。规定当成员国不能在合理条件下获得私人资本时，可运用该行自有资本或筹集的资金来补充私人投资的不足，并与其他方面的国际贷款配合，鼓励国际投资，协助成员国提高生产能力，促进成员国国际贸易的平衡发展和国际收支状况的改善，对经济的复兴和发展起到了重要的作用。

总结来看，世界银行提供的贷款具有以下几点特征：

第一，贷款期限较长。按借款国人均国民生产总值，将借款国分为4组，每组期限不一。第一组为15年，第二组为17年，第三、四组为最贫穷的成员国，期限为20年。贷款宽限期3～5年。

第二，贷款利率参照资本市场利率而定，一般低于市场利率，现采用浮动利率计息，每半年调整一次。

第三，借款国要承担汇率变动的风险。

第四，贷款必须如期归还，不得拖欠或改变还款日期。

第五，贷款手续严密，从提出项目、选定、评定，到取得贷款，一般要用1年半到2年时间。

第六，贷款主要向成员国政府发放，且与特定的工程和项目相联系。

世界银行的工作经常受到非政府组织和学者的严厉批评，有时世界银行自己内部的审查也对其某些决定提出质疑。世界银行往往被指责为美国或西方国家施行有利于它们自己的经济政策的执行者。此外，过快、不正确的、按错误顺序引入的或在不适合的环境下进行的市场经济改革往往对发展中国家的经济反而造成破坏。世界银行的真正掌控者是世界银行巨头，他们最终的目的是追逐利润，现在的状况可以说是一个妥协的结果。

今天世界银行的主要帮助对象是发展中国家，帮助它们建设教育、农业和工业设施。它向成员国提供优惠贷款，同时世界银行向受贷国提出一定的要求，比如减少贪污或建立民主等。世界银行与国际货币基金组织和世界贸易组织一道，成为国际经济体制中最重要的三大支柱。

世界贸易的协调者：WTO

世界贸易组织（WTO）是一个独立于联合国的永久性国际组织，1995年1月1日正式开始运作，负责管理世界经济和贸易秩序，总部设在瑞士日内瓦。世贸组织是具有法人地位的国际组织，在调解成员争端方面具有很高的权威性。它的前身是1947年订立的关税及贸易总协定。与关贸总协定相比，世贸组织涵盖货物贸易、服务贸易及知识产权贸易，而关贸总协定只适用于商品货物贸易。世界贸易组织是多边贸易体制的法律基础和组织基础，是众多贸易协定的管理者，是各成员贸易立法的监督者，是就贸易进行谈判和解决争端的场所，是当代最重要的国际经济组织之一，其成员间的贸易额占世界贸易额的绝大多数，被称为“经济联合国”。

世贸组织成员分四类：发达成员、发展中成员、转轨经济体成员和最不发达成员。截至2011年，世贸组织正式成员已经达到156个。

世界贸易组织主要有以下几方面的基本职能：管理和执行共同构成世贸组织的多边及诸边贸易协定；作为多边贸易谈判的讲坛；寻求解决贸易争端；世界贸易组织总部监督各成员国贸易政策，并与其他同制定全球经济政策有关的国际机构进行合作。世贸组织的目标是建立一个完整的、更具有活力的和永久性的多边贸易体制。与关贸总协定相比，世贸组织管辖的范围除传统的和乌拉圭回合确定的货物贸易外，还包括长期游离于关贸总协定外的知识产权、投资措施和非货物贸易（服务贸易）等领域。世贸组织具有法人地位，它在调解成员争端方面具有更高的权威性和有效性。

世界贸易组织的一个重要原则就是互惠原则。尽管在关贸总协定及世贸组织的协定、协议中没有十分明确地规定“互惠贸易原则”，但在实践中，只有平等互惠互利的减让安排才可能在成员间达成协议。世贸组织的互惠原则主要通过以下几种形式体现：

一是通过举行多边贸易谈判进行关税或非关税措施的削减，对等地向其他成员开放本国市场，以获得本国产品或服务进入其他成员市场的机会，即所谓“投之以桃，报之以李”。

二是当一国或地区申请加入世贸组织时，由于新成员可以享有所有老成员过去已达成的开放市场的优惠待遇，老成员就会一致地要求新成员必须按照世贸组织现行协定、协议的规定缴纳“入门费”——开放申请方商品或服务市场。

三是互惠贸易是多边贸易谈判及一成员贸易自由化过程中与其他成员实现经贸合作的主要工具。关贸总协定及世贸组织的历史充分说明，多边贸易自由化给某一成员带来的利益要远大于一个国家自身单方面实行贸易自由化的利益。因为，一国单方面自主决定进行关税、非关税的货物贸易自由化及服务市场开放时，所获得的利益主要取决于其他贸易伙伴对这种自由化改革的反应，如果反应是良好的，即对等地也给予减让，则获得的利益就大；反之，则较小。相反，在世贸组织体制下，由于一成员的贸易自由化是在获得现有成员开放市场承诺范围内进行的，自然这种贸易自由化改革带来的实际利益有世贸组织机制作保障，而不像单边或双边贸易自由化利益那么不确定。因此，多边贸易自由化要优于单边贸易自由化，尤其像中国这样的发展中大国。

因为世界贸易组织促进世界范围的贸易自由化和经济全球化，通过关税与贸易协定使全世界的关税水平大幅度下降，极大地促进了世界范围的贸易自由化。此外，世界贸易组织还在农业、纺织品贸易、安全保障措施、反倾销与反补贴、投资、服务贸易、知识产权以及运作机制等方面都做出有利于贸易发展的规定。这些协定和协议都将改善世贸自由化和全球经济一体化，使世界性的分工向广化与深化发展，为国际贸易的发展奠定了稳定的基础，使对外贸易在各国经济发展中的作用更为重要。

世界贸易组织追求自由贸易，但不是纯粹的自由贸易组织，它倡导的是“开放、公平和无扭曲竞争”的贸易政策。世界贸易组织是“经济联合国”，它所制定的规则已成为当今重要的国际经贸惯例，如果一个国家被排斥在世界贸易组织之外，就难以

在平等的条件下进行国际间产品和服务交流，而且还要受到歧视。中国自2001年底加入世界贸易组织后，经济与贸易发展极为迅速。我国的出口连年上新台阶。当然，出口扩大了，可增加先进技术的进口，使我国在科技上更快跟上世界产业发展的潮流。

加入世界贸易组织后，带动了国民经济的快速发展，一定程度上解决了就业难的问题。同时，有利于提高人民生活水平，“入世”后关税降低了，中国老百姓购买优质外贸产品更便宜了。

此外，促进了我国对外服务贸易的发展。我国的人口众多，资源有限，所以一定要发展服务贸易，包括银行、保险、运输、旅游等方面的引进和出口。

加入世界贸易组织，有助于中国参与制定国际经济贸易规则，提高中国在国际社会的地位，增加发言权。西方国家对中国产品反倾销调查一度很严重，中国可以利用世界贸易组织的争端解决机制使这一问题公平合理地得到解决，提高中国产品在国际市场上的声望。

当然，加入世贸组织对我国的弱势产业也是一个严峻的挑战。随着市场的进一步扩大，关税的大幅度减让，外国产品、服务和投资有可能更多地进入中国市场，国内一些产品、企业和产业免不了面临更加激烈的竞争。

PART 05 雾里看花的金融市场——每天读点金融市场知识

金融市场：走进财富的游乐场

金融市场是指资金供应者和资金需求者双方通过信用工具进行交易而融通资金的市场，广而言之，是实现货币借贷和资金融通、办理各种票据和有价证券交易活动的市场。金融市场是交易金融资产并确定金融资产价格的一种机制。金融市场又称资金市场，包括货币市场和资本市场，是资金融通市场。所谓资金融通，是指在经济运行过程中，资金供求双方运用各种金融工具调节资金盈余的活动，是所有金融交易活动的总称。在金融市场上交易的是各种金融工具，如股票、债券、储蓄存单等。

金融市场上资金的运动具有一定规律性，由于资金余缺调剂的需要，资金总是从多余的地区和部门流向短缺的地区和部门。金融市场的资金运动起因于社会资金的供求关系，最基本的金融工具和货币资金的形成，是由银行取得（购入）企业借据而向企业发放贷款而形成的。银行及其他金融机构作为中间人，既代表了贷者的集中，又代表了借者的集中，对存款者是债务人，对借款者是债权人。因而，它所进行的融资是间接融资。当银行创造出大量派生存款之后，为其他信用工具的创造和流通建立了前提。当各种金融工具涌现，多种投融资形式的形成，金融工具的流通轨迹就变得错综复杂，它可以像货币一样媒介货币资金多次运动，资金的交易不只是一次就完成，金融市场已形成了一个相对独立的市场。

在市场经济条件下，各种市场在资源配置中发挥着基础性作用，这些市场共同组成一个完整、统一且相互联系的有机体系。金融市场是统一市场体系的一个重要部分，属于要素市场。它与消费品市场、生产资料市场、劳动力市场、技术市场、信息市场、房地产市场、旅游服务市场等各类市场相互联

系、相互依存，共同形成统一市场的有机整体。在整个市场体系中，金融市场是最基本的组成部分之一，是联系其他市场的纽带，对一国经济的发展具有多方面功能。其主要体现在以下几个方面：

1. 资金“蓄水池”

金融市场在把分散资金汇聚起来重新投入社会再生产、调剂国民经济各部门及各部门内部资金提高利用率等方面功不可没。

2. 经济发展的“润滑剂”

金融市场有利于促进地区间的资金协作，有利于开展资金融通方面的竞争，提高资金使用效率。目前，我国银行对个人信用的判断标准还比较粗放，尚未达到精细化要求。

3. 资源优化配置和分散风险

金融市场优化资源配置、分散金融风险，主要是通过调整利率、调整各种证券组合方式，以及市场竞争来实现的。

企业经济效益好、有发展前途，才能贷到款、按时归还贷款；善于利用各种证券组合方式，以及对冲交易、套期保值交易等手段，才能更好地提高资金安全性和盈利性，规避和分散风险。

4. 调节宏观经济

金融市场对宏观经济具有直接调节作用。通过银行放贷前的仔细审查，最终只有符合市场需要、效益高的投资对象才能获得资金支持。大家都这样做，整个宏观经济面就会得到改善。

金融市场也会为政府对宏观经济的管理起到间接调节作用，这主要反映在政府相关部门通过收集、分析金融市场信息作为决策依据上。

5. 国民经济的“晴雨表”

金融市场是公认的国民经济信号系统，主要表现在：股票、债券、基金市场的每天交易行情变化，能够为投资者判断投资机会提供信息；金融交易会直接、间接地反映货币供应量的变动情况；金融市场上每天有大量专业人员从事信息情报研究分析，及时了解上市公司发展动态；金融市场发达的通信网络和信息传播渠道，能够把全球金融市场融为一体，及时了解世界经济发展变化行情。

货币市场：一手交钱，另外一只手也交钱

一个商业公司有暂时过剩的现金。这家公司可以把这些钱安全地投入货币市场1～30天，或者如果需要可以投入更长的时间，赚取市场利率，而不是让资金闲置在一个无息活期存款账户里。另一种情况是，如果一家银行在账户上暂时缺少储量，它可以到货币市场上购买另一机构的基金，来增加储备账户隔夜数额，满足其临时储备需要。参与者在市场中无声无息地调节货币的流动性——他们借出闲置资金或借用短期贷款。

1. 货币市场活动的目的

主要是保持资金流动性，以便能随时随地获得现实的货币

用于正常周转。换句话说，它一方面要能满足对资金使用的短期需求，另一方面也要为短期闲置资金寻找出路。

2. 货币市场的几个基本特征

（1）期限较短。货币市场期限最长为1年，最短为1天、半天，以3～6个月者居多。

（2）流动性强。货币市场的流动性主要是指金融工具的变现能力。

（3）短期融资。货币市场交易的目的是短期资金周转的供求需要，一般的去向是弥补流动资金临时不足。

3. 货币市场的功能

主要包括：媒介短期资金融通，促进资金流动，对社会资源进行再分配；联络银行和其他金融机构，协调资金的供需；显示资金形式，有助于进行宏观调控。让我们详细地研究，为什么货币市场工具具有这些特点。

首先，如果你有资金可以暂时投资，你只想购买最高信用等级企业的金融债券，并且尽量减少任何违约对本金的损失。因此，货币市场工具由最高等级的经济机构发行（即最低的违约风险）。

其次，你不想持有长期证券。因为，如果发生利率变化，它们与短期证券相比有更大的价格波动（利率风险）。此外，如果利率变化不显著，到期期限与短期证券相差的时间不是很远，这时可以按票面价值兑换。

再次，如果到期之前出现意外，急需资金，短期投资一定很适合市场销售。因此，许多货币市场工具有很活跃的二级市场。为了高度的市场可售性，货币市场工具必须有标准化的特点（没有惊喜）。此外，发行人必须是市场众所周知的，而且有良好的信誉。

最后，交易费用必须要低。因此，货币市场工具一般都以大面值批发出售——通常以100万美元到1000万美元为单位。比如说，交易100万美元至1000万美元的费用是50美分至1美元。

4. 个别货币市场工具和这些市场的特点

关于货币市场，可以从市场结构出发来重点关注以下几个方面：

（1）同业拆借市场。同业拆借市场也叫同业拆放市场，主要是为金融机构之间相互进行短期资金融通提供方便。参与同业拆借市场的除了商业银行、非银行金融机构外，还有经纪人。

同业拆借主要是为了弥补短期资金不足、票据清算差额，以及解决其他临时性资金短缺的需要。所以，其拆借期限很短，短则一两天，长则一两个星期，一般不会超过一个月。

正是由于这个特点，所以同业拆借资金的利率是按照日利率来计算的，利息占本金的比率称为“拆息率”，而且每天甚至每时每刻都会发生调整。

（2）货币回购市场。货币回购主要通过回购协议来融通短期资金。这种回购协议，是指出售方在出售证券时与购买方签订的协议，约定在一定期限后按照原定价格或约定价格购回出售的证券，从而取得临时周转资金。这种货币回购业务实际上是把证券作为抵押品取得抵押贷款。

（3）商业票据市场。商业票据分为本票和汇票两种。所谓本票，是指债务人向债权人发出的支付承诺书，债务人承诺在约定期限内支付款项给债权人；所谓汇票，是指债权人向债务人发出的支付命令，要求债务人在约定期限内支付款项给持票人或其他人。而商业票据市场上的主要业务，则是对上述还没有到期的商业票据，如商业本票、商业承兑汇票、银行承兑汇票等进行承兑和贴现。

货币市场的存在使得工商企业、银行和政府可以从中借取短缺资金，也可将它们暂时多余的、闲置的资金投放在市场中作为短期投资，生息获利，从而促进资金合理流动，解决短期性资金融通问题。各家银行和金融机构的资金，通过货币市场交易，从分散到集中，从集中到分散，从而使整个金融体系的融资活动有机地联系起来。

货币市场在一定时期的资金供求及其流动情况，是反映该时期金融市场银根松紧的指示器，它在很大程度上是金融当局进一步贯彻其货币政策、宏观调控货币供应量的帮手。

资本市场：货币市场的金融工具

假设某企业购买一个预期经济寿命为15年的厂房。因为短期利率往往低于长期利率，乍看起来，短期融资似乎更划算，但是，如果利率像20世纪80年代初期那样急剧上升，该企业不得不为短期债务再融资，从而发现其借款成本不断飙升。在最糟糕的情况下，企业会发现它已经没有足够的现金流来支撑债务而被迫破产。同样，如果市场状况像2001年衰退时那样动荡，债务发行方会发觉自己无力为短期债务再融资；如果找不到其他贷款人，破产的厄运会再次降临。

在为资本支出而发行债务的时候，企业经常会把资产的预期寿命和债务的期限结合起来就不足为奇了。资本市场可以把长期资金的借款方和供应方汇集在一起，还允许那些持有以前发行的证券的人在二级资本市场上交易这些证券以获得现金。

1. 资本市场概念

资本市场，亦称“长期金融市场”“长期资金市场”，是指期限在1年以上的各种资金借贷和证券交易的场所。资本市场上的交易对象是1年以上的长期证券。因为，在长期金融活动中，涉及资金期限长、风险大，具有长期较稳定收入，类似于资本投入，故称之为资本市场。狭义的资本市场就是指股票和债券市场；而广义的资本市场，在此基础上还包括银行里的长期存贷款市场（如中长期存款、设备贷款、长期抵押贷款、房产按揭贷款等）。如果没有特别说明，一般情况下我们总是从狭义概念出发来理解资本市场。

2. 资本市场功能

资本市场有哪些功能呢？在高度发达的市场经济条件下，资本市场的功能可以按照其发展逻辑而界定为资金融通、资源配置和产权中介三个方面。

（1）融资功能。本来意义上的资本市场即是纯粹资金融通意义上的市场，它与货币市场相对称，是长期资金融通关系的总和。因此，资金融通是资本市场的本源职能。

（2）配置功能。资本市场的配置功能是指资本市场通过对资金流向的引导而对资源配置发挥导向性作用。资本市场由于存在强大的评价、选择和监督机制，而投资主体作为理性经纪人，始终具有明确的逐利动机，从而促使资金流向高效益部门，表现出资源优化配置的功能。

（3）产权功能。资本市场的产权功能是指其对市场主体的产权约束和充当产权交易中介方面所发挥的功能。产权功能是资本市场的派生功能，它通过对企业经营机制的改造、为企业提供资金融通、传递产权交易信息和提供产权中介服务而在企业产权重组的过程中发挥着重要的作用。

上述三个方面共同构成资本市场完整的功能体系。如果缺少一个环节，资本市场就是不完整的，甚至是扭曲的。资本市场的功能不是人为赋予的，而是资本市场本身的属性之一。从理论上认清资本市场的功能，对于我们正确对待资本市场发展中的问题、有效利用资本市场具有重要的理论与实践意义。

全国证券交易自动报价系统于1990年12月5日开始运行，系统中心设在北京，连接国内证券交易比较活跃的大中城市，为会员公司提供有价证券买卖价格信息和结算。1992年7月1日开始法人股流通转让试点。

1993年4月28日开始运行的全国电子交易系统，是中国证券交易系统有限公司开发设计的，系统中心也设在北京，主要为证券市场提供证券集中交易及报价、清算、交割、登记、托管、咨询等服务。

3. 资本市场需要关注的几个问题

对于资本市场，还可以主要关注以下几个方面：

（1）证券和有价证券

证券是一种法律凭证，用来证明持有人有权按照上面所记载的内容获得相应权益。有价证券是指这种证券代表的是某种特定财产，并且对这部分特定财产拥有所有权或债权。

有价证券包括商品证券、货币证券、资本证券。最常见的商品证券是提货单、运货单证；货币证券主要是指商业证券和

银行证券，如商业汇票、商业本票、银行汇票、银行本票；资本证券主要指与金融投资有关的证券，如股票、债券、基金、期货、期权、互换协议等。

（2）证券发行市场。证券发行市场就是大家通常所说的一级市场、初级市场。许多股票投资者喜欢在新股发行时“打新股”，这种“打新股”就是在一级证券市场上购买第一手股票。

①发行证券时，按照证券发行对象的不同，可以分为私募发行和公募发行两种。

私募发行也叫不公开发行，它的发行对象是特定投资者。正因如此，私募发行的手续比较简单，筹备时间也比较短。

公募发行也叫公开发行，它的发行对象是不特定的投资者，社会影响大，所以发行手续比较烦琐，筹备时间较长，条条框框非常严格。例如，发行者必须向证券管理机关递交申请书和相关材料，并获得批准；某些财务指标和信用等级必须达到要求；必须如实向投资者提供相关资料；等等。

②发行证券时，按照证券发行方式的不同，可以分为直接发行和间接发行两种。

直接发行就是指通过承销机构，由发行人自己向投资者发行。它的优点是可以节约成本；缺点是必须由发行者自己承担发行风险；其前提条件是发行者要熟悉发行手续，精通发行技术，否则很多工作将无法开展下去。

间接发行也叫委托发行，是指通过承销机构，如投资银行、证券公司等中介金融机构代理发行证券。它的优点是可以节省发行者大量的时间和精力，减少发行风险，并且可以借助于中介机构的力量提高自身知名度；缺点是需要投入费用，提高发行成本。

间接发行更受证券发行人的青睐，因而这也是目前最普遍的证券发行方式。确定发行价格是证券发行中的一个重要环节。发行价格过高，发行数量就会减少甚至发不出去，无法筹集到所需资金，证券承销商也会蒙受损失；发行价格过低，虽然证券发行工作比较顺利甚至会火爆起来，可是发行公司却会遭受损失。

4. 资本市场特点

资本市场主要有以下几方面的特点：

（1）融资期限长。资本市场的融资期限至少在1年以上，也可以长达几十年，甚至无到期日。

（2）流动性相对较差。在资本市场上筹集到的资金多用于解决中长期融资需求，所以流动性和变现性相对较弱。

（3）风险大而收益较高。由于融资期限较长，发生重大变故的可能性也大，市场价格容易波动，投资者需承受较大风险。同时，作为对风险的报酬，其收益也较高。

股票市场：反映经济动向的“晴雨表”

股票的交易都是通过股票市场来实现的。股票市场是股票发行和流通的场所，也可以说是指对已发行的股票进行买卖和转让的场所。股票市场可以分为一、二级，一级市场也称为股票发行市场，二级市场也称为股票交易市场。股票是一种有价证券。有价证券除股票外，还包括国家债券、公司债券、不动产抵押债券等。国家债券出现较早，是最先投入交易的有价证券。随着商品经济的发展，后来才逐渐出现股票等有价证券。因此，股票交易只是有价证券交易的一个组成部分，股票市场也只是多种有价证券市场中的一种。目前，很少有单一的股票市场，股票市场不过是证券市场中专营股票的地方。

股票是社会化大生产的产物，至今已有将近400年的历史。很少有人知道，中国最早的股票市场是由精明的日商于1919年在上海日领事馆注册的，而蒋介石竟然是中国最早的股民之一。

1919年，日商在上海租界三马路开办了“取引所”（即交易所）。蒋介石、虞洽卿便以抵制取引所为借口，电请北京政府迅速批准成立上海证券物品交易所。

这时的北京政权为直系军阀所控制，曹锟、吴佩孚等人不愿日本人以任何方式介入中国事务。于是，中国以股票为龙头的第一家综合交易所被批准成立了。

1920年2月1日，上海证券物品交易所宣告成立，理事长为虞洽卿，常务理事为郭外峰、闻兰亭、赵林士、盛丕华、沈润挹、周佩箴等6人，理事17人，监察人为周骏彦等。交易物品有7种，为有价证券、棉花、棉纱、布匹、金银、粮油、皮毛。1929年10月3日《交易所法》颁布以后，它便依法将物品中的棉纱交易并入纱布交易所；证券部分于1933年夏秋间并入证券交易所，黄金及物品交易并入金业交易所。

一般交易所的买卖是由经纪人经手代办的。经纪人在交易所中缴足相当的保证金，在市场代理客商买卖货物，以取得相应的佣金。拥有资金实力的蒋介石、陈果夫、戴季陶等人便成了上海证券物品交易所的首批经纪人。但因为财力有限，他们不是上海证券物品交易所的股东，而只是他们所服务的恒泰号的股东。而恒泰号只是上海证券物品交易所的经纪机构之一。

恒泰号的营业范围是代客买卖各种证券及棉纱，资本总额银币3.5万元，每股1000元，分为35股。股东包括蒋介石在内，共有17人，但为避嫌，在合同中却多不用真名，蒋介石就用的是“蒋伟记”的代号。

蒋介石是中国首批经纪人，这个消息对很多在股市中混迹的人来说，恐怕都足够爆炸。但据此看来，确有其事。当时的大宗证券交易，只有蒋介石这样的大财团才有实力入市一搏，精明的老蒋当然不会错过这个机会。事实上，在蒋介石当经纪人的时候，上证所的主要业务还是棉花等大宗期货商品，当时还未真正形成股票市场。

而股票市场是已经发行的股票按时价进行转让、买卖和流通的市场，包括交易市场和流通市场两部分。股票流通市场包含了股票流通的一切活动。股票流通市场的存在和发展为股票发行者创造了有利的筹资环境，投资者可以根据自己的投资计划和市场变动情况，随时买卖股票。由于解除了投资者的后顾之忧，它们可以放心地参加股票发行市场的认购活动，有利于公司筹措长期资金，股票流通的顺畅也为股

票发行起了积极的推动作用。对于投资者来说，通过股票流通市场的活动，可以使长期投资短期化，在股票和现金之间随时转换，增强了股票的流动性和安全性。股票流通市场上的价格是反映经济动向的“晴雨表”，它能灵敏地反映出资金供求状况、市场供求、行业前景和政治形势的变化，是进行经济预测和分析的重要指标。对于企业来说，股权的转移和股票行市的涨落是其经营状况的指示器，还能为企业及时提供大量信息，有助于它们的经营决策和改善经营管理。可见，股票流通市场具有重要的作用。

转让股票进行买卖的方法和形式称为交易方式，它是股票流通交易的基本环节。现代股票流通市场的买卖交易方式种类繁多，从不同的角度可以分为以下三类：

其一，议价买卖和竞价买卖。从买卖双方决定价格的不同，分为议价买卖和竞价买卖。议价买卖就是买方和卖方一对一地面谈，通过讨价还价达成买卖交易。它是场外交易中常用的方式，一般在股票上不了市、交易量少、需要保密或为了节省佣金等情况下采用。竞价买卖是指买卖双方都是由若干人组成的群体，双方公开进行双向竞争的交易，即交易不仅在买卖双方之间有出价和要价的竞争，而且在买者群体和卖者群体内部也存在着激烈的竞争，最后在买方出价最高者和卖方要价最低者之间成交。在这种双方竞争中，买方可以自由地选择卖方，卖方也可以自由地选择买方，使交易比较公平，产生的价格也比较合理。竞价买卖是证券交易所中买卖股票的主要方式。

其二，直接交易和间接交易。按达成交易的方式不同，分为直接交易和间接交易。直接交易是买卖双方直接洽谈，股票也由买卖双方自行清算交割，在整个交易过程中不涉及任何中介的交易方式。场外交易绝大部分是直接交易。间接交易是买卖双方不直接见面和联系，而是委托中介人进行股票买卖的交易方式。证券交易所中的经纪人制度就是典型的间接交易。

其三，现货交易和期货交易。按交割期限不同，分为现货交易和期货交易。现货交易是指股票买卖成交以后，马上办理交割清算手续，当场钱货两清；期货交易则是股票成交后按合同中规定的价格、数量，过若干时期再进行交割清算的交易方式。

❀ 基金市场：让投资专家打理你的财富

通俗地说，基金就是汇集众多投资者的资金交给银行托管，由专业的基金管理公司负责投资于股票和债券等证券，以实现保值、增值目的的一种投资工具。基金增值部分，也就是基金投资的收益，归持有基金的投资者所有，专业的托管、管理机构收取一定比例的管理费用。基金以“基金单位”作为单位，在基金初次发行时，将其基金总额划分为若干等额的整数份，每一份就是一个基金单位。

为了进一步理解基金的概念，我们可以做一个比喻：

假设你有一笔钱想投资债券、股票等进行增值，但自己既没有那么多精力，也没有足够的专业知识，钱也不是很多，于是想到与其他几个人合伙出资，雇一个投资高手对资产进行操作。但如果每个投资人都与投资高手随时交涉，那将十分麻烦，于是就推举其中一个最懂行的人牵头办理这件事，并定期从大伙合出的资产中抽取提成作为报酬付给投资高手。当然，牵头人出力张罗大大小小的事，包括挨家跑腿、随时与投资高手沟通、定期向大伙公布投资盈亏情况等，不可白忙，提成中也包括他的劳务费。

上面这种运作方式就叫作合伙投资。如果这种合伙投资的活动经过国家证券行业管理部门（中国证券监督管理委员会）的审批，允许这项活动的牵头操作人向社会公开募集吸收投资者加入合伙出资，这就是发行公募基金，也就是大家现在常见的基金。

基金包含资金和组织的两方面含义。从资金上讲，基金是用于特定目的并独立核算的资金。其中，既包括各国共有的养老保险基金、退休基金、救济基金、教育奖励基金等，也包括中国特有的财政专项基金、职工集体福利基金、能源交通重点建设基金、预算调节基金等。从组织上讲，基金是为特定目标而专门管理和运作资金的机构或组织。这种基金组织，可以是非法人机构（如财政专项基金、高校中的教育奖励基金、保险基金等），可以是事业性法人机构（如中国的宋庆龄儿童基金会、孙冶方经济学奖励基金会、茅盾文学奖励基金会，美国的福特基金会、富布赖特基金会等），也可以是公司性法人机构。

基金有广义和狭义之分。从广义上说，基金是机构投资者

的统称，包括信托投资基金、单位信托基金、公积金、保险基金、退休基金、各种基金会的基金。在现有的证券市场上的基金，包括封闭式基金和开放式基金，具有收益性功能和增值潜能的特点。从会计角度透析，基金是一个狭义的概念，意指具有特定目的和用途的资金。因为，政府和事业单位的出资者不要求投资回报和投资收回，但要求按法律规定或出资者的意愿把资金用在指定的用途上，而形成了基金。

基金将众多投资者的资金集中起来，委托基金管理人进行共同投资，表现出一种集合理财的特点。汇集众多投资者的资金，积少成多，有利于发挥资金的规模优势，降低投资成本。基金与股票、债券、定期存款、外汇等投资工具一样，也为投资者提供了一种投资渠道。它具有以下特点：

其一，集合理财，专业管理。基金将众多投资者的资金集中起来，由基金管理人进行投资管理和运作。基金管理人一般拥有大量的专业投资研究人员和强大的信息网络，能够更好地对证券市场进行全方位的动态跟踪与分析。将资金交给基金管理人管理，使中小投资者也能享受到专业化的投资管理服务。

其二，组合投资，分散风险。为降低投资风险，中国《证券投资基金法》规定，基金必须以组合投资的方式进行基金的投资运作，从而使“组合投资，分散风险”成为基金的一大特色。“组合投资，分散风险”的科学性已为现代投资学所证明，中小投资者由于资金量小，一般无法通过购买不同的股票分散投资风险。基金通常会购买几十种甚至上百种股票，投资者购买基金就相当于用很少的资金购买了一揽子股票，某些股票下跌造成的损失可以用其他股票上涨的盈利来弥补。因此，可以充分享受到“组合投资，分散风险”的好处。

其三，利益共享，风险共担。基金投资者是基金的所有者。基金投资人共担风险，共享收益。基金投资收益在扣除由基金承担的费用后的盈余全部归基金投资者所有，并根据各投资者所持有的基金份额比例进行分配。为基金提供服务的基金托管人、基金管理人只能按规定收取一定的托管费、管理费，并不参与基金收益的分配。

其四，严格监管，信息透明。为切实保护投资者的利益，增强投资者对基金投资的信心，中国证监会对基金业实行比较严格的监管，对各种有损投资者利益的行为进行严厉的打击，并强制基金进行较为充分的信息披露。在这种情况下，严格监管与信息透明也就成为基金的一个显著特点。

其五，独立托管，保障安全。基金管理人负责基金的投资操作，本身并不经手基金财产的保管。基金财产的保管由独立于基金管理人的基金托管人负责。这种相互制约、相互监督的制衡机制对投资者的利益提供了重要的保护。

基金管理公司就是这种合伙投资的牵头操作人，为公司法人，其资格必须经过中国证监会审批。一方面，基金公司与其他基金投资者一样也是合伙出资人之一；另一方面，基金公司负责牵头操作，每年要从大家合伙出的资产中按一定的比例提取劳务费，并定期公布基金的资产和收益情况。当然，基金公司的这些活动必须经过证监会批准。

为了保证投资者的资产安全，不被基金公司擅自挪用，中

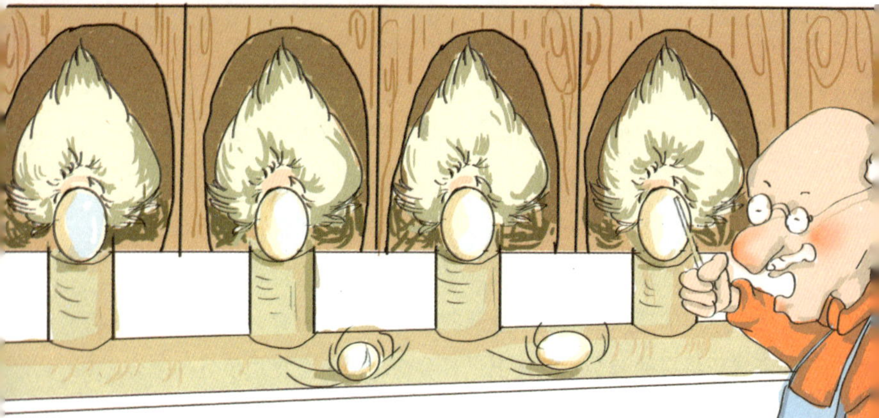

国证监会规定，基金的资产不能放在基金公司手里，基金公司和基金经理只负责交易操作，不能碰钱，记账管钱的事要找一个擅长此事信用又高的角色负责，这个角色当然非银行莫属。于是这些出资就放在银行，建立一个专门账户，由银行管账记账，称为基金托管。当然，银行的劳务费也得从这些资产中按比例抽取按年支付。所以，基金资产的风险主要来自于投资高手的操作失误，而因基金资产被擅自挪用造成投资者资金损失的可能性很小。从法律角度说，即使基金管理公司倒闭甚至托管银行出事了，追债的投资者也无权挪走基金专户的资产。因此，基金资产的安全是很有保障的。

PART 06 谁在负责处理我们的钱——每天读点金融机构知识

银行：金融界当之无愧的“大哥”

17世纪，一些平民通过经商致富，成了有钱的商人。他们为了安全，都把钱存放在国王的铸币厂里。那个时候还没有纸币，所谓存钱就是指存放黄金，因为那时实行“自由铸币”制度，任何人都可以把金块拿到铸币厂里，铸造成金币，所以铸币厂允许顾客存放黄金。

但是这些商人没意识到，铸币厂是属于国王的，如果国王想动用铸币厂里的黄金，那是无法阻止的。1638年，英国国王查理一世同苏格兰贵族爆发了战争，为了筹措军费，他就征用了铸币厂里平民的黄金，美其名曰贷款给国王。虽然黄金后来还给了原主人，但是商人们感到铸币厂不安全，于是他们把钱存到了金匠那里。金匠为存钱的人开立了凭证，以后拿着这张凭证，就可以取出黄金。

后来商人们就发现，需要用钱的时候，其实不需要取出黄金，只要把黄金凭证交给对方就可以了。再后来，金匠突然发现，原来自己开立的凭证具有流通的功能！于是，他们开始开立“假凭证”。他们惊奇地发现，只要所有客户不是同一天来取黄金，“假凭证”就等同于“真凭证”，同样是可以作为货币使用的！

这就是现代银行中“准备金”的起源，也是“货币创造”的起源。这时正是17世纪60年代末，现代银行就是从那个时候起诞生的。所以，世界上最早的银行都是私人银行，最早的银行券都是由金匠们发行的，他们和政府没有直接的关系。

现代银行中的纸币竟然是这样发展而来的，恐怕人们都想象不到。从上面这段资料中，大家就可以看出，银行起源于古代的货币经营业。而货币经营业主要从事与货币有关的业务，包括金属货币的鉴定和兑换、货币的保管和汇兑业务。当货币经营者手中大量货币聚集时，就为发展贷款业务提供了前提。随着贷款业务的发展，保管业务也逐步改变成存款业务。当货币活动与信用活动结合时，货币经营业便开始向现代银行转变。1694年，英国英格兰银行的建立，标志着西方现代银行制度的建立。

“银行”一词，源于意大利语“banca”，其原意是长凳、椅子，是最早的市场上货币兑换商的营业用具。英语转化为“bank”，意为存钱的柜子。在我国称为“银行”，则与我国经济发展的历史相关。在我国历史上，白银一直是主要的货币材料之一，“银”往往代表的就是货币，而“行”则是对大商业机构的称谓，所以把办理与银钱有关的大金融机构称为“银行”。

在我国，明朝中叶就形成了具有银行性质的钱庄，到清代又出现了票号。第一次使用银行名称的国内银行是“中国通商银行”，成立于1897年5月27日。最早的国家银行是1905年创办的“户部银行”，后称“大清银行”；1911年辛亥革命后，大清银行改组为“中国银行”，一直沿用至今。

在我国，银行有多种分类方法，一般大而化之的分类方法是把银行按如下方法分类：

第一类是中国人民银行，它是中央银行，在所有银行当中起管理作用。

第二类是政策性银行，如农业发展银行、国家开发银行、进出口银行，一般办理政策性业务，不以盈利为目的。

第三类是商业银行，又可分为：全国性国有商业银行，如工商银行、农业银行、中国银行、建设银行；全国性股份制商业银行，如招商银行、华夏银行、民生银行；区域性商业银行，如广东发展银行；地方性商业银行，如武汉市商业银行、南京银行。不过，随着银行业务范围的扩大，这几种银行的区别正在缩小。

最后一类是外资银行。外资银行有很多，比较著名的有花旗银行、汇丰银行等。现在，外资银行一般都设在一线城市，它的业务与国内银行有很大的不同，现在已逐步放开它的业务范围。

值得注意的是，银行是经营货币的企业，它的存在方便了社会资金的筹措与融通，是金融机构里面非常重要的一员。商业银行的职能是由它的性质所决定的，主要有五个基本职能：

其一，信用中介职能。信用中介是商业银行最基本、最能反映其经营活动特征的职能。这一职能的实质，是通过银行的负债业务，把社会上的各种闲散货币集中到银行里来，再通过资产业务，把它投向经济各部门；商业银行是作为货币资本的贷出者与借入者的中介人或代表，来实现资本的融通，并从吸收资金的成本与发放贷款利息收入、投资收益的差额中，获取利益收入，形成银行利润。商业银行通过信用中介的职能实现资本盈余和短缺之间的融通，并不改变货币资本的所有权，改变的只是货币资本的使用权。

其二，支付中介职能。银行除了作为信用中介，融通货币资本以外，还执行着货币经营业的职能。通过存款在账户上的转移，代理客户支付，在存款的基础上，为客户兑付现款等，成为工商企业、团体和个人的货币保管者、出纳者和支付代理人。

其三，信用创造功能。商业银行在信用中介职能和支付中介职能的基础上，产生了信用创造职能。其以通过自己的信贷活动创造和收缩活期存款，而活期存款是构成贷款供给量的主要部分。因此，商业银行就可以把自己的负债作为货币来流通，具有了信用创造功能。

其四，金融服务职能。随着经济的发展，工商企业的业务经营环境日益复杂化，许多原来属于企业自身的货币业务转交给银行代为办理，如发放工资、代理支付其他费用等。个人消费也由原来的单纯钱物交易发展为转账结算。现代化的社会生活，从多方面给商业银行提出了金融服务的要求。

其五，调节经济职能。调节经济是指银行通过其信用中介活动，调剂社会各部门的资金短缺，同时在央行货币政策和其他国家宏观政策的指引下，实现经济结构、消费比例投资、产业结构等方面的调整。此外，商业银行通过其在国际市场上的融资活动还可以调节本国的国际收支状况。

政策性银行：肩负特殊的使命

第二次世界大战后的德国民生凋敝、百废待兴，人民亟待重建家园。为了筹集巨额重建资金，1948年，德国政府出资10亿马克组建德国复兴开发银行（KFW）。德国复兴开发银行成立以后，立即通过发行中长期债券筹措巨额款项，为德国人民在废墟上重建家园提供了大量资金。德国复兴开发银行为战后德国的复兴立下了汗马功劳，它也因此与美丽的莱茵河一样闻名遐迩。

那么，政策性银行与商业银行有何不同呢？政策性银行的职能是什么呢？政策性银行又将走向何方呢？

说起政策性银行，可能很多人都会感到陌生。政策性银行就是指那些由政府创立、参股或保证的，不以盈利为目的，专门为贯彻、配合政府社会经济政策或意图，在特定的业务领域内，直接或间接地从事政策性融资活动，充当政府发展经济、促进社会进步、进行宏观经济管理工具的金融机构。我国的三大政策性银行分别是中国进出口银行、国家开发银行、中国农业发展银行。

在经济发展过程中，常常存在一些商业银行从盈利角度考虑不愿意融资的领域或者其资金实力难以达到的领域。这些领域通常包括那些对国民经济发展、社会稳定具有重要意义，且投资规模大、周期长、经济效益见效慢、资金回收时间长的项目，如农业开发项目、重要基础设施建设项目等。为了扶持这些项目，政府往往实行各种鼓励措施，各国通常采用的办法是设立政策性银行，专门对这些项目融资。这样做，不仅是从财务角度考虑，而且有利于集中资金，支持重大项目的建设。

政策性银行的产生和发展是国家干预、协调经济的产物。政策性银行与商业银行和其他非银行金融机构相比，有共性的一面，如要对贷款进行严格审查，贷款要还本付息、周转使用等。但作为政策性金融机构，也有其特征：一是政策性银行的资本金多由政府财政拨付；二是政策性银行经营时主要考虑国家的整体利益、社会效益，不以盈利为目标，但政策性银行的资金并不是财政资金，政策性银行也必须考虑盈亏，坚持银行管理的基本原则，力争保本微利；三是政策性银行有其特定的资金来源，主要依靠发行金融债券或向中央银行举债，一般不面向公众吸收存款；四是政策性银行有特定的业务领域，不与商业银行竞争。

政策性银行的职能，主要表现在它的特殊职能上。它的特殊职能包括：

1. 补充性职能（亦称弥补性职能）

通过前述政策性银行存在根据和运行机制的分析可以看到，政策性银行的融资对象，一般限制在那些社会需要发展，而商业性金融机构又不愿意提供融资的那些事业上。对于那些能够获得商业性资金支持的事业，政策性银行就没有必要把有限的资金投入进去。因此，政策性银行具有在融资对象上为商业性融资拾遗补缺的功能。需要注意的是，需要政策性银行提供资金支持的具体事业范围不是不变的，而是随着社会、经济、技术等的发展在不断变化的。同时，其具体范围和内容还与具体国情等有关。

2. 倡导性职能

所谓倡导性职能，即提倡引导的职能。政策性银行的倡导性职能主要是通过以下途径发挥的：

（1）政策性银行通过自身的融资行为，给商业性金融机构指示了国家经济政策的导向和支持重心，从而消除商业性金融机构对前景模糊的疑虑，带动商业性资金参与。

（2）政策性银行通过提供利息补贴，弥补投资利润低而无法保证市场利息收入的不足，从而使商业性资金参与。

（3）政策性银行通过向商业性融资提供利息和本金的偿还担保，促成商业性资金参与。

（4）政策性银行通过为商业性金融机构提供再融资的方式，促使商业性资金的参与等，诱使和引导商业性资金参与特殊事业融资。

3. 经济调控职能（亦称选择性职能）

政策性银行的经济调控职能，是倡导性职能的必然结果。

正是因为前两项职能，国家通过政策性银行业务可以实现区域经济、产业、行业、产品结构、生产力布局、固定资产投资规模和结构等合理化，实现经济的协调发展。

4. 特殊领域的金融服务职能

政策性银行以其服务对象的特殊性，决定了其所熟悉和擅长的领域的特别性。它在其服务的领域积累了丰富的实践经验和专业技能，聚集了一大批精通业务的业务技术人员，从而在这些特殊的领域方面，从投资论证到投资步骤、投资管理、投资风险防范等方面，政策性银行可以为经济发展在这些领域提供专业化的有效服务。

而这些方面恰恰是商业性金融机构所不熟悉或不擅长的业务领域，有效弥补商业性金融机构在这些领域所提供服务的不足。当今世界上许多国家都建立有政策性银行，其种类较为全面，并构成较为完整的政策性银行体系。如日本著名的“二行九库”体系，包括日本输出入银行、日本开发银行、日本国民金融公库、住宅金融公库、农林渔业金融公库、中小企业金融公库、北海道东北开发公库、公营企业金融公库、环境卫生金融公库、冲绳振兴开发金融公库、中小企业信用保险公库；韩国设有韩国开发银行、韩国进出口银行、韩国中小企业银行、韩国住宅银行等政策性银行；法国设有法国农业信贷银行、法国对外贸易银行、法国土地信贷银行、法国国家信贷银行、中小企业设备信贷银行等政策性银行；美国设有美国进出口银行、联邦住房信贷银行体系等政策性银行。这些政策性银行在各国社会经济生活中发挥着独特而重要的作用，构成各国金融体系两翼中的一部分。

保险公司：无形保险，有形保障

保险业是大家经常接触的，那对于保险业的相关知识，大家了解多少呢？

保险公司是指经营保险业的经济组织，包括直接保险公司和再保险公司。保险关系中的保险人，享有收取保险费、建立保险费基金的权利；而当保险事故发生时，有义务赔偿被保险人的经济损失。在解读保险公司之前，先明确一下保险公司的定义。什么是保险公司呢？就是销售保险合约、提供风险保障的公司。保险公司分为两大类型——人寿保险公司、财产保险公司。平常人们最常接触的三种保险是人寿保险、财产保险、意外伤害保险。

我们的生命总是免不了要受到各种伤害的威胁，所以我们必须采用一种应对人身危险的方法，即对发生人身危险的人及其家庭在经济上给予一定的物质帮助。人寿保险就是以人的生命为保险标的，以生死为保险事故的一种人身保险。

财产保险是指投保人根据合同约定，向保险人交付保险费，保险人按保险合同的约定对所承保的财产及其有关利益因自然灾害或意外事故造成的损失承担赔偿责任的保险。它包括财产保险、农业保险、责任保险、保证保险、信用保险等以财产或利益为保险标的的各种保险。

人身意外伤害保险是以人的身体为标的，以意外伤害而致身故或残疾为给付条件的保险。它是指被保险人由于意外原因造成身体伤害或导致残废、死亡时，保险人按照约定承担给付保险金责任的人身保险合同。保险人的给付，通常包括丧失工作能力给付、丧失手足或失明的给付、因伤致死给付以及医疗费用给付。意外伤害保险必须满足两点要求：一是伤害必须是人体的伤害，再者伤害必须是意外事故所致。

保险公司属于资金融通的渠道，所以也是金融的一种。它是以契约的形式确立双方的经济关系。从本质上讲，保险体现的是一种经济关系，这主要表现在保险人和被保险人的商品交换关系，以及两者之间的收入再分配关系。从经济角度来看，保险是一种损失分摊的方法，以多数单位和个人缴纳保费建立保险基金，使少数成员的损失由全体被保险人分担。

保险是最古老的风险管理方法之一。那保险公司究竟是怎样实现盈利的呢？

其实保险公司的盈利还是以投资为主的，每年收的保费相对于保险公司投资收益来说是很小的一部分。

具体说来，保险公司的盈利就是通过“三差益”来实现的，即死差益——实际死亡人数比预定死亡人数少时产生的利益；费差益——实际所用的营业费用比依预定营业费用率所计算之营业费用少时所产生的利益；利差益——保险资金投资运用收益率高于有效保险合同的平均预定利率而产生的利益。

分别举例来说明吧。先说第一种“死差”。比如，100个得癌症的人中死亡的占90个，保险公司就按照这样的死亡率来定保费。100个癌症重患者中死亡人数不到90人，而是20人，那么之前收的100人的保费就有了相对的结余，这就是“死差益”了。当然如果死亡人数超过90人，那保险公司收益就变成了“死差损”了。“死差损”在某年出现对长期盈利影响不大，因为放在20年或者更长的时期内，就可能有可以确定的利润了。

第二种就是“费差”。本来预计为了维持这部分保费的运作，保险公司需向客户收取一定的费用，但是在收取后，管理水平提高了，保险公司不需要那么多人、那么多钱来管理就可以达到更好的管理效果，那么就可能出现费用方面的结余。

第三种是“利差”。保险公司承诺在交保费的20年后将返还客户双倍的保费，但到了20年后，保险公司用客户的保费进行投资赚了400%的收益，除了返还客户的双倍保费，剩下的就成保险公司的收益了。

其实在实际操作中，会通过会计年度的结算方法，一般每年都会在账面上体现一定的盈利或者亏损，并不是等到钱都还给客户后统一结算。

至于有人说保险公司是“骗钱的”，这个理论不具有说服力。到了真正需要的时候拿不出钱才是危险的，所以先有保险规划是十分必要的选择。

金融中介：供求之间的桥梁

2008年3月，美国第五大投资银行贝尔斯登因濒临破产而被摩根大通收购近半年之后，华尔街再次爆出令人吃惊的消息：美国第三大投资银行美林证券被美国银行以近440亿美元收购，美国第四大投资银行雷曼兄弟因为收购谈判“流产”而破产。华尔街五大投行仅剩高盛集团和摩根斯坦利公司。美国联邦储备局宣布，批准美国金融危机发生后至今幸存的最后两大投资银行高盛和摩根斯坦利“变身”，转为银行控股公司。这个消息也意味着，独立投资银行在华尔街叱咤风云超过20年的黄金时代已宣告结束，美国金融机构正面临20世纪30年代经济大萧条以来最大规模和最彻底的重组。

金融中介机构指一个对资金供给者吸收资金，再将资金对资金需求者融通的媒介机构。通常我们所知道的商业银行、信用社和保险公司等都可以归为金融中介机构。

金融中介机构对资金供给者吸收资金，再将资金对资金需求者融通。它的功能主要有信用创造、清算支付、资源配置、信息提供和风险管理等几个方面。

金融中介机构可以分为三类：存款机构（银行）、契约性储蓄机构与投资中介机构。

1. 存款机构（银行）

存款机构是从个人和机构手中吸收存款和发放贷款的金融中介机构。货币银行学的研究往往特别关注这类金融机构，因为它们是货币供给的一个重要环节——货币创造过程的参与者。这些机构包括商业银行，以及被称为储蓄机构的储蓄和贷款协会、互助储蓄银行和信用社。

2. 契约性储蓄机构

例如保险公司和养老基金，是在契约的基础上定期取得资金的金融中介机构。由于它们能够相当准确地预测未来年度里向受益人支付的金额，因此它们不必像存款机构那样担心资金减少。于是，相对于存款机构而言，资产的流动性对于它们并不那么重要，它们一般将资金主要投资于公司债券、股票和抵押贷款等长期证券方面。

3. 投资中介机构

这类金融中介机构包括财务公司、共同基金与货币市场共同基金。财务公司通过销售商业票据（一种短期债务工具）、发行股票或债券的形式筹集资金。它们将资金贷放给那些需要购买家具、汽车或是修缮住房的消费者及小型企业。一些财务公司是母公司为了销售其商品而建立的，例如福特汽车信贷公司就是向购买福特汽车的消费者提供贷款的。

金融中介实现了资金流、资源、信息三者之间的高效整合。金融中介扩大了资本的流通范围，拓展了信息沟通，减少了投资的盲目性，实现了调节供需失衡的作用。金融中介使资源配置效率化。金融中介在构造和活化金融市场的同时，进而活化整个社会经济，使整个社会的资源配置真正进入了效率化时代。金融中介发展推动了企业组织的合理发展。金融中介的

活动，把对企业经营者的监督机制从单一银行体系扩展到了社会的方方面面，使企业的经营机制获得了极大改善，提高了企业应对市场变化的能力。

在进行投资和融资的过程当中，难免会存在风险，限制性契约就是人们用来缓解道德风险的一种方式。但是，尽管限制性契约有助于缓解道德风险问题，但并不意味着能完全杜绝它的发生，制定一份能排除所有有风险活动的契约几乎是不可能的。另外，借款者也可能发现使得限制性契约无法生效的漏洞。

从20世纪50年代，尤其是70年代以来，金融机构的发展出现了大规模全方位的金融创新，同时，随着跨国公司国际投资的发展，金融中介机构也逐步向海外扩张。在这些条件的促进下，金融中介机构的发展也出现了许多新的变化。这主要表现在：金融机构在业务上不断创新，而且发展方向也趋于综合化。兼并重组成为现代金融机构整合的有效手段，这促使了大规模跨国界金融中介机构的不断涌现，从而加速了金融机构在组织形式上的不断创新。与此同时，金融机构的经营管理也在频繁创新，但是金融机构的风险性变得更大，技术含量要求也越来越高。

为了达成中介的功能，金融中介机构通常发行各种次级证券，如定期存单、保险单等，以换取资金。而因为各种金融中介机构所发行的次级证券会存在很大差异，因此经济学家便将这些差异作为对金融中介机构分类的依据。一般而言，发行货币性次级证券如存折、存单等的金融中介机构称为存款货币机构，而这些由存款货币机构发行的次级证券不但占存款货币机构负债的大部分，一般也是属于货币供给的一部分；至于非存款货币机构所发行的次级证券，如保险单等，则占非存款货币机构负债的一大部分，而且这些次级证券也不属于货币供给的一部分。

投资银行：“为他人作嫁衣裳”

2008年是华尔街的多事之秋。2008年9月15日至21日是华尔街历史上最黑暗的一周——雷曼兄弟申请破产保护、美林被美洲银行收购、摩根斯坦利与高盛宣布转为银行控股公司。再加上2008年3月被摩根大通收购的贝尔斯登，曾经风光无限的华尔街五大投行集体消失。对于熟悉美国金融体系的专业人士来说，如此巨变可谓“天翻地覆”！那么，投资银行在整个金融生态链中处于什么地位？投资银行业的前景又如何呢？

投资银行是主要从事证券发行、承销、交易、企业重组、兼并与收购、投资分析、风险投资、项目融资等业务的非银行金融机构，是资本市场上的主要金融中介。在中国，投资银行的主要代表有中国国际金融有限公司、中信证券、投资银行在线等。

“投资银行”其实是一个美国词汇，在其他的国家和地区，投资银行有着不同的称谓：在英国被称为“商人银行”，在其他国家和地区则被称为“证券公司”。需要指出的是，虽然都被称为“银行”，商业银行与投资银行其实是两种不同的金融机构。在传统的金融学教科书里，“银行”是经营间接融资业务的，通过储户存款与企业贷款之间的利息差赚取利润；而“投资银行”却是经营直接融资业务的，一般来说，它既不接受存款也不发放贷款，而是为企业提供发行股票、债券或重组、清算业务，从中抽取佣金。

“投资银行”是与“商业银行”相对应的一个概念，是现代金融业适应现代经济发展形成的一个新兴行业。它区别于其他相关行业的显著特点是：其一，它属于金融服务业，这是区别于一般性咨询、中介服务业的标志；其二，它主要服务于资本市场，这是区别于商业银行的标志；其三，它是智力密集型行业，这是区别于其他专业性金融服务机构的标志。

现代意义上的投资银行产生于欧美，主要是由18、19世纪众多销售政府债券和贴现企业票据的金融机构演变而来的。伴随着贸易范围和金额的扩大，客观上要求融资信用，于是一些信誉卓越的大商人便利用其积累的大量财富成为商人银行家，专门从事融资和票据承兑贴现业务，这是投资银行产生的根本原因。证券业与证券交易的飞速发展是投资银行业迅速发展的催化剂，为其提供了广阔的发展天地。投资银行则作为证券承销商和证券经纪人逐步奠定了其在证券市场中的核心地位。

资本主义经济的飞速发展给交通、能源等基础设施造成了巨大的压力，为了缓解这一矛盾，19世纪欧美掀起了基础设施建设的高潮，这一过程中巨大的资金需求使得投资银行在筹资和融资过程中得到了迅猛的发展。而股份制的出现和发展，不仅带来了西方经济体制中一场深刻的革命，也使投资银行作为企业和社会公众之间资金中介的作用得以确立。

让很多投资人感到好奇的是：投资银行是怎样来的？在美国，投资银行往往有两个来源：一是由商业银行分解而来，其中典型的例子就是摩根斯坦利；二是由证券经纪人发展而来，典型的例子如美林证券。

追溯起来，美国投资银行与商业银行的分离最早发生在1929年的“大股灾”之后。当时联邦政府认为投资银行业务有较高的风险，禁止商业银行利用储户的资金参加投行业务，结果一大批综合性银行被迫分解为商业银行和投资银行，其中最典型的例子就是摩根银行分解为从事投资银行业务的摩根斯坦利及从事商业银行业务的JP摩根。不过这种情况并没有发生在欧洲，欧洲各国政府一直没有这样的限制，投资银行业务一般都是由商业银行来完成的，如德意志银行、荷兰银行、瑞士银行、瑞士信贷银行等。有趣的是，这样做在欧洲不但没有引起金融危机，反而在一定程度上加强了融资效率，降低了金融系统的风险。

近几十年来，在国际经济全球化和市场竞争日益激烈的趋势下，投资银行业完全跳开了传统证券承销和证券经纪狭窄的业务框架，跻身于金融业务的国际化、多样化、专业化和集中化之中，努力开拓各种市场空间。这些变化不断改变着投资银行和投资银行业，对世界经济和金融体系产生了深远的影响，并已形成鲜明而强大的发展趋势。

由于投资银行业的发展日新月异，对投资银行的界定也显得十分困难。投资银行是美国和欧洲大陆的称谓，英国称之为

商人银行，在日本则指证券公司。国际上对投资银行的定义主要有四种：第一种是任何经营华尔街金融业务的金融机构都可以称为投资银行，第二种是只有经营一部分或全部资本市场业务的金融机构才是投资银行，第三种是把从事证券承销和企业并购的金融机构称为投资银行，第四种是仅把在一级市场上承销证券和二级市场交易证券的金融机构称为投资银行。

投资银行以其强大的盈利能力而为世人所瞩目。以最常见的股票发行业务为例，投资银行一般要抽取7%的佣金，也就是说，如果客户发行价值100亿美元的股票，投资银行就要“吃掉”7亿美元。

在公司并购业务中，投资银行同样大赚特赚。19世纪80年代以来，美国至少经历了四次公司并购浪潮，这就为投资银行提供了相当可观的收入来源。近年来欧美动辄发生价值几百亿甚至几千亿美元的超级兼并案，如美国在线兼并时代华纳、沃达丰兼并曼内斯曼、惠普兼并康柏等，背后都有投资银行的推波助澜。因为兼并业务的技术含量很高，利润又很丰厚，一般被认为是投资银行的核心业务，从事这一业务的银行家是整个金融领域最炙手可热的人物。

信托投资公司：受人之托代人理财的机构

1979年10月，以中国国际信托投资公司的成立为标志，揭开了新中国金融信托业发展的序幕。而在经历了推倒重来、整改和起死回生的洗礼后，信托投资公司已经成为我国金融体系中不可或缺的重要力量。但是在我国，信托投资公司的业务范围主要限于信托、投资和其他代理业务，少数确属需要的经中国人民银行批准可以兼营租赁、证券业务和发行一年以上的专项信托受益债券，用于进行有特定对象的贷款和投资，但不准办理银行存款业务。此外，信托投资公司市场准入条件还非常严格，比如信托投资公司的注册资本不得低于人民币3亿元，并且其设立、变更、终止的审批程序都必须按照金融主管部门的规定执行。

信托投资公司都有哪些种类？它们的发展现状又如何呢？

信托投资公司是这样一种金融机构——它以受托人的身份代人理财。它的主要业务是经营资金和财产委托、代理资产保管、金融租赁、经济咨询、证券发行及投资等。信托投资与银行信贷、保险并称为现代金融业的三大支柱。

我国信托投资公司主要是根据国务院关于进一步清理和整顿金融性公司的要求建立。信托业务一律采取委托人和受托人签订信托契约的方式进行，信托投资公司受委托管理和运用信托资金、财产，只能收取手续费，费率由中国人民银行会同有关部门制定。

信托投资公司与其他金融机构无论是在其营业范围、经营手段、功能作用等各个方面都有着诸多的联系，同时也存在明显的差异。从我国信托业产生和发展的历程来看，信托投资公司与商业银行有着密切的联系和渊源。在很多西方国家，由于实行混业经营的金融体制，其信托业务大都涵盖在银行业之中，同时又严格区分。在此以商业银行为例，与信托投资公司加以比较，其主要区别体现在以下方面：

其一，经济关系不同。信托体现的是委托人、受托人、受益人之间多边的信用关系；银行业务则多属于与存款人或贷款人之间发生的双边信用关系。

其二，基本职能不同。信托的基本职能是财产事务管理职能，侧重于理财；银行业务的基本职能是融通资金。

其三，业务范围不同。信托业务是集“融资”与“融物”于一身，除信托存贷款外，还有许多其他业务，范围较广；银行业务则是以吸收存款和发放贷款为主，主要是融通资金，范围较小。

其四，融资方式不同。信托机构作为受托人代替委托人充当直接筹资和融资的主体，起直接融资作用；银行则是信用中介，把社会闲置资金或暂时不用的资金集中起来，转交给贷款人，起间接融资的作用。

其五，承担风险不同。信托一般按委托人的意图经营管理信托财产，在受托人无过失的情况下，一般由委托人承担；银行则是根据国家金融政策、制度办理业务，自主经营，因而银行承担整个存贷资金运营风险。

其六，收益获取方式不同。信托收益是按实绩原则获得，即信托财产的损益根据受托人经营的实际结果来计算；银行的收益则是按银行规定的利率计算利息，按提供的服务手续费来确定的。

其七，收益对象不同。信托的经营收益归信托受益人所有；银行的经营收益归银行本身所有。

其八，意旨的主体不同。信托业务意旨的主体是委托人，在整个信托业务中，委托人占主动地位，受托人受委托人意旨

的制约；银行业务的意旨主体是银行自身，银行自主发放贷款，不受存款人和借款人制约。

当我们说起信托投资公司的时候，就不得不提到它的四种类型或者说四个阶段：

第一种是起步期信托投资公司。顾名思义，起步期信托投资公司就是指信托业务刚刚起步、业务经验积累不足、资产规模较小、信托产品品种不多的信托投资公司。这类信托投资公司刚刚起家，业务上还是以模仿为主。它们的信托产品多为集合资金信托，投资领域也多集中在股东和原来固定客户方向。这类公司需要在模仿中逐渐积累业务经验，挖掘自身优势，培养核心竞争力，形成在某一行业、某一领域的业务优势。

第二种是成长期信托投资公司。从这里开始就算是转入正轨了，这个时期的信托投资公司经过一段时间的发展，积累了一定的经营经验，有一定的客户基础，拥有中等的资产规模，业务模式不断成熟，逐渐形成具有竞争力的优势业务领域。成长期的信托投资公司一般积极探索信托业务创新，能够根据自身优势寻找优质项目资源，设计盈利能力显著的信托产品，而且这类信托投资公司一般注重市场形象，在市场中频频亮相，具有很强的发展前景。信托业务品种不仅限于集合资金信托，还尝试涉足其他相关熟悉领域的投资等业务。

第三种是成熟期信托投资公司。成熟期的信托投资公司业务经验丰富，资产规模雄厚，经营效益好，并在某一行业或领域形成自己的优势产品，有自己的核心盈利模式，具有很强的竞争实力。成熟期信托投资公司能为客户提供富有特色的金融产品和服务，具有稳定而忠诚的客户群。这是一种非常理想的状态，但还是要在业务领域继续创新探索，或者支援筹备公司上市，或者寻求与国际著名金融机构的战略合作，谋求更大发展。

第四种是高峰期信托公司。高峰期信托投资公司是指在信托市场中占据主导地位，被公认为市场领袖，占有极大的市场份额，业务领域全面，资金实力和业务能力均很突出。它们在市场上从多个方面表现出资产规模最大、经营品种最多、信托产品创新迅速以及业务范围广泛等特点。

信托投资公司的终极目标就是让信托产品覆盖面广，业务门类齐全，把信托投资公司办成一个大型的金融超市。同时整合自身资源，扩大自身实力，使信托投资公司真正成为全能银行。目前我国的信托投资公司还需要扩大自身影响力，要有全球化的国际营销视野，这样才能发展得又快又好！

PART 07

金融体系的“神经中枢”——每天读点中央银行知识

中央银行：货币的发行者

清代有没有中央银行呢？1897年5月27日成立的中国通商银行，清政府授予发行纸币特权。1904年3月14日清政府开始计议设立大清户部银行，1905年8月在北京成立户部银行，制定章程32条，授予户部银行铸造货币、代理国库、发行纸币之特权。这是中国最早的中央银行，发行的纸币实为银两兑换券。1908年户部银行改名大清银行，发行的纸币同户部银行相差无几。清末钱庄、银钱店、官银局都发行纸币，有银两票、银圆票、钱票等三种。都以当时银价定值，缴纳钱粮赋税均可通用，谁家发行由谁家负责兑现。既未规定发行限额，也未建立发行准备制度。1909年6月清政府颁布《兑换纸币则例》19条，明确规定纸币发行权属于清政府，一切发行兑换事务统归大清银行办理，所有官商钱行号，一概不准擅自发行纸币。

所以我们可以看到中央银行的一个特征：货币发行垄断权。那么中央银行是怎样发行货币，怎样维持币值稳定的？人民币的发行程序又是怎样的呢？

钞票是大家再熟悉不过的东西，但你是否知道它们的来历？随意拿几张人民币，你会发现它们上面都印着“中国人民银行”的字样。世界上的其他许多地方也是如此：欧元钞票上印着“欧洲中央银行”，日元钞票上印着“日本银行”。钞票由中央银行独家印制和发行，这在许多国家都是如此。为什么会这样呢？

其实并不是一开始就由中央银行垄断发行货币的权利的。距今300多年前，中央银行才出现。在此之前，流通中的钞票是由一些商业银行发行的，我们称之为银行券。这是一种信用货币，如果发钞银行倒闭了，它发行的钞票差不多就变成一张张废纸，买不来任何东西。在19世纪的美国，有1600多家银行竞相发行钞票，一时间竟有3万多种钞票进入市场流通。这些钞票良莠不齐，很多钞票根本无法兑现，既不便于流通，也在无形中劫掠了平民百姓的财富。混乱的货币秩序让很多国家吃过苦头，反反复复的教训使人们意识到，需要有一家银行垄断货币的发行。于是，许多国家纷纷通过立法将发行货币的特权集中到本国的一家银行，中央银行由此逐渐演变形成。

早期许多国家成立中央银行的初衷是利用它来为政府筹钱，帮政府理财，中央银行一开始就与政府建立了密切的联系。正是有政府信用作支撑，加之自身有发行货币的垄断性特权，中央银行的实力和信誉远远超过同时代的其他银行。当有银行发生资金周转困难或濒临倒闭时，中央银行会拿出钱来帮助银行，它也由此开始承担起“最后贷款人”的角色。此后，中央银行发现，等到银行出事后再去救助，太过于被动，在平时就应该主动监督管理银行，使之稳健经营。这样，中央银行又具有了监管其他银行的权利，随后又逐渐利用手中的工具调控国家的经济。至此，现代意义的中央银行便演变形成一个由政府组建的机构，负责控制国家货币供给、信贷条件，监管金融体系，特别是商业银行和其他储蓄机构。

中央银行是一国最高的货币金融管理机构，在各国金融体系中居于主导地位。中央银行的主要业务有：货币发行、集中存款准备金、贷款、再贴现、证券、黄金占款和外汇占款、为商业银行和其他金融机构办理资金的划拨清算和资金转移的业务等。现代中央银行的鼻祖是英格兰银行，它使中央银行成为一种普遍的制度，是从1920年开始的。布鲁塞尔国际经济会议决定，凡未成立中央银行的国家，应尽快成立，以稳定国际金融，消除混乱局面。

有权利当然也就有义务，中央银行的义务就是代政府管钱，并且保持币值的稳定。一个国家的公民持有本国的货币，他会要求手中的钱能够买到足值的东西。保证货币足值和币值稳定的任务，就落到中央银行的头上。

中央银行发行一国货币，币值的稳定与否是一国经济是否健康的一个重要指标。如果一国货币在升值的话，就说明该国的经济好了。如果大家都认可你，都来要你的货币的时候，你的货币就会升值；如果大家都不相信你，都去抛出你的货币，当然你的货币就要贬值。所以货币标志着一个国家的经济实力，它是一种信心的象征，人们愿意要这种货币是因为它的足值和稳定。如果市场上的货币太多，物价自然就会上涨。

非洲国家津巴布韦在罗伯特·穆加贝当总统的这几年中，中央银行不断地印刷钞票，政府的收入中超过50%来自发行钞票的铸币收入。结果是物价暴涨——物价每小时就涨一倍。

据此间媒体《先驱报》报道，津巴布韦中央银行开始发行一套新的货币，最大面值为1000万津元，最小面值为100万津元，成为当今世界上面值最大的货币。这是津巴布韦储备银行推出面值75万津元、50万津元和25万津元的货币以来，第二次发行巨额面值的钞票。储备银行行长戈诺说，发行新币主要是为了解决津巴布韦目前市面现金短缺的问题。按照津巴布韦目前的官方汇率，1美元可兑换3万津元。津巴布韦出现现金短缺现象，人们在银行门口和自动取款机前排成长队，等候取钱，但往往排一天队也取不到钱。据官方公布的统计数字，津巴布韦的通胀率接近8000%。

那么，如何防范中央银行滥发纸币呢？各国的货币发行制度因国情不同而内容各异，最核心的是设置发行准备金原则的区别。发行准备金一般分为两种。一种是现金准备，包括有十足货币价值的金银条块、金银币和可直接用于对国外进行货币清算的外汇结存。另一种是保证准备（又称信用担保），即以政府债券、财政短期库券、短期商业票据及其他有高度变现能力的资产作为发行担保。从历史上看，货币发行准备金制度有过五种基本类型：

十足现金准备制又称单纯准备制，即发行的兑换券、银行券要有十足的现金准备，发行的纸质货币面值要同金银等现金的价值等值，实际上这种纸质货币只是金属货币的直接代用品，只是为了便于流通。这种制度仅在金属货币时代适用。

部分准备制又称部分信用发行制、发行额直接限定制、最高保证准备制。部分准备制最先在英国出现，其要点是由国家规定银行券信用发行的最高限额，超过部分须有百分之百的现金准备，随着发行权的集中，这种限额可以在一定限度内增加。

发行额间接限制制包括：证券托存制，即以国家有价证券作为发行保证，在这种制度下，国家公债是银行券发行的保

证，如1863年美国的《国民银行条例》；伸缩限制制，即国家规定信用发行限额，经政府批准的超额发行须缴纳一定的发行税，1875年德国曾采用此制。

比例准备制，即规定纸币发行额须有一定比例的现金准备，如1913年美国的《联邦储备法》。

最高限额发行制又称法定最高限额发行制，即以法律规定或调整银行券发行的最高限额，实际发行额和现金准备比率由中央银行掌握。法国自1870年起采用这一制度。

中央银行通过以上发行准备金制度的实行，就可以在最大程度上保证无法滥发纸币，进而维持币值的稳定。

联邦储备体系：美联储的诞生

美国国会通过了《联邦储备条例》，美联储成立。该条例赋予美联储很高的独立性，规定美联储直接对国会负责。禁止美联储向财政透支或直接购买政府债券；美联储完全不依赖于财政拨款，能够拒绝审计总署的审计。此外，所有联邦储备体系理事会成员任期14年，不仅任期超过总统，而且还存在与所提名总统交错任职的情况，从而避免了总统直接操纵的可能。因此，美联储是世界上公认的独立性较高的中央银行。

在美国，联邦储备体系（简称美联储）承担着中央银行的职能，对美国乃至全球经济有着重要的影响力。那么美联储到底是怎样一个机构呢？20世纪初的时候，美国还没有中央银行，那时美国的商业银行经常出现支付危机。因为银行把钱都贷出去了，当储户来取钱的时候，它们没钱支付。一家银行如果没有钱的话，风声一旦传出，其他银行的门前就会排起长队，大家都去提款。因为所有的人都害怕明天取不出钱来了，如果大家都去取，钱就真的取不出来了，这就是挤兑。说起中央银行，并不是说自从有了从事存贷款业务的商业银行那天起就同时有了中央银行。中央银行的出现有一个过程，也是有原因的。

1907年，美国经济出现了一些问题，大公司一个接一个倒闭。西奥多·罗斯福总统命人赶快去请金融巨头摩根，让他出面请求银行家们合作。摩根立刻把所有的银行家请到自己的私人图书馆里，让他们商量该怎么办。然后他出去，把门锁上，自己到另一间房子里，坐在桌前悠闲地玩纸牌，等待着谈话的结果。这些银行家们一整夜都在那儿谈，究竟怎样才能解救这场危机。大家知道，当企业要倒闭时，银行是不愿借钱给企业的。越没有钱，企业倒闭得就越快。如果银行见死不救的话，经济就会呈现连锁反应，整个经济就会崩溃，他们自身也会遭殃。于是这些银行家们争来争去，有人说出500万元，有人说1000万元。最后快到天亮的时候，摩根推门进去说："这是合约，这是笔，大家签字吧！"他拿出早已让别人起草好的合约，让银行家们签字。这些筋疲力尽的银行家们拿起笔在合约上签了字，同意出2500万美元去解救这场危机。几天后，美国经济就恢复了。

故事中，摩根一个人充当了中央银行的角色，美国的经济是在没有央行的情况下运行的。

缺少了央行，就无法动用适当的货币政策调节经济，并且，没有了最后的贷款人，金融系统也更容易出问题。当时的金融巨头摩根及时出手，凭借一人之力，扮演了央行的角色，挽救了整个系统。

经过次贷危机，美联储的曝光率越来越高，谈论它的人也越来越多，而关于美联储是一家私人机构的说法也甚嚣尘上。人们说：美联储，被认为是与市场实现了完美互动，并被奉为中央银行的“标杆”。然而在这光鲜的背后，美联储在本质上却是一家私有的机构。

不管怎么说，这样的事实是无法否认的：美联储是股份公司，而拥有股份的并不是美国政府，政府只是拥有美联储理事的提名和任命权。而因此引起的种种问题也让人难以回答：其一，我们知道货币发行权属于一国央行所有，而美国宪法明确规定国会拥有货币发行权，那么现在改由私有的美联储来执行货币发行权，是否在本质上符合美国宪法？这个问题的争论曾经导致第一、二合众国被关闭，这意味着这种讨论不是没有价值。

其二，在美元本位之下，美联储不仅是美国的央行，甚至还是全世界的央行，但没有任何国际机构对美联储的行为进行监管，私有本质对美联储在全球金融市场上发挥作用是否起到了很大的影响，我们需要进一步来分析中央银行与政府之间的关系：

一是中央银行应对政府保持一定的独立性。中央银行的独立性表现在制定政策方面，除了有权制定货币政策外，它可以从证券资产中，或者至少从其对银行的贷款中，获得客观的、独立的收入来源，不必受制于国会控制的拨款。

二是中央银行对政府的独立性是相对的。各国中央银行应力求与政府（特别是财政部）保持密切合作，因为国家的经济政策（包括财政政策）和货币政策是不可分割的。美联储结构的法律也是由国会颁布的，并且可以随时调整。因此，美联储仍然要受到国会影响，过分的强调独立性，容易与政府关系不协调。

纽约大学经济学家指出，央行和政府之间的界限越来越模糊，通货膨胀虽然是政府最不能抗拒的事情，但央行失去独立性以及和政府之间的清晰界限对国民经济来说，将更加危险。一方面，如果美联储受制于更多政治压力，就会被财政部当作密布巨额预算赤字的工具，会导致经济中出现严重的通货膨胀倾向，因此独立的美联储更能够有力地抵制来自财政部的压力。另一方面，政治家缺乏解决复杂经济事务的才能，如此重要的货币政策不应该交由政治家来解决。事实上，独立的央行体系可能推行政治上不受欢迎但符合公共利益的政策。因此，近年来，加强中央银行的独立性已成为全球的一种共识和趋势。

理清美联储到底是国有还是私有的问题并非无关紧要，毕竟现在我们正处于国际金融体系的调整期，明确美联储的私有性质，明确美国货币发行的本质将有助于我们认清国际金融市场的本质，以及国际金融体系的前进方向。

央行的独立性：微妙的轻重

1963年6月4日，美国总统肯尼迪签署了一份鲜为人知的1110号总统令，着令美国财政部“以财政部所拥有的任何形式的白银，包括银锭、银币和标准白银美元银币作为支撑，发行白银券”，并立刻进入流通。

如果这个计划得以实施，那么将使美国政府逐渐摆脱当时必须从美联储借钱，并支付高昂利息的窘迫境地。“白银券”的流通将逐渐降低美联储发行的“美元”的流通度，很可能最终迫使美联储银行破产。美联储作为私有的中央银行，它的背后是国际财团的强大支撑。肯尼迪此举无疑为自己带来了危险。1963年11月22日，肯尼迪总统在得克萨斯州的达拉斯市遇刺身亡。分析人士从许多迹象中得出，这份关系到美联储货币发行权的总统1110号令很可能就是为肯尼迪带来杀身之祸的直接原因。

货币发行权是央行最基本的权力。保住央行的货币发行权，也是为了保住央行的独立性以及在经济中的地位。如果失去货币发行权，美联储将失去中央银行的地位，也意味着失去影响、控制美国经济的权力。美联储作为一个私有的中央银行，自有历史以来就与美国政府保持着距离，这使得它的独立性得到了极大地发挥。美联储对于美国经济的作用是不言而喻的，也正因如此，美国历史上从来不缺少捍卫美联储的斗士。

1996年，美国民主党参议员萨巴尼斯曾经提出一个“馊主意”，遭到经济学家一致唾骂。他提出应该剥夺地区联邦储备银行总裁在联邦公开委员会中的投票权。民主党另一众议员冈萨雷斯则补充提出，地区联邦储备银行总裁由总统任命并由参议院确认。这两个建议受到经济学家一致抨击。当时，被认为有可能接替格林斯潘美联储主席的著名经济学家马丁·费尔德斯坦对此著文疾呼“不要踩在美联储的头上”。

为什么“不要踩在美联储的头上”？因为全地球的人都知道，美国经济的成功在很大程度上得益于美联储的货币政策。货币政策的正确又依赖于美联储决策的独立性。美联储的七位高层主席由总统任命并经参议院确认，美联储的货币政策决策者为联邦公开市场委员会，其成员包括美联储7位理事和12个地区联邦储备银行的总裁。这些总裁中有5位有投票权，除纽约联邦储备银行总裁总有投票权外，其他总裁轮流享有投票权，地区联邦储备银行总裁由这些银行的理事会选出，不对政府负责，这些总裁来自美联储的雇员，许多人支持稳健的货币政策目标。这种人事任命和决策制度是美联储和货币政策独立性的制度保证。而这两位议员的提议正是要削弱美联储的独立性，理所当然地引起了费尔德斯坦的愤怒和经济学家的一致反对。

美联储的独立性保证了在作出货币政策决策时可以摆脱来自政府或议会的政治压力。作为政治家的总统和议员，其行为目标是连选连任，这就要迎合选民的意见，选民往往是目光短浅的，只看眼前的经济繁荣，而很少想到这种繁荣在未来引起的通胀压力。因此，他们通常都喜欢能刺激经济的低利率政策，而不喜欢提高利率。就总统而言，大选前的经济繁荣、失业率低对他连选连任是有利的。因此，在大选前会选择刺激经济的政策，当选后又会实行紧缩，以遏制通胀。这就是说，当包括货币政策在内的经济政策为政治服务时，政策本身有可能成为经济不稳定的根源之一。

随着历史的发展，美联储作为中央银行的地位日趋稳固，它越来越倾向于扮演调节经济稳定的角色。在美联储独立性保卫战中，人们看到了保持央行独立性的重要性。中央银行独立性是指中央银行履行自身职责时法律赋予或实际拥有的权力、决策与行动的自主程度。

中央银行是一国金融体系的核心，不论是某家大商业银行逐步发展演变成为中央银行，比如英国，还是政府出面直接组建成立中央银行，比如美联储，都具有“发行的银行”“银行的银行”“政府的银行”三个特性。各个国家的中央银行的产生是为了解决商业银行所不能解决的问题。中央银行独立性，一般就是指中央银行在履行制定与实施货币职能时的自主性。费雪把中央银行独立性划分为目标的独立性与手段的独立性两个方面。

央行的独立性意味着货币政策不受其他政府部门的影响、指挥或控制。从广义上看，央行的独立性包含两层含义：一是中央银行目标的独立性，即央行可以自行决定货币政策的最终目标；二是央行政策工具的独立性，即央行可以自行运用货币政策工具。

央行独立性的程度既依赖于一系列可观察的因素，如法律差异，又依赖于某些不可观察的因素，如其他政府部门的非正式的安排等。

因此，要保证央行政策的独立性，需要做到以下几点：

其一，前提是央行对货币政策具有最终决策权。

其二，货币政策委员会成员具有较长的任期，而且重新任命的机会有限，这是央行顺利实施操作独立性的有效保证。

其三，将央行排除在政府工作分配之外，可以确保货币政策操作的独立性。

其四，确保央行不直接参与国债成交。

提倡央行政策的独立性目的是要使央行从短期、短视的政治压力下解放出来。独立性有助于提高央行实现价格稳定的可靠性及其他好处。

金融稳定：央行的神圣职责

世界银行的研究表明，自20世纪70年代以来，共有93个国家先后爆发117起系统性银行危机，还有45个国家发生了51起局部性银行危机。促进金融稳定日益成为各国中央银行的核心职能。而我国在加入世界贸易组织以后，金融体系面临巨大的挑战和新的风险，维护金融稳定已经成为促进经济增长的关键因素，是国民经济健康稳定发展和社会长治久安的保障。

金融是现代经济的核心，金融市场一旦出现动荡，整个经济和社会都会大受影响。在历史上，股灾、银行倒闭、金融危机屡见不鲜，而金融危机的后果往往是经济发展停滞和社会动荡。历史的惨痛教训，值得人们深思。

金融稳定是指一种状态，即一个国家的整个金融体系不出现大的波动，金融作为资金媒介的功能得以有效发挥，金融业本身也能保持稳定、有序、协调发展，但并不是说任何金融机构都不会倒闭。“金融稳定”一词，目前在我国的理论、实务界尚无严格的定义。西方国家的学者对此也无统一、准确的理解和概括，较多地是从“金融不稳定”“金融脆弱”等方面来展开对金融稳定及其重要性的分析。

金融稳定是一个具有丰富内涵、动态的概念，它反映的是一种金融运行的状态，体现了资源配置不断优化的要求，服务于金融发展的根本目标。具体而言，金融稳定具有以下内涵：

1. 金融稳定具有全局性

中央银行应立足于维护整个宏观金融体系的稳定，在密切关注银行业运行态势的同时，将证券、保险等领域的动态及风险纳入视野，重视关键性金融机构及市场的运营状况，注意监测和防范金融风险的跨市场、跨机构乃至跨国境的传递，及时采取有力措施处置可能酿成全局性、系统性风险的不良金融机构，保持金融系统的整体稳定。

2. 金融稳定具有动态性

金融稳定是一个动态、不断发展的概念，其标准和内涵随着经济金融的发展而发生相应地改变，并非是一成不变而固化的金融运行状态。健康的金融机构、稳定的金融市场、充分的监管框架和高效的支付清算体系的内部及其相互之间会进行策略、结构和机制等方面的调整及其互动博弈，形成一种调节和控制系统性金融风险的整体的流动性制度架构，以适应不断发展变化的金融形势。

3. 金融稳定具有效益性

金融稳定不是静止的、欠缺福利改进的运行状态，而是增进效益下的稳定。一国金融体系的稳定，要着眼于促进储蓄向投资转化效率的提升，改进和完善资源在全社会范围内的优化配置。建立在效率不断提升、资源优化配置和抵御风险能力增强等基础上的金融稳定，有助于构建具有可持续性、较强竞争力和良好经济效益的金融体系。

4. 金融稳定具有综合性

金融稳定作为金融运行的一种状态，需要采取不同的政策措施及方式（包括货币政策和金融监管的手段等）作用或影响金融机构、市场和实体经济才能实现，从而在客观上要求对金融稳定实施的手段或政策工具兼具综合性的整体考量。

中央银行承担着维护金融稳定的重要职责，为了实现这一目标，中央银行建立了一套完备的制度。维护金融乃至社会稳定，最重要的是防患于未然。中央银行也正是这么做的，它平时就在密切注视着金融市场的运行，尽早发现隐患，尽可能地采取有效措施迅速消除隐患。而当危机真正来临时，中央银行也能够及时伸出援手，帮助陷入危机的金融机构渡过难关，阻止事态扩大，稳定市场信心。

人们渴望幸福安定的生活。虽说好日子各有各的过法，但从经济角度说，有些标准还是共同的，比如说，有一份稳定的收入，最好还能有健全的社会保障，口袋里的钞票不要贬值，钱可以放心地存入银行。要享受这样的生活，就需要中央银行努力维持币值的稳定，就需要金融体系正常运转，为人们提供便捷的金融服务。

币值稳定是金融稳定的基础，所以中央银行义不容辞地承担起了维护金融稳定的职责。为了履行好这一职责，中央银行建立起一整套完整的制度体系，科学合理地操控着手中的各种政策工具。例如，中央银行能够利用货币政策工具中的“三大法宝”来控制社会流通中的货币数量，从而有效保障币值的稳定。它还能够利用利率政策和汇率政策，调节资金，使其有序流动，防止大规模资金异常出入。当出现强烈冲击时，中央银行还能维持支付清算体系的正常运转，保证资金的正常流动。正是凭借如此强大的力量，中央银行才能够有效履行职责，使金融体系承受住各种冲击。

值得注意的是，金融稳定指的是一个国家的整个金融体系不出现大的波动，并不是说任何金融机构都不会倒闭。金融机构常常同时面临许多种类的风险，其中的某个环节出现问题，都有可能使一家金融机构遭受“灭顶之灾”。防范和控制风险，需要各方共同努力，而中央银行要做的，是尽可能地控制整个金融体系面临的系统性风险。当然，要确保金融体系时时刻刻都在安全运转是非常困难的，但中央银行确实在为这一目标而竭尽全力。当你在享受安定生活的同时，应当理解中央银行所作出的努力！

下篇

操作篇：打理金融生活

PART 01 怎样让钱生钱——每天读点个人理财知识

存款储蓄：最传统的理财方式

投资理财计划中，一个最重要的环节是储蓄。储蓄这个“积谷防饥”的概念在中国人眼中并不陌生，但在西方国家则不同。美国的人均储蓄率是负数，意思是美国许多人不单没有储蓄，反倒先花“未来钱”，利用信用卡大量消费，到月底发工资时才缴付信用卡账单，有些更已欠下信用卡贷款，每个月不是缴费，而是偿还债务。

储蓄是一种习惯，是一种积少成多的“游戏”。很多人错误地认为，只要好好投资，储蓄与否并不重要。但实际上，合理储蓄在投资中是很重要的。储蓄是投资之本，尤其对于一个月薪族来说更是如此。如果一个人下个月的薪水还没有领到，这个月的薪水就已经花光，或是到处向人借钱，那这个人就不具备自己经营事业的资格。要成功投资，就必须学会合理地储蓄。

很多人不喜欢储蓄，认为投资可以赚到很多的钱，所以不需要储蓄；有的人认为应该享受当下，而且认为储蓄很难，会受到限制；有的人认为储蓄的利息没有通货膨胀的速度快，储蓄不划算。然而，事实并不是这样。

我们可以将每个月收入的10%拨到另一个账户上，把这笔钱当作自己的投资资金，然后利用这10%达到致富的目标，利用90%来支付其他费用。也许，你会认为自己每月收入的10%是一个很小的数目，可当你坚持一段时间之后，将会有意想不到的收获。也正是这些很小的数目成了很多成功人士的投资之源泉。

晓白工作已经有5年的时间，从一名普通的职员慢慢做到公司的中层，薪水也一直稳中有升，月薪已有近万元，比上虽然不足，比下仍有余地。可是昔日的同窗，收入未必高过自己，可在家庭资产方面已经把自己甩在了后面。

晓白逐步向30岁迈进，可还一直没有成家。父母再也坐不住了，老两口一下子拿出了20万元积蓄，并且让晓白也拿出自己的积蓄，付买房首付，早为结婚做打算。可是让晓白开不了口的是，自己所有的银行账户加起来，储蓄也没能超过六位数。

其实，晓白自己也觉得非常困惑。父母是普通职工，收入并不高，现在也早就退休在家。可是他们不仅把家中管理得井井有条，还存下了不少的积蓄。可是自己呢？虽说收入不算少，用钱不算多，可是工作几年下来，竟然还是“月光族”，不仅买房拿不出钱交首付，而且周边的朋友投资股票、基金赚了不少钱，纷纷动员晓白和他们一起投资时，晓白也难以开口说：自己根本就没有储蓄，拿什么去投资？

晓白出现这种情况的原因就是缺乏合理的储蓄规划。虽说储蓄是个老话题，然而在年轻人中间却始终是个普遍的问题。很多像晓白这样的人，收入看上去不低，足够应对平时生活中的需要，可是他们就是难以建立起财富的初次积累。原因就在于，他们在日常生活中没有合理的储蓄规划。

随着时代的发展，今天的社会与从前发生了很大的变化，现实中许多人没有看到储蓄的任何好处。因为，现实中利息低、通货膨胀等因素确实都实实在在地存在着。但是，储蓄并不是件一无是处的事情，相反，它还会给你带来很多好处。下面我们就来详细地剖析优秀的投资者们一定要储蓄的理由：

1. 持续的储蓄让你积累更多的投资基金

许多优秀的投资者都有一个错误的观点，他们认为投资会使自己自然而然地变得越来越富有。然而事实上，这是很难实现的！也许一些优秀的投资者们并不认同这个观点，也许他们觉得投资已经使自己变得富有了。但随着投资越多，风险也越大。而且长期投资保持成功的概率并不高，不然大家都会变富有了，这种情况也是不可能出现的，投资一定成功只是存在于理想之中，现实很难做到。

2. 储蓄是善待自己的最好方法

说到善待自己，难道是每天吃最好的食物、把自己打扮得美丽动人、享受艺术与娱乐带来的休闲乐趣吗？这一切不过是表面的浮夸罢了。

真正的善待自己，应该是为自己的金钱做好储蓄计划。每

个月将收入的固定一部分（可能是10%或者15%）存入自己的账户，这样一来，就可以利用这笔钱适当合理地投资以达到致富的目标。

3. 积累原始资本

储蓄还能够帮助我们进行原始资本的积累。可以用固定的一部分收入来进行这种资本的投入。假设这部分资本金的固定额度是家庭总收入的10%，那么应该如何累积这部分资本呢？

首先，我们需要开设一个存储账户，每个月初将收入的10%存入这个账户；其次，要把持住自己，任何时候都不要轻易动用这个账户里的钱；再次，找到适当的机会，用这个账户里的钱进行投资；最后，当这个账户里的金额越来越多时，我们将得到更多的投资机会和安全感。

债券投资：储蓄的近亲

债券作为一种重要的融资手段和金融工具，以其风险小、信用好等优势赢得了很多投资者的青睐。债券是一种有价证券，是社会各类经济主体为筹措资金而向债券投资者出具的，并且承诺按一定利率定期支付利息和到期偿还本金的债权债务凭证。由于债券的利息通常是事先确定的，所以债券又被称为固定利息证券。

债券相较于其他的投资产品，是一种较为保守的投资方式，但是其安全性的确吸引了不少人的目光。尤其是对于那些年龄较大、缺乏投资经验、追求稳健的投资者来说，债券就是他们心目中较为理想的投资对象。

美国微软公司董事长比尔·盖茨向大众透露了他的投资理念，他认为，把宝押在一个地方可能会带来巨大的收入，但也会带来同样巨大的亏损。对待股市，他就是持着这样的看法。在股市上投资时，为了能分散甚至是规避这些风险，他经常采用的方法就是利用债券市场。

一般，盖茨会在买卖股票的同时，将自己建立的“小瀑布”投资公司控制的资产投入债券市场，特别是购买国库券。

当股价下跌时，由于资金从股市流入债券市场，故而债券价格往往表现为稳定上升，这时就可以部分抵消股价下跌所遭受的损失。

从投资效果看，盖茨这样的组合投资已取得相当好的成绩，他的财富几乎总是以较快的速度增长。而在概括投资战略时，盖茨说：“你应该有一个均衡的投资组合。投资者，哪怕是再大的超级富豪，都不应当把全部资本压在涨得已经很高的科技股上。”

有人戏称债券是理财的天堂，认为在众多的金融产品中，债券独受宠爱，是投资者眼中较为理想的投资对象，尤其是对那些厌恶风险的投资者来说，债券简直是最好的选择。

对于投资来说，每种投资项目都有其优势，你如果不熟悉地掌握其特点，就不可能对其加以利用，扬长避短。那么，债券到底有什么优点？

其一，较高的安全性。债券一般是由相关的机构直接向社会发行的，与企业和政府相关机构挂钩，但与它们的业绩没有联系，收益比较稳定。一般政府的债券有绝对的安全性，而对于企业的债券，只要它不违约，就能够保证投资者的利益。

其二，较好的流动性。投资者可以直接进入市场进行交易，买卖自由，变现性颇高，且不会在转让时在价值上出现很大损失。

其三，扩张信用的能力强。由于国债安全性高，投资者用其到银行质押贷款，其信用度远高于股票等高风险性金融资产。投资者可通过此方式，不断扩张信用，从事更大的投资。

其四，收益性略高。对投资者来说，债券属于“比上不足，比下有余”的类型。它的收益高于银行存款，低于股票投资，可是又比股票投资稳定，所以很适合略趋保守的投资者。

正是因为以上这些优点，人们才愿意选择债券作为自己的投资项目。一般情况下，即使经济环境有所变化，债券的收入也大都会很稳定，不会受到太大的影响，投资者大可放心。

基于上述种种优势，许多投资者都把目光聚集到它身上，并且公认其为个人投资理财的首选。

众所周知，在做任何事的时候，你若能在事前了解其原则，抓住其规律，就必能在行动时事半功倍。同理，在决定投资债券之前，投资者须先清楚一下债券投资的原则，这样就能在投资时取得更好的效果。

债券投资的基本原则主要有三个：安全性原则、流动性原则、收益性原则，经常被人称为债券投资原则之“三足鼎立”。这三个原则是债券投资中必须要遵守的内容，是最基本的原则。

第一“足”：安全性原则。

说债券是安全的投资方式，也只是相对而言。比起股票、

基金等，它的确安全很多，但实际上，除了国债，其他债券也都是有风险的。因为债券根据发行的主体不同，可主要分为企业债券、国债、金融债券三类。国债暂且不论，仅从企业债券看，如果企业运营的安全性降低或因经营不善而倒闭，就会有违约的危险。因此，本着安全第一的原则，你最好在投资债券的时候，利用组合理论，分别投资多种债券，以分散风险。

第二“足”：流动性原则。

流动性原则是指收回债券本金的速度快慢。债券的流动性越强，就越能以较快的速度转化成货币，也就越减少在这个过程中的无形损失；反之，则可能影响甚至大大削弱资产的价值。一般而言，债券的期限越长，流动性越差，由于外界各种因素的变化，越容易造成无形损失，相对也就不适合投资；而期限越短则相反。债券根据不同的类型，流通性不同。一般政府发行的债券流通性较高，在市场上交易方便；而企业发行的债券则根据具体企业的情况而有所不同，比较之下，大企业的债券流动性更好些。

第三“足”：收益性原则。

任何一个投资者进行投资的目的都是获取利润，债券也不例外。因此，投资者都非常关心债券的收益率。而仅从收益上来说，短期收益率要受市场即期利率、资金供求的影响，而长期收益率要受未来经济的增长状况、通货膨胀因素等不确定性因素的影响，所以收益也可能会有所波动。

在众多债券中，国债因其是依靠政府的财政，有充分的安全保障，所以没什么风险；而企业发行的债券则存在是否能按时偿付本息的风险。不过，大多数情况下，企业发行的债券收益比国债要高，如果投资者选择的企业是大企业，就会更有保障。

以上便是投资债券的原则。对于刚开始进行投资的投资者，在选择债券的时候，应当在考虑自身整体资产与负债状况的基础上，遵守投资原则的要求，只有这样才可能避免血本无归，空忙一场。

保险：以小博大的保险理财

说起保险，经常会有人说："好好的，买什么保险！即使生病了，我不每月都有工资吗？几年下来存的钱也够应付'飞来横祸'了，所以我根本用不着买保险！"

事实是这样吗？是的，你工作了5年，努力攒下了50万元，可是你能保证这50万元能够支付你或者家人的突发疾病？你能保证这50万元能够让你应对事业上的进退维谷？退一万步讲，即使利用这50万元能够应对眼前之事，然而，当这50万元花完之后若因身体原因难以保证事业稳定，那么该如何保证今后生活？

如果我们把理财的过程看成是建造财富金字塔的过程，那么买保险就是为金字塔筑底的关键一步。如果没有合理的保险做后盾，那么一旦自身出了问题，比如失业、大病，我们的财富金字塔就会轰然倒塌。

如今买保险也像进超市一样，品种五花八门，让人眼花缭乱。随着人们保险意识的提升，保险已经不仅仅是一个消费

品，品种更加多元化，甚至集投资与保障于一身。不同的人对于保险的观念与需求是大不相同的。

1. 60 多岁的人群：增强买保险的意识

人生步入了老年，风险承受能力开始逐步降低。在这个阶段里，购买保险是非常必要的，它可以为老年的生活降低风险。因此，在这个阶段里，增强买保险的意识尤为重要。

李老伯和刘阿姨是国企退休职工，现在住在工作单位分的职工家属楼，如今他们二人都已经退休了，每个月工资总共也有五六千元，子女都已经成家立业，而且生活上没有什么经济压力。二老决定跟儿子一起住，于是将老城区那套房出租，另外买了一套新房，与儿子住隔壁。李老伯说自己既享受公费医疗，又有退休金，现在和老伴每个人一个月退休金有两三千元，并且夫妻俩身体都很硬朗，他们觉得每年花上千元的钱来购买保险完全没有必要，还不如把钱花在平时，吃得好一点，保养身体比什么都重要。

不过，相比城市退休老人来说，农村老人就更加不会有买保险的意识。住在某村的王阿姨说，自己一辈子在家务农，儿女在外地工作，近几年才有了农村社保。王阿姨说，以前什么保障都没有，大家不也都安度晚年了嘛？况且，本来经济就不宽裕，又怎么舍得花钱买保险？花钱来买保险哪里有养儿防老靠得住？

2. 30~50岁：没保险自己也要买保险

20世纪60～80年代出生的人正是当前社会的中流砥柱。赵先生是70年代生人，经营了一家医疗机械制药厂，生意在国内做得十分红火。早在几年前，赵先生不仅为自己和太太购买了寿险和重大疾病险，还为自己4岁的儿子买了一份教育金保险。

赵先生说，一旦将来有什么意外，有份保险还是踏实一些，即便将来退休了，也有个保障。

除了做生意的人之外，就是在单位福利待遇

较好、社保齐全的情况下，一些人也开始未雨绸缪。有位事业单位的职员说：“医疗费用太高，一旦生了大病，社保可能不够，所以我额外买了重大疾病保险。”

3.“90后”：各类费用高，主动买保险

“90后”普遍受到了理财观念的影响，并且一般受到了比较好的教育。因此，对于投资保险来说，观念还是比较跟得上时代发展的。他们认为，小的投入可以为自己增添一份保障，保险是非常有必要的。

保险，就是这样一个理财工具，它为你的生活提供更多安全，带来更大改变。

黄金投资：用黄金挽救缩水的钱包

欧先生是从2007年底开始炒“纸黄金”的。2008年初，他追高入市，结果被深套。但他遇到了一个好时机，2008年4、5月开始，黄金走出了一波大行情，2008年累积涨幅已经达到了40%左右。得益于金价的大涨，欧先生不仅解了套，还小有盈利。

黄金，因其稀少、特殊和珍贵，自古以来被视为“五金”之首，有“金属之王”的称号，享有其他金属无法比拟的盛誉。在投资市场上，黄金的地位也非常高，投资者们十分喜欢投资黄金。

目前，市场上的黄金品种主要有黄金的实物交易、纸黄金交易、黄金现货保证金交易、黄金期货这四种。究竟哪种适合自己，还要看个人的风险偏好及对黄金市场的了解程度。具体介绍如下。

1. 黄金的实物交易

顾名思义，是以实物交割为定义的交易模式，包括金条、金币。投资人以当天金价购买金条，付款后，金条归投资人所有，由投资人自行保管；金价上涨后，投资人携带金条，到指定的收购中心卖出。

优点：黄金是身份的象征，古老传统的思想让国人对黄金有着特殊的喜好，广受个人藏金者青睐。

缺点：这种投资方式主要是大的金商或国家央行采用，作为自己的生产原料或当作国家的外汇储备。交易起来比较麻烦，存在着“易买难卖”的特性。

2. 纸黄金交易

什么叫纸黄金？简单一点来说，就相当于古代的银票！投资者在银行按当天的黄金价格购买黄金，但银行不给投资者实金，只是给投资者一张合约，投资者想卖出时，再到银行用合约兑换现金。

优点：一般银行最低为10克起交易，交易单位为1整克，交易比较方便，省去了黄金的运输、保管、检验、鉴定等步骤。

缺点：纸黄金只可买涨，也就是说只能低买高卖，当黄金价格处于下跌状态时，投资者只能观望。而且投资的佣金比较高，时间比较短。

3. 黄金现货保证金交易

打个比方，一块100元钱的石头，你只要用1元钱的保证金就能够使用它进行交易，这样如果你有100元钱，就能拥有100块100元钱的石头，如果每块石头价格上涨1元，变成101元，你把它们卖出去，这样你就净赚100元钱了。保证金交易，就是利用这种杠杆原理，把资金放大，可以充分利用有限资金来以小博大。

4. 黄金期货

现货黄金交易基本上是即期交易，在成交后即交割或者在数天内交割。期货黄金交易主要目的为套期保值，是现货交易的补充，成交后不立即交易，而由交易双方先签订合同，交付押金，在预定的日期再进行交割。其主要优点在于以少量的资金就可以掌握大量的期货，并事先转嫁合约的价格，具有杠杆作用。但黄金期货风险较大，对专业知识和大势判断的能力要求较高，投资者要在入市前做足功课，不要贸然进入。

收藏品投资：艺术与理财的完美结合

俗话说："盛世玩古物，乱世收黄金。"当金融危机逐渐远离，经济稳步发展的时候，人们将越来越多的目光投到资产保值、升值上。收藏品的种类有很多，最初人们热衷于古玩、名家字画，现在一些新、奇、特的艺术品也都被列入了收藏品的范围。

如今，随着人们文化素质的不断提高，古玩、名人字画之类的收藏品也越来越受到大众的重视，民间收藏现在已经成为收藏界的主力军。据介绍，目前全国已有民间收藏品交易市场和拍卖行200余家。人们从事收藏，除了它们自身珍贵的艺术、历史意义之外，它们的经济价值也越来越高。

收藏品主要有如下几个大类：书画、古籍善本、瓷器、陶器、玉器、赌石、奇石、家具、印纽、金石、各种材质的雕刻艺术品、古今钱币、邮品单证、各种刺绣、茶品、琴棋、古今兵器、车辆等，还有火花、民间剪纸、皮影等民俗。有些人还喜欢收藏名贵的动物品种，比如古人有圈养良驹骏马的习惯。

某些收藏品的时空可分为高古、远古、明清、近代、现代，也有收藏横跨整个人类社会活动的时空的藏品。

总之，收藏是一种涉及范围很广的人类社会活动和兴趣爱好。随着民间收藏的日益兴盛，收藏品种类越来越多，从过去的古玩工艺品、名人字画收藏已经发展到现在的火花、票证、奇石、连环画等，连神舟飞船的一些实物模型都被爱好者收藏。

一些老式家具、瓷器、字画、毛主席像章、"文革"票证、打火机、邮票、纪念币、拴马桩等新的收藏热点，在一些拍卖会上经常有藏品被拍出惊人高价。一些有实力的企业和个人也纷纷投入这一行业，收藏数量之多、品种之全、品位之高令人瞠目，民间博物馆也越来越多。而且，民间收藏有利于发掘、整理历史和文化资料。

对于许多收藏投资者来说，把握收藏投资的基本方向，使自己在浩瀚无边的艺术海洋中不迷失方向，这是最重要的原则。有一些老收藏者收藏效果不好，花大代价买入一大堆“文化垃圾”，其实很多时候收藏不利的原因不在于财力不够，也不在于心态不端，更根本的原因是没有处理好收藏投资的基本原则问题。

收藏投资的基本原则简要概括为九字箴言：真、善、美、稀、奇、古、怪、精、准。其奥妙在于收藏的实践活动中能灵活运用，举一反三，融会贯通，要求对每一藏品都得用九字原则在九个方面或者更多方面上进行全方位评估。九字箴言的合理内涵是：

1.“真”即藏品必须是真品

这是收藏的前提条件，任何伪或劣藏品均无收藏意义，存真去伪永远是收藏的主旋律。在兴趣和嗜好的引导下，潜心研究有关资料，经常参加拍卖会，游览展览馆，来往于古玩商店和旧货市场之间。有机会也不妨“深入”乡间或收藏者的家中，多看、多听、少买，在实践中积累经验，不断提高鉴别收藏真品的水平。此外要大量地阅读古玩或艺术品图录，以学者的严谨态度认真研究，寻找同类规律或同时代风格等，这种严

谨的态度是收藏成功与否的保证。

2.“善”即藏品的器形

藏品的器形在藏家的心中占据核心地位，比如帝王的印玺、名人的印章、官窑瓷品的创新精品、文房用品、宋元字画、玉雕神品、青铜重器、皇家或名人注录的藏品等。

3.“美”即藏品的艺术性表现出来使人愉悦的反映

文物是文化之物，也是文化的载体，艺术性是评判文物价值最重要的准绳。人们不会忘记秦兵马俑的雄伟，汉马踏飞雁铜奔马的洒脱及姿态的优美，宋代书画的线条描绘的繁华、人物的动感传神以及宋代字体独特字迹的稳重和狂草的不拘一格，宋代官瓷的宁静致远、小中见大，等等。好的艺术精品会摄人魂魄，让人神交，产生共鸣。

4.“稀”即稀有

“稀”即稀有，存世量小。稀有性要求以存量小来凸显藏品的存在价值，比如玉的数量因受资源限制数量远远少于瓷器，唐宋元时期的字画因年代久远不易保存，数量往往稀少。

5.“奇”即具有特点

“奇”是指艺术性中的个体特征，越有特点并且符合人们的审美情趣，越会吸引艺术市场细分化的艺术观众群体。有些古玩存世量不多，但往往是不足为“奇”，因而影响力不足。

6.“古”和“怪”即年代越古越好

“古”是时空的概念，也只有艺术性强的古代艺术品，才会有沧海桑田的感受，才会有数量稀少、制作难度大的联想。

“怪”与“奇”相似，“怪”更侧重于代表性，表现形式的张扬和个性的特别。

7.“精”而“准”即选择收藏品要少而精，且量财力而行

收藏品种类繁多、范围广，应根据个人兴趣和爱好，选择其中的两三样作为投资的对象，这样才能集中精力，仔细研究相关的投资知识，逐步变为行家里手。同时，选择收藏品还要考虑自身的支付能力。如果是新手，不妨选择一种长期会稳定升值的收藏品来投资，或从小件精品入手。

投资收藏品是一门艺术，对投资者的眼光有着很高的要求。因此，掌握投资收藏品的方法，更多地学习收藏品的知识对投资者来说显得很重要。

PART 02

资金管理是企业经济管理的命脉——每天读点公司理财知识

公司金融：为什么要了解公司金融

企业是金融市场的一个重要组成部分，因此对企业来说，了解公司金融显得至关重要。公司金融是考察公司如何有效地利用各种融资渠道，获得最低成本的资金来源，并形成合适的资本结构，研究如何有效地配置公司金融资源以实现公司的经营目标。它会涉及现代公司制度中的一些诸如委托－代理结构的财务安排、企业制度和性质等深层次的问题。

随着市场竞争越来越激烈，企业面临的生存环境也变得越来越复杂，对于企业现金流的管理水平要求越来越高，只有合理控制营运风险，提升企业整体资金利用效率，才能不断加快企业自身的发展。

在经济学中，企业是指追求“利润最大化”的经济组织，即企业经营的目标是实现“利润最大化”。那么企业理财的目标是否也是“利润最大化”呢？公司理财的目标不仅是要达到利润最大化，还要做到收入最大化、管理目标的实现、社会福利的获得及股东财富最大化。目前，我国的企业现状是：有些企业虽然账面盈利颇丰，却因为现金流量不充沛而倒闭；有些企业虽然长期处于亏损当中，却能够依赖着自身拥有的现金流得以长期生存。所以，对于企业的持续性发展经营来说，靠的不是高利润，而是良好的资金管理。

公司金融的原则主要有以下几点：

第一，风险与收益相权衡的原则。对额外的风险需要有额外的收益进行补偿。

第二，货币的时间价值原则。合理利用公司的每一分钱，要认识到今天的一元钱价值要高于未来的一元钱。

第三，价值的衡量要考虑的是现金而不是利润。现金流是企业所收到的并可以用于再投资的现金；而按权责发生制核算的会计利润是赚得收益而不是手头可用的现金。

第四，增量现金流量原则。在确定现金流量时，只有增量现金流与项目的决策相关，它是作为一项结果发生的现金流量与没有该项决策时原现金流的差。

第五，在竞争市场上没有利润特别高的项目。寻找有利可图投资机会的第一个要素是理解它们在竞争市场上是如何存在的；其次，公司要着眼于创造并利用竞争市场上的不完善之处，而不是去考察那些看起来利润很大的新兴市场和行业。

第六，资本市场效率原则。市场是灵敏的，价格是合理的。在资本市场上频繁交易的金融资产的市场价格反映了所有可获得的信息，而且面对“新”信息能完全迅速地做出调整。

第七，代理问题。代理问题的产生源自所有权和经营权的分离，尽管公司的目标是使股东财富最大化，但在现实中，代理问题会阻碍这一目标的实现，人们往往花费很多时间来监督管理者的行为，并试图使他们的利益与股东的利益相一致。

第八，纳税影响业务决策。股价过程中相关的现金流应该是税后的增量现金流。评价新项目时必须考虑所得税，投资收益要在税后的基础上衡量，否则公司就不能正确地把握项目的增量现金流。

第九，风险分为不同的类别。人们常说“不要把所有的鸡蛋放到一个篮子里”，分散化使好的事件与不好的事件相互抵消，从而在不影响预期收益的情况下降低整体的不确定性。当我们观察所有的项目和资产时，会发现有一些风险可以通过分散化消除，有一些则不能。

第十，道德行为就是要做正确的事情，而在金融业中处处存在着道德困惑。

正因如此，当中国的金融市场化进程为部分企业提供了发展机遇时，我们应该发挥各自的竞争优势，管理好公司金融。

公司金融是围绕资金运动展开的，资金运动是企业生产经营主要过程和主要方面的综合体现，具有很强的综合性。掌握了资金运动，犹如牵住了企业生产经营的“牛鼻子”，做到“牵一发而动全身”。

任何一个企业都和每一个个人是一样的，没有随随便便成功的，除了员工的拼命工作、产品质量的安全可靠、企业管理的合理有效，还有一个很重要的因素，那就是了解公司金融。如果你打算自己创业，那么你就更要了解公司金融，帮助你的企业获得更大的成功。

资金管理：聪明的人能够更好地解决问题

资金管理是指将现有财富，即资金、资产等不具生命的物质转换成生产所需的资本，也就是使知识、才能、理想及策略融合而成的有机体，透过管理来因应社会环境的需要，以创造源源不绝的长期价值。

中小企业银行贷款难的问题一直是社会普遍关心的经济问

题之一。某服装公司是服装加工出口型企业，规模属小型（其品牌开发和竞争能力相对有限），主导产品为混纺针织服装，外销市场主要为欧洲地区。

一直以来，纺织业是我国在国际市场竞争力强的产业之一，但也是与欧美国家发生贸易摩擦最大的行业。借款人从事商贸业务18年，开展服装生产经营3年，与国外客户建立较为良好稳定的合作关系，购销渠道畅通。

借款人新成立企业3年，便能在较短时间内、较大幅度地扩大产品的销售市场和实现企业的盈利，可见借款人的个人行业资源积累已成为企业发展的重要支撑和保证。同时，借款人购入生产设备和对自行研制纺织机械的投入，以及陆续对企业投

入个人资金（列入其他应付款项），这在一定程度上反映了借款人立足该行业发展并积极发展该企业的信心和能力。

成功的融资案例揭示着融资双方共同努力以及良好沟通的结果，他们在具体的经济活动中进行有效融资申请和保证高效率的审批和风险评估。

在企业发展中，贯穿全过程的是资金，缺乏资金企业将丧失最基本的生存权利，更谈不上企业发展和获利。因此，推行以资金管理为核心的财务管理工作更有利于实现企业管理目标。资金是企业经济活动的第一推动力，也是一个持续推动力。对企业的经营和发展来说，能否获得稳定的资金、能否筹集到生产过程中所需要的足够的资金，都是至关重要的。而民营企业在发展中遇到的最大障碍就是融资困难，大约80%的被调查民营企业认为，融资难是一般的或主要的制约因素。

在竞争日益激烈的今天，资金是企业生存发展的物质基础，也是企业生产经营的血液和命脉，更是企业管理的主题。很好的资金管理是取得胜利的根本，这是由市场规律的本质所决定的。

北京建工四建工程建设有限公司是国内一家大型的建筑企业，下设水电设备安装、装饰、市政、钢结构、房地产开发、物业管理等多个专业公司和15个土建施工项目经理部，组织机构庞杂，管理方式较为粗放，致使公司总部资金管理能力较弱，企业核算难度较大。

认识到这一问题后，企业采取了一系列措施来改善企业状况。公司通过NC系统客户化对会计科目、客商档案、项目档案等基础数据的管控以及系统参数配置，确保了公司制定的统一的会计核算制度、政策在下属单位的贯彻执行；财务数据集中管理，将全公司财务数据共享、方便查询与实时监控下属单位财务情况；通过NC系统的协同凭证功能，解决内部对账难以及三角债问题；通过资金计划系统，加强了资金管理，公司及时掌握各单位及全公司未来一段时间的资金流入流出情况，统筹安排资金；并通过资金结算平台，统一办理对内及对外支付业务，实时掌控各项资金支付情况。通过内部信贷及资金计息，强化下属单位加强日常资金管理，提高资金使用效率；快速准确地编制公司报表及报表分析。

自2007年11月四建公司财务信息化项目启动以来，现已建立公司统一的财务管理系统平台，实现了对下属单位财务状况进行实时监控管理。建立统一的报表管理系统，满足了公司及下属单位各项报表的要求，进行及时、准确的汇总合并。建立资金管理系统，满足公司集中的资金管理要求，掌控下属单位资金的流入和流出情况。与用友的合作已经基本达到了预期的公司财务集中管理目标。公司的财务信息化进程已经进入了新的阶段。

资金管理是企业管控的重中之重，企业管理以财务管理为核心，而财务管理则以资金管理为核心。有了充足的资金，企业才有做事情的底气，才能够真正地做到干什么都可以得心应手，而资金不足就会让企业在机会面前畏首畏尾，不但束缚了管理者的思维方式，还会极大地破坏管理者的投资心态，想做的事情不敢做，可以想的事情却又不敢想。在竞争过程中，很多的成功都必须依靠充足的资金来实现，如果因资金不足，退而求其次，则很可能会变主动为被动，从而丧失了大好的获胜机会。

此外，资金不足还可能导致部分企业领导孤注一掷，不能顾全大局，做不到全面地思考问题，甚至一厢情愿地幻想着事情不会那么糟糕，最终走向惨败。

社会主义市场经济不断发展的今天，强化企业资金管理，对加强内部管理、提高经济效益、贯彻落实企业战略方针以及实现企业经营目标任务都具有重大的战略意义。抓住资金管理，一切问题就迎刃而解。

资金配备：被资金问题绊倒的企业数不胜数

资金是企业进行生产、经营等一系列经济活动中最基本的要素，资金管理贯穿于企业整个生产经营的始末，具有举足轻重的作用。资金管理是财务管理的集中表现，只有抓住资金管理这个中心，采取行之有效的管理和控制措施，疏通资金流转环节，才能提高企业经济效益。因此，加强资金的管理及控制具有十分重要的意义。

“现金为王”一直以来都被视为企业资金管理的中心理念。传统意义上的现金管理主要涉及企业资金的流入流出；广义上的现金管理，其所涉及的范围就要广得多，通常包括企业账户及交易管理、流动性管理、投资管理、融资管理和风险管理等。

经过几代人努力而编织出“中国羊毛衫名镇”神话的东莞大朗镇，几乎家家户户都与毛织业有关系。以大朗为中心、涵盖周边地区的整个毛织产业集群内，有近万家毛织行业企业，仅大朗就有3000多家（其中规模以上100多家）。整个产业集群市场年销售量超过12亿件，在大朗集散的就有8亿件。

大朗的毛衣60％出口到意大利、美国等80多个国家和地区，吸引了POLO、袋鼠、金利来等10多个世界顶级品牌和鄂尔多斯、杉杉等20多个国内名牌在大朗设厂生产。

大朗业已成为国际毛织产品的研发生产、流通集散、价格发现、质量认证、时尚展示、信息发布中心之一，成为重要的毛织产品外贸采购基地。

但随着劳动力成本的上涨、原料价格上升，许多大厂生存艰难，靠大厂订单生存的中小毛织厂更是频频倒闭，甚至有企业因为资金短缺，开张两个月就不得不关门。

在竞争激烈的商场上，企业想获得最后的胜利，除了要提高适应能力和竞争能力，也要锻炼企业资金配备的能力，实时适应这种危机四伏的恶劣环境，才能生存与发展下去。对于企业来说，资金是生存的最终源泉，“巧妇难为无米之炊”，只有加强资金配备的能力，才能够帮助企业更快更好地发展。

众所周知，在企业经营中需要钱的地方比比皆是，可以说每个部门每天都在不停地消耗资金，尤其是投入的前期，任何一个部门缺少了资金都会导致效率下降，甚至出现经营危机。如果此时企业只有产出而没有收入，那么相信用不了多久，管理者就会尝到资金危机带来的苦果。

近年来，国内的企业接二连三地爆发财务危机，企业倒闭的消息仍是不时传出，此起彼伏。有人惊呼：中国企业的“寿命”如此短暂！

一个管理者或创业者不但要有经营管理能力、决策规划能力，还必须知道如何解决资金问题，因为只有资金充足，宏伟蓝图才有可能变成现实。如果没有足够的资金，所有的投入就很可能会“打水漂”。比如做饭，本来做一锅饭两捆柴就够了，而你只有一捆柴或者更少的柴，那么不但做不好饭，连先前的所有投入都白费了。

著名的滑铁卢之战，拿破仑之所以败北，其中很重要的

一个原因就是在交战双方筋疲力尽的时候，敌方来了一支生力军——而己方的援军因情报未能及时送达而没有赶来增援！

第二次世界大战中的苏德会战也是如此，在双方僵持阶段，德军已无援兵，而苏联从远东调集了几十个师的援军，正是这批后备力量的出现才使得战局扭转。

为了加强资金管理、提高资金使用效率，企业应注重以下几个方面：

一是加强现金流量分析预测。严把现金流出关，保证支付能力和偿债能力。有的企业树立了“钱流到哪里，管理就紧跟到哪里”的观念，将现金流量管理贯穿于企业管理的各个环节，高度重视企业的支付风险和资产流动性风险；严把现金流量的出入关口，对经营活动、投资活动和筹资活动产生的现金流量进行严格管理。

二是建立健全结算中心制度。建立结算中心制度，杜绝多头开户和资金账外循环，保证资金管理的集中统一。下属单位除保留日常必备的费用账户外，统一在结算中心开设结算账户，充分发挥结算中心汇集内部资金的“蓄水池”作用，并使下属单位资金的出入处于集团的严密监管之下，减少银行风险，营造新型的银企关系。

三是推行全面预算管理，严格控制事前、事中资金支出，减少支出的随意性，保证资金的有序流动。建立预算编制、审批、监督的全面预算控制系统。预算范围由过去单一的经营资金计划扩大到生产经营、基建、投资等全面资金预算，由主业的资金预算扩大到包括多种经营、二级核算单位在内的全方位资金预算。计算机网络技术的广泛运用，也为资金的全面预算和及时结算提供了可能，从而使资金的集中管理成为可能。

产业模式：资金是经济发展的第一推动力

随着市场经济的进一步发展，我国经济环境发生了根本性变化，企业经济增长方式由粗放型逐步转向集约型，如何提高经济效益已成为企业一项迫在眉睫的任务。在企业的财务活动中，资金始终是一项值得高度重视的、高流动性的资产。因此，资金管理是企业财务管理的核心内容。

对企业而言，面对不同的社会经济环境，其主导经营手段、发展战略也会有所不同。对于那些已经具有相当规模的企业而言，即使处于不同的发展阶段，资金早已经成为企业竞争的利器和创造利润的源泉。

如果一个企业没有资金或者是资金不足，那么再好的计划、再好的项目都是空想，再好的投资活动都有可能半途而废。因为，充足的资金是企业经营活动顺利进行的重要保障之一，起着根本性的作用。企业的启动和发展必须靠足够的资金来解决，而不是项目。企业之所以在运转，完全是因为资金在不停地流动。

没有融资能力的计划者，与其说是思想家，倒不如说是空想家、幻想家。因为，任何性质的投资都是用金钱来落实自己的计划，没有资金一切都是痴人说梦。这就是为什么在现实当中那些拥有优秀项目或发展方案的管理者或创业者到最后仍然两手空空的主要原因之一。

充足的资金是企业竞争的最大优势，它不但代表企业实力的雄厚，还代表企业随时有可能完成一个大的动作。何况现实中，企业的竞争在很多同等情况下往往是资金实力决定胜负，而不是管理能力决定胜负，更有甚者，有时候这种情况会直接演变到看哪一方的资金充足而不是哪一方的管理更好。事实难道不是这样吗？

珠海恒通置业曾是以国有法人股为主的股份公司，主营业务为房地产、航运、高科技、商贸、文化、旅游，公司发展迅速，实力雄厚，意欲在上海选择较大的投资项目。棱光实业曾是由国营上海石英玻璃厂改制而成的上市公司，它的最大控股股东为上海建材集团，主业为半导体用多晶硅而非建材产品，受整个行业不景气的影响，主营业务利润甚微，经营艰难，其国家股为1879.9万股，占总股本的55.6%，上市流通股数为1100万股，占总股本的32.55%，属沪市中小盘股。

1994年4月28日，三家公司协商达成协议，由恒通以每股4.3元的价格受让棱光国有股1200万股，成为棱光实业的第一大股东，占棱光总股本的35.5%。该项协议收购使恒通获得一条低成本进入资本市场的有效通道，若要在二级市场完成，恒通至少需要花费约2亿元资金，而通过协议受让国有股的方式，只花了1/4的资金。

收购完成后，恒通通过棱光重点发展电子式电能表，扩大了生产规模，提高了市场占有率，为其未来的发展打下了良好

的基础。建材集团获得5000多万元资金进行资本运营，取得了巨大的效益。恒通与建材集团作为棱光的两大股东，发挥各自的优势和影响力，有利于改善棱光的公司素质、投资结构、产品结构。因此，这种善意收购对于各方均有利。

恒通当时之所以能够整合成功，是因为他们有很好的战略意识，合理运用控股式兼并，而不是整体式购买。这种兼并使被兼并企业作为经济实体仍然存在，具有法人资格；兼并企业作为被兼并企业的新股东，对被兼并企业的原有债务不负连带责任，其风险仅以控股出资的股金为限。

恒通产业整合取得的成功，简单地说，就是以资本运作为纽带，通过企业控股制兼并、整合企业，增强其核心竞争力；同时，在全球范围内积极寻求战略合作，提高产品的市场占有率和市场份额，增加市场资金流动，最终达到超常规发展的目的。

在产业整合过程中，我们要特别注重资金充裕性，宁可走得慢一些，也要扎实一点。

产业整合在结构上要能取长补短，尤其是在投资节奏的长中短期方面达到平衡。如果长期投资比重过高，就必定会影响资产流动性，因此，充足的资金是企业竞争最大的优势。在现实社会的竞争中，假设企业与企业之间其他情况基本相同，资金实力往往就决定了竞争胜负。作为企业的领导层，我们必须要认识到，资金是经济发展的第一推动力。

融资计划书：如何做好融资计划

融资是指为支付超过现金的购货款而采取的货币交易手段，或为取得资产而集资所采取的货币手段。通常是指货币资金的持有者和需求者之间，直接或间接地进行资金融通的活动。

而如何才能成功融资，商务计划书是企业经营者必须做好的一步。一般情况下，投资方在了解融资方时，往往都是通过商务计划书开始对企业进行一步步深入了解的。

颜先生的公司需要获得一大笔投资，企业的规模扩张才能完成。为此，他让公司相关的人做了一份商务计划书。为了保证让投资者看得明白，他还特意叮嘱做计划书的人一定要做得精练一点。这份简练的计划书做出来之后只有三五页，颜先生看了很高兴，一些主要的内容都有了，细节省去了，看上去一目了然。颜先生想，这下子一定有戏。计划书递给投资方两天之后，对方打来电话，对颜先生说："你的项目很好，但是我还有些事情不明白，麻烦你给我写个说明补充一下吧。"颜先生赶紧写了个补充性质的说明书递过去。三天之后，对方又打来电话说，计划书里有一个地方的账目没算清楚，要颜先生再给算一下，颜先生就专程派人跑过去给算了一下。过了半个月之后，对方又打电话给颜先生说实在弄不明白他们公司的财务净现值到底是怎么算出来的，需要颜先生处理一下。就这样，来来回回四五次之后，对方终于没有耐性了，就干脆拒绝了颜先生的融资请求。

从颜先生的经历中可以看出，一份好的融资计划书非常重要。而一份好的融资计划书的要求是什么呢？

融资时，写融资计划书的主要目的就是吸引投资人。融资计划书的详略要根据企业的具体情况而定，既不能过于烦琐，也不能过于简单。如果企业面临非常激烈的市场竞争和复杂的商业环境，那么融资计划书就要详细一点；如果企业的业务单一，但管理队伍很精干，那么融资计划书就可以简洁一点。不论详尽与否，融资计划书都一定要做到重点突出，根据企业的长期发展目标来合理安排，千万不能主次不分。

做完一份融资计划书后，我们也要懂得如何来对它进行修改。我们都知道，融资计划书是围绕企业面临的商机，对影响企业发展的条件做出的合理、充分的分析和说明，而商机不是固定不变的，只有符合一定的条件才能成立，所以企业在制订融资计划书时要随时调整融资计划书的内容和实施情况，以便更好地顺应变动的市场条件，而不是不切实际地幻想让市场条件适合自己的计划。

还是上面的案例。后来，颜先生的公司又找到一家投资公司。他吸取了上次的教训之后，就让人认真地另做了一份详细的计划书。在这份计划书里，涉及本企业融资的所有信息都事无巨细地写进去了。看着这份融资计划书，颜先生以为这次应该不会有上次的那种麻烦了，没想到这次过了很久，他也没有得到对方的回应。最后颜先生实在耐不住了，就打电话过去问，才知道原来他的计划书实在是太厚了，被对方给放到一大堆计划书的最后面去了。

这就说明颜先生并不懂得如何修改。之前的一份融资计划书过于简练，以至于连必要的数据分析都没有，给投资者带来了太多的不便，最后放弃了融资的计划；而经过修改以后，却洋洋洒洒地写出厚厚一本“书”来，从一开始就被投资者放在所有融资计划书的最后。

融资计划书，其实是一份说服投资者的证明书，它的撰写一般分为以下五个步骤：

第一，融资项目的论证。主要是指项目的可行性和项目的收益率。

第二，融资途径的选择。作为融资人，应该选择成本低、融资快的融资方式，比如说发行股票、证券、向银行贷款、接受入伙者的投资。如果你的项目和现行的产业政策相符，可以请求政府财政支持。

第三，融资的分配。所融资金应该专款专用，以保证项目实施的连续性。

第四，融资的归还。项目的实施总有个期限的限制，一旦项目的实施开始回收本金，就应该开始把所融的资金进行合理的偿还。

第五，融资利润的分配。

在这几个步骤的操作中，还有一些注意事项需要我们留意：

一是适当地阐述产品的功能。很多投资者每天要看许多份融资计划书，太过具体冗长的“产品介绍”很难调动起他们的兴趣。我们要知道，写融资计划书的目的是阐述一个切实可行的良好商机而不是无谓地闲聊，其阅读者往往是投资方，因此一定要避免与主题无关的一些内容，应开门见山地切入主题，用真实、简洁的语言描述所要表述内容的中心思想和投资者所可能关心的一些问题。然而有些企业经营者并不能抓住投资者的这种心理，常常担心因为投资方不了解自己的产品而影响到融资的成功，就在融资计划书中把产品写得非常具体。事实上，投资者更关心的是企业的产品能够帮助用户解决什么问题，所以在融资计划书里，可以适当地说明产品，详细介绍产品能为用户解决什么问题。

二是做好财务预测。它是融资计划书的重要内容。财务预测是企业经营者对企业未来发展情况的预期，也是对企业进行合理估值以吸引投资者的基础。

三是透彻描述竞争对手的情况。一个成长中的企业往往会面临不同的竞争对手，透彻地了解竞争对手的情况有助于企业及时采取应对措施，并坚持正确的发展路线，而这也是决定融资成败的一个重要因素。但总有一些企业在融资的时候会回避对竞争对手情况的分析，更不愿意承认竞争对手的竞争优势。其实，如果让投资者看到企业对行业内竞争对手的透彻分析，他们会非常相信企业对同行业的理解力和对企业前景的正确把握。

四是要有明确而正确的融资目标。有些企业在融资的时候不是按照企业的发展需求来进行融资的，而是来者不拒，上不封顶；有些企业则是看到其他企业的融资情况就进行“攀比”。其实，企业融资额只有既能满足企业对资金的需求，又能将企业因为融资面临的风险降到最低，才是合理的，融资成本也会更低，也更能促进企业的发展。所以，在写计划书的时候一定要对此有一个明确的认识。

啄食顺序原则：资金结构安排大有讲究

在现代社会中，只有将能力、技术、知识核算成贡献价值参股到企业中或创业股份，合理的资金结构才能够促进企业更好更快地发展。

在一些发展中国家，支持小资金创业是提高人民平均收入、提高社会就业率、推动社会经济发展的重要力量，很多成熟的大型企业都是由小本创业发展起来的，小资金创业是一个国家整个社会经济发展的春天。然而，过度地采取强制性管制措施、政策手段对小资金创业的发展极为不利，既抑制了小资金创业者的创造成果，也抑制了社会经济的健康发展，这种将许多未来的大企业扼杀在襁褓之中的做法令人痛惜。

金融学上有一个啄食顺序原则，它是基于非对称信息情况下对公司新项目融资决策的研究，讲的就是资金结构的安排艺术。

啄食顺序原则是20世纪60年代初美国哈佛大学教授戈顿·唐纳森最早发现的。他在对企业如何建立资本结构进行的一项广泛调查后，发现企业在安排资本结构时会按照以下次序来进行：

第一，企业内部产生的资金，如留存收益、折旧基金等。

第二，如果有剩余留存收益，会用于购买证券或偿还债务；如果没有足够的剩余留存收益来支持不可取消的投资项目，会出售部分有价证券。

第三，如果需要外部筹资，会首先选择发行债券，然后才是发行股票。

第四，企业留存收益加上折旧，如果能适应资本性支出，那么就会根据未来的投资机会和预期未来现金流，来确定目标股利的发放率。

第五，企业一般会保持现金股利的刚性，尤其是不愿意削减股利让股东感到不满意。

这表明，企业筹资一般都会遵循“先内源融资，后银行贷款，然后发行债券，最后才是发行股票”这样一种融资顺序，这就是戈顿·唐纳森教授所称的筹资“啄食顺序”。

资金结构安排是资金管理一项重要又容易忽视的内容。《中国证券报》的相关数据统计显示：1997年我国上市公司累计筹资958.86亿元，其中，股权筹资额就占72.5%，1998年、1999年这个比例分别为72.6%和72.3%，而这两年债权融资额的比例则分别为17.8%和24.9%。截至2003年底，上海证券交易所有19家企业债券和13家可转换债券，市价总值为218.64亿元；深交所有9只公司债券和10只可转换债券，市值206.39亿元，占全年证券总市值的1%。研究结果显示：约3/4的企业偏

好股权融资，在债务融资中偏好短期债务融资。对比国内外上市公司在这方面的差异，能够更清楚地看出我国企业中存在的问题，我国企业现在的融资顺序偏好与啄食顺序原则不同。

中国企业融资的啄食顺序是：外源融资、内源融资、直接融资、间接融资、股票融资、债券融资。即在内源融资和外源融资中首选外源融资，在外源融资中的直接融资和间接融资中首选直接融资，在直接融资中的债券融资和股票融资中首选股票融资。中国企业融资的啄食顺序正好与西方国家企业的融资啄食顺序相反：内源融资比例低，而外源融资比例高；在外源融资中，股权融资比例高，债券融资比例低。

PART 03 企业缺钱怎么办——每天读点企业融资知识

融资技巧：如何摆脱融资之“难”

近年来，融资难已经成为广受关注的问题。

其实对“融资”最浅显的解释，就是找钱用。随着经济的发展，利用自己和社会已有的金融资源为自己办事，解决我们所面对的一时之需，已经成为社会规律。无论个人还是企业，在需要用钱或者资金周转时，就要进行融资了。无论是自己的企业面临资金周转问题，还是准备创业却缺少起步资金，我们都需要了解如何融资。

在商场中，无论哪类企业，在初始资本金注入以后，后期的资金投入都是相对巨大的。首先，当企业创立以后，马上就会需要有足够的资金来应对支出和业务费用。除非公司股东实力雄厚，否则长时间的生产运营，肯定会需要不少的资金，特别是高新技术类项目，会非常耗费资金。其次，即使产品生产出来了，完成生产和销售也需要很多的现金投入。对于商业服务类企业，且不说服务平台和网络的建设需要一定的先期固定

投资，就是吸引客户、提供服务、完成业务等都需要后续现金投入，特别是在初创阶段，对市场营销的投入将会有非常大的现金消耗。而对于科技型企业来说，大多数企业创始人都不具备雄厚的资金资源，因此向外寻求资金的注入，特别是机构投资人大额资金的注入，是非常关键和必要的。

企业既然有融资的需求和必要，融资的时机就成了非常关键的问题。因为，如果融资早了，可能不会有非常显著的效果；而如果融资晚了，资金链随时有断裂的危险，对公司正常的经营会有严重的威胁。在公司不同的发展阶段，企业的估值水平也是随时变化的。所以，企业应该选择在能体现最大价值的状态下进行融资。

在确定融资的必要和选定时机后，企业还需要选择融资的方式。目前，通常的融资渠道有股权融资、金融租赁、银行贷款及风险投资等。面对变化的经济形势和行业状态，企业在不同的发展阶段对资金有着不同的诉求。因为企业融资不是简单的需要多少钱的问题，成功的企业都是懂得在何时用何种方式达到何种目的的“聪明”企业。

制定融资策略：找钱之前必修课

金融市场就是一片广阔的大海，它不可能始终风平浪静，它总是变幻莫测、暗潮汹涌。但是它最大的优势就在于，可以实现资金需求者与资金供给者的直接交流、沟通、交易，也就是金融学上所说的直接融资；而如果资金需求者与资金供给者是通过银行类金融机构来间接发生联系的话，那就叫作间接融资。

在进入金融市场前必须认清一个事实，那就是：投资有风险，入市需谨慎。这句看似简单的话却有着无穷的含义，如果你不愿意承担风险，却还幻想着能够得到高收益，那你就可能是守着乌托邦的幸福，只能无功而返。

在进行融资之前，我们必须了解融资，根据企业自身的特点，制定自己的融资策略，帮助企业早日融资成功，促进企业发展。

1. 无形资产资本化策略

企业进行资本运营，不仅要重视有形资产，而且要善于对企业的无形资产进行价值化、资本化运作。一般来说，名牌优势企业利用无形资产进行资本化运作的主要方式是，以名牌为龙头发展企业集团，依靠一批名牌产品和企业集团的规模联动，达到市场覆盖的目标。

2. 特许经营中小企业融资策略

现代特许经营的意义已超越这一特殊投资方式本身，并对人们的经济和文化生活产生重大的影响。特许经营实际上是在常见的资本纽带之外又加上一条契约纽带。特许人和受许人保持各自的独立性，经过特许合作共同获利。特许人可以以较少的投资获得较大的市场，受许人则可以低成本地参与分享他人的投资，尤其是无形资产带来的利益。

3. 交钥匙工程策略

交钥匙工程是指跨国公司为东道国建造工厂或其他工程项目，当设计与建造完成并初步运转后，将该工厂或工程项目的所有权和管理权的“钥匙”，依照合同完整地“交”给对方，由对方开始经营。

交钥匙工程是在发达国家的跨国公司向发展中国家投资受阻后发展起来的一种非股权投资方式。另外，当它们拥有某种市场所需的尖端技术，希望能快速地大面积覆盖市场，所能使用的资本等要素又不足时，也会考虑采用交钥匙工程策略。

4. 回购式契约策略

国际间回购式契约经营，实质上是技术授权、国外投资、委托加工，以及目前仍颇为流行的补偿贸易的综合体，也被称为“补偿投资额”或“对等投资”。

这种经济合作方式，一般说来是发达国家的跨国公司向发展中国家的企业输出整厂设备或有专利权的制造技术，跨国公司得到该企业投产后所生产的适当比例的产品，作为付款方式。投资者也可以从生产中获得多种利益，如机器、设备、零部件及其他产品的提供等。

5.BOT 中小企业融资策略

BOT（建设—运营—移交）是一种比较新的契约型直接投资方式。BOT中的移交，是BOT投资方式与其他投资方式相区别的关键所在。契约式或契约加股权式的合营，指投资方大都在经营期满以前，通过固定资产折旧及分利方式收回投资，契约中规定，合营期满后，该企业全部财产无条件归东道国所有，不另行清算。而在股权合资经营的BOT方式中，经营期满后，原有企业有条件地移交给东道国，条件由参与各方在合资前期谈判中商定。独资经营的移交也采用这种有条件的移交。

6. 项目中小企业融资策略

项目中小企业融资是为某一特定工程项目而发放的一种国

际中长期贷款，项目贷款的主要担保是该工程项目预期的经济收益和其他参与人对工程修建不能营运、收益不足，以及还债等风险所承担的义务，而不是主办单位的财力与信誉。

项目中小企业融资主要有两种类型：一是无追索权项目中小企业融资，贷款人的风险很大，一般较少采用；二是目前国际上普遍采用的有追索权的项目中小企业融资，即贷款人除依赖项目收益作为偿债来源，并可在项目单位的资产上设定担保物权外，还要求与项目完工有利害关系的第三方当事人提供各种担保。

7. 中小企业融资租赁策略

中小企业融资租赁是指：出租人根据承租人的请求及提供的规格，与第三方（供货商）订立一项供货合同，出租人按照承租人在与其利益有关的范围内所同意的条款，取得工厂、资本货物或其他设备（以下简称设备），并且出租人与承租人订立一项租赁合同，以承租人支付租金为条件授予承租人使用设备的权利。

8. 成立财务公司策略

根据我国现行金融政策法规，有实力的企业可以组建财务公司，企业集团财务公司作为非银行金融机构的一种，可以发起成立商业银行和有关证券投资基金、产业投资基金。申请设立财务公司，申请人必须是具备一系列具体条件的企业集团。

财务公司可以经营：吸收成员单位的本、外币存款；经批准发行财务公司债券；对成员单位发放本、外币贷款；对成员单位产品的购买者提供买方信贷等；中国人民银行根据财务公司具体条件，决定和批准的业务。

9. 产业投资基金策略

投资基金是现在市场经济中一种重要的中小企业融资方式，最早产生于英国，发展于美国。目前，全球基金市场总值达3万亿美元，与全球商品贸易总额相当。进入20世纪90年代以来，利用境外投资基金已成为我国利用外资的一种新的有效手段。

投资基金的流通方式主要有两种：一种是由基金本身随时赎回（封闭型基金），另一种是在二级市场上竞价转让（开放型基金）。

10. 重组改造不良资产商业银行策略

银行在我国可以算是特殊的政策性资源，企业完全可以抓住机会以银行资产重组的形式控股、兼并、收购地方性商业银行。银行资产重组，根据组织方式和重组模式的不同，可分为政府强制重组、银行自主重组。重组的措施可以是资产形态置换和现金购买，总之是力求控股银行，对控股银行进行股份制再改造，申请上市和开设国内外分行，筹措巨额资金以支持业内企业的发展，形成实质上的产业银行。

11. 行业资产重组策略

资产重组是通过收购、兼并、注资控股、合资、债权转移、联合经营等多种方式，对同行业及关联行业实现优势企业经营规模的低成本快速扩张，并迅速扩大生产能力和市场营销网络。

12. 资产证券化中小企业融资策略

资产证券化是传统中小企业融资方法以外的最新现代化中

小企业融资工具，能在有效地保护国家对国有企业和基础设施所有权利益和保持企业稳定的基础上，解决国有大中型企业在管理体制改革中面临的资金需求和所有制形式之间的矛盾。

13. 员工持股策略

目前，我国股份公司发行新股，为了反映职工以往的经营成果，可以向职工发行职工股。该公司职工股的数额不能超过发行社会公众股额度（A股）的10%，且人均不得超过5000股；这部分公司职工股从新股上市之日起，期满半年后可上市流通。在公司上报申请公开发行股票材料时，必须报送经当地劳动部门核准的职工人数和职工预约认购股份的清单，中国证券监督管理委员会将进行核查。

债券融资：拿别人的钱为自己办事

债券融资又叫债务融资，是指企业通过借钱的方式进行融资，债权融资所获得的资金。企业首先要承担资金的利息，另外在借款到期后要向债权人偿还资金的本金。债券融资的特点决定了其用途主要是解决企业营运资金短缺的问题，而不是用于资本项下的开支。

债券是企业直接向社会筹措资金时，向投资者发行、承诺按既定利率支付利息并按约定条件偿还本金的具有法律效力的债权债务凭证。

债券发行人就是债务人，投资者为债权人，二者之间是一种债务债权关系。企业通过发行公司债券达到融资目的，这是直接融资的一种有效形式。发行债券所融得的资金期限较长，资金使用自由，购买债券的投资者无权干涉企业的经营决策，现有股东对公司的所有权不变，债券的利息还可以在税前支付，并计入成本。因此，发行债券是许多企业愿意选择的融资方式。

某房地产开发企业，项目总投资1亿元，自有资金3000万元，银行未偿还贷款5000万元，以企业名下物业（评估值1亿元）作抵押。尚需要借款1亿元，用于偿还银行到期贷款并完成项目建设工程（因为银行贷款未还，且已经展期，因此不能从银行再贷款，只能寻求其他融资渠道）。最后，这家房地产开发企业从一个金融公司融资，金融公司先偿还了5000万元银行贷款，同时物业重新作抵押登记，再借出5000万元为其完成项目后期施工。

目前，我国债券市场规模偏小、品种单一，有待于进一步完善。

债券融资具有一定的风险性，企业要规避风险，就必须寻求一个有利于债券发行的时机。

企业确定债券发行的时机需要考虑企业负债水平、融资预期收益，以及国家的宏观经济环境等因素。

国际对企业资产负债率的考察标准为最高不超过50%，因为企业负债一旦超过了这一界线，就容易发生财务危机。因此，企业应选择在负债率较低的时机发行债券，并进行融资收益预期。如果预测收益前景乐观，发行债券融资就是企业的最优方案；反之，企业就没有必要发行债券了。债券融资，相对股权融资，面对的风险较简单，主要有担保风险和财务风险。作为债券融资主要渠道的银行贷款一般有三种方式：信用贷款、抵押贷款和担保贷款。为了减少风险，担保贷款是银行最常采用的形式。

企业应根据自己的经营状况、资金状况及所具备的条件，决定本企业的举债结构，并随时间及企业经营状况的变化随时调整这一举债结构。

大冶有色金属集团控股有限公司（下称公司）于2010年经国家发改委批准发行7亿元、8年期的公司债，简称“十大冶有色债”。在2009年国家有色金属行业振兴规划出台的背景下，公司作为中国五大铜原料基地之一，通过发行公司债券募集资金，将资金主要投入国家产业政策鼓励的铜冶炼节能减排改造和矿山深部开采等关系公司发展后劲的项目上，有利于公司贯彻执行国家产业政策，及时筹措资金满足公司重点项目建设需求。

要了解债券融资方式，我们先来看看债券融资的特点：

其一，发行债券的期限长短不限，由债务人自行确定。

其二，购买企业债券的投资者不得过问企业生产经营决策。这意味着企业所有权不受任何影响，不像股票那样分散股东对公司的控制权，它有利于保持企业的控制权。

其三，债券利息也是固定的，企业可从税前利润支付。当企业举债经营所获得的投资报酬率高于债券利率时，举债越多，对企业越有利。

由于公司企业信誉一般要比商业银行信誉低，因此，与银行贷款相比，发行债券融资成本较高，发行债券融资的风险性较大，到期还本付息会对企业构成较重的财务负担，一旦违

约，企业就有遭遇倒闭破产的可能。但是，企业发行债券融资也能够在一定程度上弥补股票融资和向银行借贷的不足。

然而，公司债券不是能够随随便便发行的，企业必须符合一定的条件才能够发行。企业要发行债券融资，必须有良好的生产经营状况，有连续3年的盈利记录，而不能因为生产经营发生亏损才想起发行债券融资。

债券的发行并非多多益善。受资金的限制，债券的发行是有数量限制的，企业需计算成本，融集资金如果不用就意味着浪费。

企业发行债券必须有担保，这是发行的重要条件之一。企业用自己的固定资产作抵押，或者让一家有一定资金实力的公司作为第三方保证担保。对于投资者而言，担保可以增加投资安全性，减少投资风险，使债券更具吸引力。当然，并不是说具有担保的债券就一定安全，只是相较于无担保债券，风险要小一些。

企业如何选择发行价格，这不是由企业管理层单方面决定的，而是要根据市场情况来决定。债券发行价格主要有平价发行、溢价发行、折价发行三种。一般而言，公司根据自身的情况来选择贷款的种类：对于资金量需求大的、市场利率趋高、债市发达的企业来说，适合发行中、长期债券；反之，则应以短期债券为主。在偿还时，偿还期限越长，公司需支付的利息就越多。因此，公司应从资金需要的各个阶段、未来市场利率的趋势、证券市场流通程度等各方面因素进行综合分析，确定债券偿还期限。

债券融资因为自身的特点，使得企业在使用这笔通过发行

债券融到的资金时，仍有一些限制，例如不得用于弥补生产经营亏损和非生产性支出，不得用于炒作股票、房地产，以及进行高风险的期货交易等与企业生产经营无关的风险性投资。

目前，中小企业普遍反映融资难，债券融资作为融资的一种金融工具和渠道，在现行发行债券的法律法规和政策的夹击下仍面临着不利的局面。中小企业只有深入研究掌握债券发行的知识，才能充分利用这一自主便捷的融资工具为自身服务。

股权融资：上市公司以权利换资金

股权融资一直是企业融资的主要方式之一，也是证券公司投资银行业务最重要的收入来源之一。

股权融资是指企业的股东愿意让出部分企业所有权，通过企业增资的方式引进新的股东的融资方式。股权融资所获得的资金，企业无须还本付息，但新股东将与老股东同样分享企业的盈利与增长。

投资银行的股权融资业务主要是帮助融资方公开或非公开发行股票筹集资金，并为其提供发行前的股份制改造，以及证券产品设计、定价、寻找投资者、路演及承销等方面的服务。

股权融资按融资的渠道来划分，主要有两大类：公开市场发售和私募发售。所谓公开市场发售，就是通过股票市场向公众投资者发行企业的股票来募集资金，包括我们常说的企业的上市、上市企业的增发和配股，都是利用公开市场进行股权融资的具体形式；所谓私募发售，是指企业自行寻找特定的投资人，吸引其通过投资人入股企业的融资方式。因为绝大多数股票市场对于申请发行股票的企业都有一定的条件要求，例如我国对公司上市除了要求连续3年盈利之外，还要求企业有5000万的资产规模，因此对大多数中小企业来说，较难达到上市发行股票的门槛，私募成为民营中小企业进行股权融资的主要方式。

某民营企业是由国企改制而成的，改制后有超过两年完整的经营记录，发展也比较顺利。2004年该企业的净利润超过人民币2000万元，2005年净利润超过3000万元，2005年净资产约7500万元人民币。企业产品销售市场稳定，其中60%的产品出口国外。后来该企业为了提升生产能力，降低生产成本，从而增强盈利能力，计划购入约5000万元的生产设备，并确定引进策略投资者以股权投资方式解决购买设备所需资金。

这家企业联系了一个大型金融公司，经过一轮接洽，最终确定操作性最强的香港某投资机构，投资者先后对企业进行了多次实地考察，并进行市场等多方面的分析后，最终签订了投资意向书。随后投资者对该公司进行投资前的尽职调查，包括财务方面及法律方面的尽职调查，这方面的工作，投资者聘请了境外的会计师及律师来完成。由于该公司前期进行了充分的准备，尽职调查工作进展顺利，结果令人满意。在专业机构调查报告结果正确的基础上，投资者很快决定了对该公司的股权投资，以5000万元港币投资占该公司约30%的股权。在投资完成后，该公司正在为下一步申请直接上市做准备。

这是一次完整的股权融资过程，这样的案例并不少见，股权融资已经成为很多企业的融资选择。如果没有股权融资，四川长虹集团不可能发展成为中国的“彩电大王”；如果没有股权融资，青岛海尔也不可能成为海内外享有盛誉的特大型、多元化、国际化企业集团。这就是股权融资的神奇之处，从全国投资者手中汇集大量资金，扶植企业更好更快地发展。

然而，在股权融资的过程中，也有很多企业管理者，因为忙于融入资本，就没有过多地考虑企业的控股权，结果最后被人“扫地出门”。例如，点击科技的王志东在创办点击科技前，曾创办新浪网，由于在中小企业融资过程中，股权释放过快，导致由创始人变成小股东，最后在与投资方意见不合时，又被投资方一脚踢出了新浪网，给王志东的心灵造成了很大的伤害。中国企业网创始人张冀光又是另一个例子。1998年，张冀光创办中国企业网，1999年9月被当时中国数码收购80%的股份。中小企业融资后，张冀光担任总经理，对方另派一人担任董事长。结果，张冀光后来还是不得不离开了自己一手创办的中国企业网。但是，在争夺创业控制权方面，也有一个非常成功的例子，那就是当当网的李国庆及其团队，利用奇妙的战术，达成了自己绝对控股当当网51%的心愿。

当当网成立于1999年底，在国内互联网公司大多还处于泡沫破灭，大赔其钱，投资者看不到胜利希望的时候，李国庆及其团队异常团结，大家同进同退，取得了最后胜利。

2003年6月，当公司全面盈利已经成为现实的时候，李国庆向当当网的三大原始股东——IDG（美国数据集团）、卢森堡剑桥、日本软银——提出要股东奖励创业股份的要求，希望将增值部分的50%分给管理团队作为奖励，但是这一计划遭到了三大股东的强烈反对，认为李国庆要价太高。李国庆当即采取了一个措施，马上宣布将另起炉灶，做一个与当当网竞争的公司，并随即将这一消息广泛传播，让对方觉得“此事已定，没有商量”。

2003年10月28日，所有当当网的员工、IDG投资及中国国内一些企业高层都收到了一封题为《我的感谢以及任期》的电子邮件。由于当当网是由李国庆与其创业团队一手做起来的，三大原始股东一直并未插手经营，对网上书店不熟悉，李国庆突然宣布辞职，三大原始股东来不及安排人接班，也没有时间来学习，李国庆及其团队的这一行为首先在意志上打击和动摇了对手。其次，当时正有美国的老虎基金也看好当当网的前景，准备加入。老虎基金也不希望李国庆带领团队离开当当另起炉灶，与当当展开竞争。李国庆就是利用了这一有利形势，推动老虎基金出面与当当网的三大原始股东谈判，最后达成协议，由老虎基金出面，向三大原始股东购买一部分当当网的股份，

转而赠给李国庆及其管理团队。

2003年12月31日，协议正式签署，三方各自获利。李国庆以当当网的核心竞争力（团队）为筹码，并通过巧妙地运作，终于赢得了这场与资本方的博弈。

1602年，第一个股票交易所在阿姆斯特丹建立。之后，无数的公司经过投资银行这个“接生婆”登陆证交所，成为公众持股的上市公司。截至2009年，纽约证交所上市公司达到4000余家，纳斯达克交易所上市公司约5000家，伦敦证交所上市公司约3200家，我国上海证券交易所和深圳证券交易所上市公司也有几千家。这些公司在各个行业内都处于领军地位，它们都是以权利换资金，而投资银行在这些公司的上市过程中起到了关键性的作用。合理运用股权融资，可以帮助企业取得良好的发展，但是如果忽略了企业的控股权，后果也将不可估量。

金融租赁：借鸡下蛋，卖蛋买鸡

曾经有一首关于金融租赁的诗：

租赁业务万花筒，法规定义各不同。

概念混淆捆手脚，吃透概念显神通。

知识密集有挑战，实践经验炼真功。

现代租赁大发展，经济腾飞攀高峰。

租赁并不是一个新兴行业，而是一个较为古老的行业。金融租赁是指由出租人根据承租人的请求，按双方的事先合同约定，向承租人指定的出卖人购买承租人指定的固定资产。在出租人拥有该固定资产所有权的前提下，以承租人支付所有租金为条件，将一个时期的该固定资产的占有、使用和收益权让渡给承租人。

150年前的伦敦东部地区，煤矿已经采用租赁的方式从制造商处获得烧煤的机车，当时人们普遍采用的方式是签订以星期为单位的租赁，并将其展期至数年。实际上，这已经初步具备了现代融资租赁的雏形。

但是，真正现代意义上的融资租赁产生于美国。在大西洋彼岸的美国，租赁业务从19世纪中后期开始也有很大的进步。1877年，美国贝尔电话公司向企业和个人出租电话机，电话租赁业务得到普及；19世纪末，美国联合制鞋公司向制鞋商出租制鞋机等。

第二次世界大战以后，世界经济开始复苏，由于国际竞争加剧，制造商降低成本的要求非常迫切。当时的美国经济也面临着从战时的军工生产向民用工业转变，但是美国政府的金融紧缩政策，使大多数企业很难筹措到资金。在这种情况下，出现一种不依靠自有资金和借款即可引进设备的机制也就变得顺理成章了。

1952年，美国加利福尼亚州一家小型食品加工厂的经理亨利·斯克费尔德，因没有资金更新陈旧的带小型升降机的卡车，便考虑以每月125美元的代价租用卡车，并和经纪人达成了协议。

据此，亨利·斯克费尔德产生了建立租赁公司的设想，并向一家商会的负责人提出了建议。正好该商会当时正准备引进价值50万美元的新设备，但又不想为此一次性支付全部购买款项。于是，双方动员了一些支持者，共同努力提出了租赁方案，并成功地从美国银行获得了约50万美元的贷款，作为出租给该商会设备的购入资金。

由于此次交易非常成功，1952年，亨利·斯克费尔德创建了美国租赁公司，其主营业务是根据顾客的需要从其他制造商处购进设备，再租赁给顾客。这样，既解决了顾客尽早利用机器设备的问题，也解决了顾客资金不足、难以一次性付款的难题。亨利的公司被公认为是世界上第一家现代意义的融资租赁公司。

金融租赁实质是依附于传统租赁上的金融交易，是一种特殊的金融工具。它一般分为三类，分别是直接融资租赁、经营租赁和出售回租。在金融租赁过程中，由于租赁物件的所有权只是出租人为了控制承租人偿还租金的风险而采取的一种形式所有权，在合同结束时仍需要转移给承租人，因此，租赁物件的购买由承租人选择，维修保养也由承租人负责，出租人只提供金融服务。

租金的计算原则是：出租人以租赁物件的购买价格为基础，按承租人占用出租人资金的时间为计算依据，根据双方商定的利率计算租金。

在整个过程中，金融租赁的完成需要几个关键要素，它们分别为承租方主体、出租方主体、期限、租赁标的。而随着市场的发展和需求的多样性，金融租赁的表现形式已经丰富多样，出现了许多新式的租赁服务，比如回租、委托租赁、转租赁、合成租赁、风险租赁等。但总体来讲，不外乎两种基本的模式：一种是出租方将标的物购买后移交承租方使用；另一种则是将购买标的物的资金以类似于委托贷款的方式交给承租方，由租赁方购买既定的标的物。而通过金融租赁实现融资的基本特征在于承租方的最终目的是取得标的物的所有权。

因此，金融租赁的期限一般也是有限制的，通常会接近标的物的使用寿命。在相对成熟的金融租赁市场中，这个期限一般界定为设备使用寿命的75%。而从租金的总额度上来看，也会接近标的物的购买价格，通常界定为购买价格的90%，或者双方约定在期满后承租人以某种方式获取标的物的所有权。

2004年4月初，在沪上金融租赁公司新世纪金融租赁有限责任公司的成功运作下，全国首个房地产“售后回租+保理”融资项目正式签约——沪上一家大型房地产公司将其拥有的海南一家著名大酒店出售给金融租赁公司，并签订了5年的“售后回租”合同；金融租赁公司又与一家股份制商业银行签订“国内保理业务”合同，将房地产售后回租形成的租金应收款卖给银行。房地产公司一次性完成融资金额高达6亿元。

金融租赁在融资过程中的重要作用，正体现了这样几个特征：第一，可以获得全额融资；第二，可以节省资本性投入；第三，无须额外的抵押和担保品；第四，可以降低企业现金流量的压力；第五，可以起到一定的避税作用；第六，从某种意义上来说，可以用作长期贷款的一个替代品。

融资租赁将金融与产业更有效地结合起来，在金融日益产业化和产业日益金融化的今天，融资租赁不应该仅仅是一种可有可无的修饰和点缀，而应该承担更大的责任。金融租赁适用的范围也非常广，对于企业来说，从厂房、设备、运输工具，甚至软件、信息系统都可以适用，无论是大型的国有企业、医院，还是中小型的企业，都可以采用金融租赁的方式。

其一，经营租赁融资，可以实现表外融资，保持合理负债。收入支出匹配，均衡企业利税。租赁融资不是“高利贷”，是企业均衡税负、持续发展的新型融资机制。

其二，多种渠道融资，改善财务结构，减少支付压力，改善现金流量。

其三，设备租赁管理，集中扣税资源，减少机会成本，追求服务便利。

其四，资产变现筹资，企业滚动发展，实现税前还贷，避免资产损失。

员工持股制：让员工做企业的主人

ESOP（Employee Stock Ownership Plans，ESOP），又称公司职工持股计划，是指由企业内部员工出资认购本企业部分股权，委托一个专门机构（如职工持股会、信托基金会等）以社团法人身份托管运作，集中管理，并参与董事会管理，按股份分享红利的一种新型股权安排方式。

ESOP是一种由企业员工拥有本企业产权的股份制形式，包括两种方式：非杠杆型ESOP和杠杆型ESOP。非杠杆型ESOP指在实行员工持股计划的过程中，不依赖于外部资金的支持，主要采取股票奖金或者股票奖金与购买基金相结合的方法予以解决；杠杆型ESOP（LESOP），通常由公司出面以LESOP所要购买的股票作为抵押，向商业银行或其他金融机构融资，所得款项用于购买股票，只有在LESOP定期利用公司的捐赠偿还本金和利息时，才能逐步、按比例将这部分股票划入员工的私人账户。

改革开放以来，随着我国经济体制的改革，我国也有一部分企业开始学习欧美地区关于成熟员工持股（ESOP）的经验，将部分股权转让给内部企业员工。员工持股不仅仅是将企业财富分配给企业员工，也是将员工的命运与企业的市场竞争力捆绑在一起。我们都知道，工资和奖金是激励员工的一项最基本手段。通过员工持股的形式来增加企业的凝聚力，让员工做企业的主人，以达到企业发展的最佳效果。

上海浦东大众出租汽车股份有限公司是全国出租汽车行业的第一家股份制企业，是由上海大众出租汽车公司（后改制为股份有限公司）、上海煤气销售有限公司、交通银行上海浦东分行等单位共同发起，公开募集股本组建的。公司于1991年12月24日成立，于1993年3月4日正式挂牌在上海证券交易所上市。

上海浦东大众出租汽车股份有限公司的总股本为25896.78万股，其中有流通股11509万股，占总股本的44.44%。总资产7.1亿元，没有对外负债。年营业收入1.9亿元，年总利润为1.09亿元（1997年的财务数据）。公司拥有出租汽车1000多辆，是浦东新区客运行业的骨干企业之一。公司主营业务有汽车客运、汽车配件销售、房地产开发、商务咨询等。下属企业有上海浦东大众出租汽车配件公司、上海浦东房地产发展有限公司、上海浦东大众公共交通有限责任公司、上海久企贸易交通有限责任公司、上海久企贸易实业公司、上海发发出租汽车公司、上海浦东大众长途客运公司、上海浦东大众快餐公司。

1997年9月18日，上海浦东大众出租汽车股份有限公司职工持股会暨首次会员大会召开，标志着浦东大众职工持股的正式运作。

职工持股会会员2800余人，持有上海大众企业管理有限公司90%的股份，股份总额为6800万股，每股1元。而上海大众企业管理有限公司通过股权转让方式受让浦东大众法人股2600万股，每股受让价格为4.3元，持有浦东大众总股本20.08%股权，成为浦东大众的最大股东，拥有了浦东大众的管理权。因此，浦东大众职工持股会直接持有上海大众企业管理有限公司90%的股权，间接持有浦东大众20.08%的股权。持股会通过上海大众企业管理有限公司对浦东大众具有间接影响。

在浦东大众，股东大会是最高权力机构。但由于上海大众企业管理有限公司掌握了企业的控制权，而职工持股会又是上海大众企业管理有限公司的最高权力机构，因此，职工持股会相当于浦东大众的第二个法人治理机构。职工持股会的代表要进入董事会、监事会，参与决策、决算和监督，以从根本上改变决策者不负经济责任的状况。

上海浦东大众出租汽车股份有限公司之所以建立职工持股会，也是有自己的考虑的。让劳动者成为有产者，确立职工的主人翁地位，使企业与员工真正成为利益的共同体，减少企业与员工之间的利益矛盾，强化了企业内部的监督机制，改变企业的治理结构。

融资成本：融资不能病急乱投医

融资是一种技术，更是一种艺术。对于融资企业而言，最重要的两件事：第一，是要认清自己，明确自己的定位；第二，就是结合自己的定位，找到合适的金融工具或者金融工具的组合。而在融资之前，企业不得不考虑一个重要的因素，那就是融资成本。

2011年，多家银行公布了赴香港发行人民币债券的计划，累计赴港发债的规模达到800亿左右。赴港发行人民币债券是指境内金融机构依法在香港特别行政区内发行的、以人民币计价的、期限在1年以上按约定还本付息的有价证券。

从近几年赴港发债的几家银行来看，数量并不大，频率也不高。

业内人士认为，“低成本发行的环境是多家银行选择赴港发债的重要原因”。根据北京银行发布的公告称，根据以往发行情况，在港发行人民币债券的利率较同期境内金融债券的利率低平均约65bps。其中2008年8月进出口银行发行的香港人民币债券和境内金融债券的发行利差更是达到了130bps，融资成本优势明显。

融资成本是资金所有权与资金使用权分离的产物，其实质是资金使用者支付给资金所有者的报酬。由于企业融资是一种市场交易行为，有交易就会有交易费用，资金使用者为了能够获得资金使用权，就必须支付相关的费用。例如，委托金融机构代理发行股票、债券而支付的注册费和代理费，向银行借款支付的手续费等。企业融资成本实际上包括两部分，即融资费用和资金使用费。融资费用是企业在资金筹资过程中发生的各种费用；资金使用费是指企业因使用资金而向其提供者支付的报酬，如股票融资向股东支付股息、红利，发行债券和借款支付的利息，借用资产支付的租金等。

在融资成本的构成中，除了财务成本外，企业融资还存在着机会成本或称隐性成本。此外，企业外在环境的变化和内在业务发展的状况都会影响企业融资的成本。

融资成本不仅对中小企业至关重要，它也是上市公司进行再融资方式选择时考虑的重要方面，公司的融资偏好在很大程度上取决于债券融资和银行贷款、股权融资成本的对比。下面我们就来看一看不同融资成本是如何计算的。

在公司资本成本的计量方面，从20世纪90年代以来，西方公司财务研究基本上认可了资本资产定价模型（CAPM）在确定经过风险调整之后的所有者权益成本中的主流地位。在借鉴相关研究的基础上，顾银宽等建立了中国上市公司的债务融资成本、股权融资成本和融资总成本的计量模型或公式。

1. 融资资本的计算

融资资本包括债务融资资本和股权融资资本，DK代表债务融资资本，EK代表股权融资资本，分别有：

DK＝SD1＋SD2＋LD

其中：SD1代表短期借款，SD2代表一年内到期的长期借款，LD代表长期负债合计。

EK＝EK1＋EK2＋EK3＋EK4＋EK5＋ER1＋ER2

其中：EK1代表股东权益合计，EK2代表少数股东权益，EK3代表坏账准备，EK4代表存货跌价准备，EK5代表累计税后营业外支出，ER1代表累计税后营业外收入，ER2代表累计税后补贴收入。

2. 债务融资成本的计算

对上市公司来说，债务融资应该是一种通过银行或其他金融机构进行的长期债券融资，而股权融资则更应属长期融资。

根据大多数上市公司募集资金所投资项目的承诺完成期限为3年左右，因此可以将债务融资和股权融资的评估期限定为3年。以DC代表债务融资成本，则DC可直接按照3～5年中长期银行贷款基准利率计算。

3. 股权融资成本的计算

股权融资成本Ec必须根据资本资产定价模型（CAPM）来计算。CAPM模型就是：

ri＝rf＋βi（rm×rf）

其中：ri为股票i的收益率，rf为无风险资产的收益率，rm为市场组合的收益率，βi代表股票i收益率相对于股市大盘的收益率。

4. 融资总成本的计算

上市公司的总成本是债务融资与股权融资成本的加权平均，即有：

C＝DC×（DK/V）×（1－T）＋EC×（EK/V）

其中，C代表融资总成本，T代表所得税率，V代表上市公司总价值，并且有：

V＝E＋Ds＋DL

其中，E代表上市公司股票总市值，Ds代表上市公司短期债务账面价值，DL代表上市公司长期债务账面价值。

通常情况下，企业所处行业的景气程度提高，同行业领头企业的成功融资，或者同行业上市企业的优异表现等，都会对提升企业的价值有着或多或少的作用，而企业内部业务的发展、技术的突破、产品的试制成功等也都可以实质性提升企业的价值。融资对企业来讲是生存的基础，也是持续发展的基础，但融资确实也会给企业带来风险。企业能否获得稳定的资金来源、及时足额筹集到生产要素组合所需要的资金，对经营和发展都是至关重要的。因此，企业方应该审时度势，未雨绸缪，更好地帮助企业发展。

PART 04 “看不见的手”——每天读点金融调控与政策知识

金融调控：当亚当·斯密遇见凯恩斯

几个世纪以来，围绕着政府与市场间的界限问题，很多经济学家和政治家、企业家都争议不断，甚至到了今天，自由派和保守派都还在为政府是否应在教育、医疗、扶贫等方面进行干预而进行讨论。而实际上，政府逐渐侵占了市场的地盘，为什么呢？

“冬去春花次第开，莺飞燕舞各徘徊。疾风骤雨旦夕至，高唱低吟有去来。”这首古诗说的是自然界自有其生杀消长、生生不息的规律，市场经济也同样有其运作的规律。但同时，市场经济在运作中也会出现种种问题，比如资源配置不协调等矛盾，这就需要政府发挥宏观调控的作用。在宏观调控中，金融调控是必不可少的一环。

金融调控是指国家综合运用经济、法律和行政手段，调节金融市场，保证金融体系稳定运行，实现物价稳定和国际收支平衡。金融调控是宏观经济调控的重要组成部分。在现代经济生活中，金融调控职能主要由中央银行来履行。中央银行通过货币政策调控货币总量及其结构，通过保持货币供求总量和结构的平衡来促进社会总需求与总供给的均衡。1993～1999年我国执行的是适度从紧的货币政策，1999～2007年我国执行的是稳健的货币政策，而从2008年起，我国开始执行从紧的货币政策。从紧的货币政策是为了防止经济增长过热和通货膨胀所采取的宏观调控政策，其内涵包括两方面：一是人民银行通过货币政策工具减少货币供应量，控制信贷规模过快增长；二是严格限制对高耗能、高污染和产能过剩行业中落后企业贷款投放，加大对“三农”、中小企业、节能环保和自主创新等薄弱环节的支持。

宏观调控亦称国家干预，就是国家运用计划、法规、政策等手段，对经济运行状态和经济关系进行干预和调整，把微观经济活动纳入国民经济宏观发展轨道，及时纠正经济运行中偏离宏观目标的倾向，以保证国民经济持续、快速、协调、健康发展。而在多种调控手段中，金融调控往往是最为关键的环节。

通常，中国的金融调控手段主要从以下五个方面入手：

一是央行将着力于正确处理内需和外需的关系，进一步扩大国内需求，适当降低经济增长对外需、投资的依赖，加强财政、货币、贸易、产业、投资等宏观政策的相互协调配合，扩大消费内需，降低储蓄率，增加进口，开放市场来推动经济结构调整，促进国际收支趋于平衡。

二是改善货币政策传导机制和环境，增强货币政策的有效性，促进金融市场的发育和完善，催化金融企业和国有企业改革，进一步转换政府经营管理，完善间接调控机制，维护和促进金融体系稳健运行。

三是积极稳妥地推进利率市场化改革，建立健全由市场供求决定的、央行通过运用货币政策工具调控的利率形成机制，有效利用和顺应市场预期，增强货币政策透明度和可信度。

四是加强货币政策与其他经济政策间的协调配合，加强货币政策与金融监管的协调配合，根据各自分工，着眼于金融市场体系建设的长期发展，努力促进金融业全面协调可持续发展，加强货币政策与产业政策的协调，以国民经济发展规划为指导，引导金融机构认真贯彻落实国家产业政策的要求，进一步优化信贷结构，改进金融服务。

五是进一步提高金融资金，主动、大力拓展债券市场，鼓励债券产品创新，推动机构投资者发展，加大对交易主体和中介组织的培育，加快债券市场基础制度的建设，进一步推进金融市场协调发展。

金融调控是宏观调控的重要组成部分，它与战略引导、财税调控一起构成宏观调控的主要手段，互相联系，互相配合，共同的目标是促进经济增长、增加就业、稳定物价、保持国际收支平衡。相对而言，金融调控侧重于国民经济的总量和近期目标，但是为宏观经济内在的规律所决定，其作用也必然影响到长远目标。

亚当·斯密“看不见的手”理论已经深入人心，只是人们对它的理解还要更深一层。在市场经济的发展中，市场是“看不见的手”，而政府的调控被称为“看得见的手”。“看不见的手”促进大多数国家的市场发展，“看得见的手”为市场搭建法律和管理框架，两者完美结合，才会让市场更完善、经济发展更迅速。缺了任何一个，都会像小儿麻痹患者一样，走路不稳，容易摔倒。因此，为了克服“市场失灵”和“政府失灵”，人们希望“两只手”配合运用，实现在社会主义市场经济条件下政府职能的重要转变。

宏观调控：看得见的物价，看不见的手

英国经济学家凯恩斯在其著名的《就业、信息和货币通论》一书中记述了这样一则寓言：

乌托邦国处于一片混乱之中，整个社会的经济处于完全瘫痪的境地，工厂倒闭，工人失业，人们无家可归，饿殍遍野，人们束手无策。这个时候，政府采用了一个经济学家的建议，雇用200人挖了一个很大很大的大坑。这200人开始购买200把铁锹，于是生产铁锹的企业、生产钢铁的企业、生产锹把的企业相继开工了，接下来工人开始上班、吃饭、穿衣……于是，交通部门、食品企业、服装企业也相继开工了。大坑终于挖好了，然后政府又雇用200人把这个大坑再填埋上，这样又需要200把铁锹……萧条的市场就这样一点点复苏了，启动起来了。经济恢复之后，政府通过税收，偿还了挖坑时发行的债券，一切又恢复如常了，人们在灿烂的阳光下过着幸福的生活……

国家的经济陷入危机的时候，国家要担当起自己的责任，应该采用宏观调控的办法干预经济生活，使经济走上正常的轨道。

在亚当·斯密那只“看不见的手”的指引下，英国的经济首先呈现出高速的发展，然后美国、欧洲的经济都获得了空前的发展。但是到了1929年，形势急转直下，世界范围内爆发了一场空前的经济危机。这个时候人们才发现，那只“看不见的手”失灵了，这就是人们常说的“市场失灵”。与此同时，在经济生活中，人们意外地发现了另外“一只手”，发现有一只人们“看得见的手”在挥舞，它开始频繁地进入人们的经济生活。这只“看得见的手”指什么呢？其实这只“看得见的手”就是指“国家对经济生活的干预”。对市场的失灵，政府并不是无所作为的，不能坐而视之，而应该通过适当干预，刺激市场、启动市场，解决社会存在的经济问题。就像寓言中那样，在整个社会经济不好的时候，国家积极地进入了角色，开始干预经济生活，稳定社会的经济。

这只“看得见的手”曾一度使整个资本主义经济从危机的泥沼中走出来，并使资本主义社会的经济在世界范围内蓬勃发展。那么，国家是通过什么办法来调控整个社会经济的呢？

国家主要是通过财政政策和货币政策在宏观上对经济进行调控的。财政政策主要依靠消费、投资、出口这“三驾马车”；货币政策有汇率的变动、利息率的变动、货币发行量的变动、发行国债等，都会对一国的经济走势起到宏观调控的作用。

也就是从凯恩斯那个时候开始，各国分析和预测经济问题的视角发生了彻底的转变。过去人们重视微观经济问题，也就是个人、家庭、企业对社会经济的影响；而现在人们更看重

宏观经济的问题了。一个经济学家这样比喻：比如在剧场里看戏，当一两个人站起来的时候，我们自己说了算，这相当于微观经济；当全场的人都站起来的时候，这个时候每一个个人都无法左右全场的局面，他只能想办法去适应这个局面，这就是宏观经济了。

在亚当·斯密发现“看不见的手”之后，市场规律指导资本主义经济繁荣了有150多年；而凯恩斯倡导的宏观调控，又让资本主义经济蓬勃发展了近50年。然而，事实证明，宏观调控并不是万能的。

例如，20世纪80年代的日本，由于国际贸易顺差较大，在美国等的压力下于1985年签署了《广场协议》。此后，日元开始迅速升值，兑美元汇率从1985年9月的240：1一直上升至1988年的120：1，整整升值了一倍。由于担心出口下滑、经济减速，日本采取了扩张性政策，放松银根，利率从5％降到2.5％，货币供应增幅是名义GDP增速的2倍，出现了流动性过剩，资金大量涌入股票和房地产市场，形成了市场泡沫。

1985～1990年，日本的土地资产总值增长了24倍，达到15万亿美元，相当于同期GDP的5倍，比美国土地总值多4倍。同期日经指数从12000点上升到39000点，股票总价值增加了47倍，市盈率1989年达到70.6倍（但日本股票收益率仅为0.4％～0.7％，只有同期欧美企业的1/6左右）。1986～1989年，日本国民资产总额增加了2330万亿日元，其中60％以上为地价、股价上涨所带来的增值收益。

等到经济泡沫破灭后，股价从1989年最高时的39000点下跌到1992年的14000点，2004年达到最低的7600点，跌幅高达80%；房价跌幅也高达70%。股票和地价造成的资产损失相当于GDP的90%，达5万亿～6万亿美元。虽然此后政府采取了刺激经济的措施，不断降低利率，但又陷入“流动性陷阱”，零利率政策不起作用；加之扩大内需政策缺乏连续性，致使经济陷入十多年的大萧条，出现了银行坏账、设备、人员三大过剩，日本经济长期处于滞涨状态。

同样，在当前世界金融危机的威胁下，虽然各国的经济刺激方案纷纷出台，但并没有取得预期的效果，宏观调控显得越来越力不从心。

这是因为以信息技术为基础的全球化经济打破了传统工业社会中的主权经济、主权社会和主权政治的统一性，正成为当今世界发展中的基本矛盾。主权经济、主权社会和主权政治的重合缺失增加了主权国家宏观经济调控和社会管理的难度。

也就是说，全世界的经济依然成为全球互相依赖的基础，但是各个国家依然是主权国家。进一步说，在国际经济中，关税、出口配额、汇率、统计口径、生产要素等是一个主权国家可以控制和管理的，但又不完全取决于一个国家的选择。在这样的情况下，主权国家的经济社会政策会造成出乎政策制定者们预料的结果，有时甚至会造成相反的效果。这犹如在传统的工业社会中，企业是市场的主体，不同企业之间进行竞争和博弈，采取各自的策略，有时会造成市场不公平竞争，最后不得不由政府出面进行宏观调控，保持经济的稳定增长和社会秩序。在经济全球化下，全球市场的失灵会造成不公平竞争和主权国家宏观调控政策的失灵。

财政调控：国家履行经济职能的基础

财政，也称国家财政、政府财政或公共财政，是指以国家为主体，通过政府税收、预算等收支活动，用于履行政府职能和满足社会公共需要的经济活动。

财政在整个国民经济运行中具有重要地位。因为全社会的最终需求有不同性质的两类：一类是食品、衣物等个人消费品以及企业生产经营所需要的生产资料，通称“私人物品或服务”；另一类是行政管理、国家安全、环保等“公共物品或服务”。由于私人物品或服务的获得具有排他性和竞争性，其交易活动要求双方利益边界清楚，并通过市场实现；而公共物品或服务的需要和消费是公共的和集合的，市场对这些物品的提供是失效的，只能由政府并通过财政的物质支撑加以满足。

市场经济条件下，财政发挥着市场不可替代的关键作用。其主要作用：一是为国家履行其职能提供经济基础，并为国家通过直接配置公共资源来间接引导全社会资源的市场配置创造前提条件；二是财政政策与货币政策、收入政策、产业政策一起构成国家宏观调控的重要政策手段；三是财政具有再分配功能，是国家调节收入分配的重要工具。

财政调控的手段主要包括国家预算、税收、财政支出和国债等。

国家预算。国家预算是国家为实现其职能需要有计划地筹集资金，使用由国家集中掌握的财政资金的重要政策工具，是国家的基本财政收支计划。国家预算包括中央预算和政府预算。中央预算是我国财政政策的主要工具，它对经济总量、经济结构和各经济层面都发挥着调节作用。其调节功能主要在年度财政收支规模、收支差额和收支结构中预先制定，并通过预算执行中的收支追加追减，以及收支结构变化等实现。

税收。税收是国家为实现其职能需要，凭借其政治权力，按照预定标准，无偿地取得的一种强制性的财政收入，也是国家进行宏观调控的工具之一。其调节作用的实现形式主要是确定税率、分配税负，以及税收优惠和惩罚。

税收对经济的调节作用主要有：一是影响社会总供求，这种影响因税种不同而不同。流转税的征税效应侧重于总供给，提高流转税率可以限制供给；反之会增加供给。所得税的征税效应侧重于总需求。政府可以根据税收的自动稳定器作用，制定相机抉择的增减税措施，减缓经济波动。二是通过调整税率影响产业结构，限制或促进某些产业发展。三是通过征收累进所得税和社会保险税等有效调节收入分配，维护社会稳定，实现社会公平。

财政支出。财政支出是政府为履行其职能，将由其集中掌握的社会资源（或资金）按照一定的政治经济原则，分配、运用于满足社会公共需要各种用途的过程和耗费资金的总和，是宏观经济调控工具之一。

国债。国债是中央政府通过中央财政，按照信用原则，以债务人身份在国内外发行债券或向外国政府和银行借款所形成的债务。债券或借款要还本付息。国债以国家信誉为担保，比其他信用形式可靠和稳定，因而又称其为“金边债券”。国债政策是国家根据宏观经济发展要求，通过制定相关政策对国债发行、流通等过程实施有效管理，实现对宏观经济有效调控的目的。国债产生的主要动因是弥补财政赤字，但随着社会经济的不断发展，信用制度的日臻完善，国债政策已经成为一项较为成熟的财政政策工具，在平衡财政收支、调节经济运行和影响货币政策等方面发挥着日益重要的作用。

中央银行通过买卖国债的公开市场业务操作，吞吐基础货币，调节货币供应量，为货币政策服务，国债又成为连接财政和货币两大政策手段的桥梁。

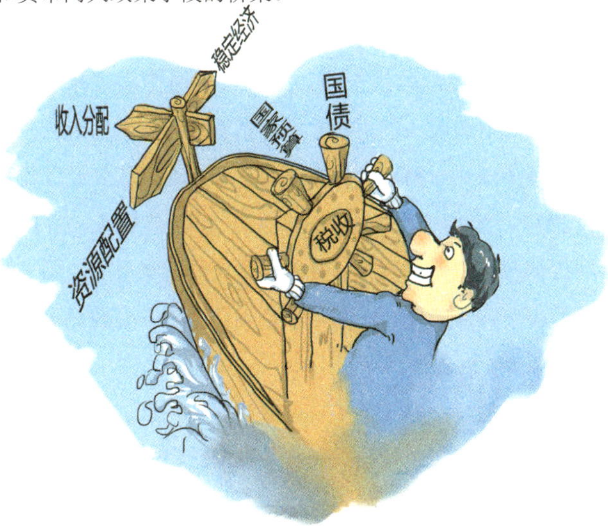

财政的基本功能主要有以下几个方面：一是资源配置功能。通过财政再分配，将国民总收入的一部分集中起来，形成财政收入；通过财政支出活动，引导社会资金流向，为社会公共需要提供资金保障。二是收入分配功能。通过税收、转移支付、补贴等财政手段调整社会成员间、地区间的收入分配格局，实现社会公平的目标。三是稳定经济功能。通过实施财政政策，对宏观经济运行进行调节，促使总供求基本平衡，调整优化经济结构，实现社会经济的可持续发展。

我国社会主义市场经济体制下的财政职能，除具有上述财政的一般基本功能外，还具有社会主义基本制度内在要求的特殊性，即监督管理功能。通过对宏观和微观经济运行、对国有资产保值增值等营运、对财政管理工作自身等方面的监督管理，保证国家政令统一，提高财政支出效率，维护国家和人民的根本利益。

我国财政调控的范围很广，既有总量调控，又有结构调整；既包括对财政收入的组织，又包括对财政支出的规范。随着改革的逐步深化，财政调控方式也日臻完善。计划经济体制的高度集中、统收统支的直接调控模式已经被打破，直接调控、间接调控和法律规范相结合的调节格局基本形成，国民经济运行逐步走向规范化、法制化和市场化及与必要的行政管理相结合的稳步发展轨道。

一方面，通过财政收支实现国家预算对供求总量的影响。财政收入一般反映财政参与国民收入分配过程的活动；财政支出是通过改变政府支出规模和方向，实现财政的资源配置、收入分配和稳定经济功能，体现政府宏观调控的意图。预算对经济调节的具体形态主要有三种，即赤字预算、盈余预算和平衡预算，分别反映财政政策的扩张性、紧缩性和中性政策取向。

为了实现财政平衡或节余，政府主要采取偏紧的政策选择，即增加收入或减少政府公共工程等支出。因此，盈余政策可以对总需求膨胀起到有效抑制作用。平衡预算在总供求相适应时可以维持总需求的稳定增长。财政出现赤字时主要通过发行国债方式弥补，但为应对经济紧缩趋势，政府主要通过扩大预算赤字、直接增加政府支出等方式，带动经济增长，实现供求平衡。因此，赤字预算政策在有效需求不足时作用明显。

另一方面，通过实施财政结构政策实现国家预算对经济结构调整的影响。在财政收支差额既定的情况下，调整财政收支结构（主要是财政支出结构），调节宏观经济运行。一是通过降低（或提高）短线产品（长线或高利产品）的税率，引导社会资金投向“瓶颈”产业，缓解结构失衡；二是在供需结构失衡时，通过增加（或减少）财政投资，扩大（或抑制）社会有效供给（或需求），实现产业或产品结构调整的目的。

个人所得税：收入分配的调节器

从经济学角度来说，不管人均GDP是高是低，只要贫富差距扩大化，就会引发社会革命。我国改革开放以来，分配体制改革不断深化，市场机制在国民收入初次分配中日益发挥基础性调节作用。但随着经济的不断发展，我国居民的收入差距在不断拉大，各国通过基尼系数来衡量财富分配是否平均，而我国的基尼系数已经超过了国际警戒线。过大的收入分配差距会导致一些矛盾，与建设社会主义和谐社会显得很不协调。

个人所得税是调整征税机关与自然人（居民、非居民人）之间在个人所得税征纳与管理过程中所发生的社会关系的法律规范的总称。自1798年在英国创立至今，已有200多年历史，很多国家都把它作为调节收入差距的重要税种。我国法律规定："凡在中国境内有住所，或者无住所而在中国境内居住满一年的个人，从中国境内和境外取得所得的，以及在中国境内无住所又不居住或者无住所而在境内居住不满一年的个人，从中国境内取得所得的，均为个人所得税的纳税人。"

新税改以前，我国个人所得税存在较多问题。我国的个人所得税制度采用分类课征的方式，这种税制不利于调节高收入、缓解个人收入差距悬殊的矛盾，在公平性上存在缺陷，容易造成不同项目、不同纳税人之间的税负不公平。两种超额累进税率的施行，税率级别划分过多，税率计算烦琐、程序复杂，而且在一定程度上造成了税负不公，与国际上减少税率档次的趋势不相吻合，不利于征收与管理。全国使用统一的费用扣除标准，不能有效调节收入差距。我国不同地区的人均收入水平有一定差距，居民收入差距导致消费支出水平的不同。基于财税一般原理，税收起征点的定位在很大程度上体现着该种税收的功能指向，而个税起征点的设计未能体现其基本功能。中国是一个发展中的大国，生产力发展水平与社会保障条件与发达国家相比存在很大差距，在收入分配差距不断拉大的背景下，个税功能指向理当定位于“富人税”。另外，税收征管不到位，缺乏记录个人取得收入的制度、纳税人编码制度、财富实名制等相关配套制度；税源控制不力，代扣代缴不到位；企业对不固定发放的其他形式的奖金、实物等不扣缴税款，导致代扣代缴难以全面落实到位；基础性配套制度不健全，影响了税收检查工作的开展；违反税法的行为惩罚力度不够。

2011年6月30日，十一届全国人大常委会通过了修改个人所得税法的决定，将个税起征点提高到3500元，将超额累进税率中第1级由5%降低到3%。修改后的个税法于2011年9月1日起施行。而在2018年又将个税起征点提高到5000元。

税收作为国民收入再分配的重要手段，在调节社会成员收入差距方面有一定作用。开征个人收入所得税，实行累进税率（包括其他财产税、遗产税等），目的就是调节并缩小贫富差距，缓和社会矛盾，维持社会的长治久安。

1. 加大了高收入者的征收力度

个人所得税是我国目前所得税种中最能体现调节收入分配差距的税种。在降低低收入者税收负担的同时，争取最大限度地发挥利用个人所得税调节收入差距扩大的作用，加大对高收入者的调节力度。在征管方面研究新措施、引进新手段，是个人所得税征管的关键。

修订后的个人所得税法，提出了对富人进行重点征管的内容。《中华人民共和国个人所得税法实施条例》中提出了加强对高收入者的税收征管，将以前的单项申报改为双项申报，即将原来由纳税人所在单位代为扣缴个人所得税，改为高收入者的工作单位和其本人都要向税务机关进行申报，否则视为违法。条例规定，扣缴义务人都必须办理全员全额扣缴申报，这就形成了对高收入者双重申报、交叉稽核的监管制度，有利于强化对高收入者的税收征管，堵塞税收征管漏洞。

2. 缩小收入差距，降低基尼系数

我国区域经济发展水平不平衡，各地居民收入、生活水平存在一定差距，全国统一工薪所得费用扣除标准，有利于促进地区间的公平。如果对高收入地区实行高费用扣除标准，低收入地区实行低费用扣除标准，反而将加剧地区间的不平衡，这将与个税本来的调节意义背道而驰。目前，各地实行统一的纳税标准，对收入较低的西部地区将产生很大益处，西部相当部

分中低收入阶层将不必缴纳个人所得税，该地区纳税人的税收负担将会减轻，有利于鼓励消费，促进落后地区经济的发展。

个人所得税在所有税种里最能调节收入分配差距，对收入进行二次平衡。富人和穷人是财富分配链中的两端，要缩小贫富差距，就是要从富人那里分割一定的财富，用来补贴穷人。按照国际惯例，基尼系数达到或者超过0.4，就说明贫富差距过大。贫富差距凸显与个人所得税制度失效是因果相生的。统计数字显示，工薪阶层是目前中国个人所得税的主要纳税群体。2004年个人所得税收入中65%来源于工薪阶层，违背了大家公认的“二八定律”。而中国的富人约占总人口的20%，占收入或消费总额的50%，但是这20%的富人，对个人所得税的贡献竟然只有10%。这充分说明，个税不但没有实现从富人到穷人的“调节”；相反，这种财富的二次分配还处于一种“倒流”状态中。长期“倒流”下，只能是富人越富、穷人越穷，社会贫富差距仍将继续加大。有人称，中国富人的税收负担在世界上是最轻的。只有通过政府的税收强制手段才是完成“调节”的最有效方式。

中国公众缩小贫富差距、实现“共同富裕”的期待，很大程度上寄托在个税制度的归位中。税收制度对广大中等收入群体有重要的导向作用，作用原理是“限高，促中，提低”。加大对高收入者的征收力度，对降低基尼系数有明显的作用。

利率政策：“四两拨千斤”的政策

利率政策作为货币政策的重要组成部分，也是货币政策实施的主要手段之一。央行根据货币政策实施的需要，适时地运用利率工具，对利率水平和利率结构进行调整，进而影响社会资金供求状况，实现货币政策的既定目标。利率上调有助于吸收存款，抑制流动性，抑制投资热度，控制通货膨胀，稳定物价水平；利率下调有助于刺激贷款需求，刺激投资，拉动经济增长。利率这个经济杠杆使用起来要考虑它的利弊，在什么时间、用什么幅度调整都是讲究艺术的。

以日本10年漫长的经济衰退时期的零利率政策为例。20世纪90年代初，泡沫经济崩溃后，大量借款不能偿还，给银行机构造成大量不良资产，日本经济陷入长期萧条。中小企业因资金周转不开而大量倒闭，殃及中小银行金融机构跟着破产。为了刺激经济复苏，日本政府扩大公共事业投资，年年增发国债，导致中央政府和地方政府负债累累，财政濒临崩溃的边缘，国家几乎无法运用财政杠杆调节经济。为了防止经济进一步恶化、刺激经济需求，日本银行于1999年2月开始实施零利率政策。2000年8月，日本经济出现了短暂的复苏，日本银行一度解除了零利率政策。2001年，日本经济又重新跌入低谷。2001年3月，日本银行开始将金融调节的主要目标从调节短期利率转向“融资量目标”，同时再次恢复实际上的零利率政策。2006年7月14日，日本央行解除实施了5年零4个月的零利率政策，将短期利率从零调高至0.25%。零利率的解除，也标志着日本经济开始明显复苏。

在经济跌入低谷时，低利率政策的实施减轻了企业的债务负担，为市场提供了充足的资金，但其负面影响也是不容忽视的。例如，由于市场利率的下降引起存款利率的下降，使储蓄者蒙受一定损失，直接影响到个人消费的提高；另外，由于短期资金唾手可得，助长了某些金融机构的惰性。在低利率政策下，金融机构不用说实行证券化、开发衍生金融产品，就是连传统存贷业务的利润空间都很小，特别是保险行业经营已出现困难。因此，过低的利率使金融机构丧失了扩展业务与进取开拓的内在动力。更为严重的是，低利率甚至零利率政策意味着利用金融手段刺激经济的余地也越来越小。

不同国家的利率标准也不尽相同。中国央行领导人曾用“橘子是不能跟苹果相比”的形象比喻来说明各个国家利率手段的内涵和定价机制不同。受金融危机的影响，2009年西方很多国家和过去10年中的日本一样，开始实行零利率政策。西方各国对于中国实行零利率政策的呼声很高。这是为什么呢？

因为利率对本国汇率和对他国汇率都有重要的影响。利率是货币供求关系的产物，增加货币投放量，市场上货币增多，供大于求，导致利率下降；反之减少货币投放量，市场上流通的货币减少，供不应求，利率提高。以中国和美国为例，如果中国增加货币投放量，利率降低，而假设美国利率不变，在外汇市场上导致人民币对美元贬值；反之如果美国降息，而中国利率不变，将导致美元对人民币贬值。因此，一国的利率政策不仅会影响到本国人民的利益和经济发展，还会通过汇率作用于他国的经济。

2007年初以来，中国人民银行先后五次上调人民币存贷款基准利率。其中，一年期存款基准利率累计上调1.35个百分点，一年期贷款基准利率累计上调1.17个百分点。2007年底，央行发表报告认为，利率政策的累积效应逐步显现：一是融资成本适度上升，有利于合理调控货币信贷投放，抑制过度投资；二是连续多次加息，有利于引导居民资金流向，稳定社会通胀预期。在物价水平走高的情况下，中央银行提高存款收益水平并努力使实际利率为正，有利于保护存款人的利益。居民储蓄问卷调查显示，居民储蓄意愿下降速度已明显放缓，在当前的物价和利率水平下，认为“更多储蓄”最合算的居民占比，第一、二、三季度降幅分别为5.6、4和0.9个百分点，幅度明显减小。第三季度，储蓄存款余额下降趋势在一定程度上得以缓解。在五次上调人民币存贷款基准利率的过程中，中国人民银行适度缩小金融机构存贷款利差，一年期存贷款基准利率利差在各次利率调整后分别为3.60%、3.51%、3.51%、3.42%、3.42%，利差从年初的3.60%逐步缩小为3.42%，累计缩小0.18个百分点。

央行表示，利率政策的累积效应逐步显现。

中国人民银行加强了对利率工具的运用。央行采用的利率工具主要有四种。一是调整中央银行基准利率，包括：再贷款利率，指中国人民银行向金融机构发放再贷款所采用的利率；再贴现利率，指金融机构将所持有的已贴现票据向中国人民银行办理再贴现所采用的利率；存款准备金利率，指中国人民银行对金融机构交存的法定存款准备金支付的利率；超额存款准备金利率，指中央银行对金融机构交存的准备金中超过法定存款准备金水平的部分支付的利率。二是调整金融机构法定存贷款利率。三是制定金融机构存贷款利率的浮动范围。四是制定相关政策对各类利率结构和档次进行调整等。

从目前来看，我国利率调整逐年频繁，利率调控方式更为灵活，调控机制日趋完善。随着利率市场化改革的逐步推进，作为货币政策主要手段之一的利率政策将逐步从对利率的直接调控向间接调控转化。利率作为重要的经济杠杆，在国家宏观调控体系中将发挥更加重要的作用。改革开放以来，中国人民银行加强了对利率手段的运用，通过调整利率水平与结构，改革利率管理体制，使利率逐渐成为一个重要杠杆。1993年5月和7月，中国人民银行针对当时经济过热、市场物价上涨幅度持续

攀高，两次提高了存、贷款利率，1995年1月和7月又两次提高了贷款利率，这些调整有效控制了通货膨胀和固定资产投资规模。1996年5月和8月，1997年10月和1998年3月，针对我国宏观经济调控已取得显著成效，市场物价明显回落的情况，央行又适时四次下调存、贷款利率，在保护存款人利益的基础上，对减轻企业，特别是国有大中型企业的利息负担，促进国民经济平稳发展产生了积极影响。

货币政策：扩张好还是紧缩好

《朱镕基答记者问》一书曾受到海内外读者的热捧，其中收录了前国务院总理朱镕基兼任央行行长时期的几篇专访。朱镕基和他任央行行长短短两年的经历，再次成为媒体关注的焦点。

1993年7月2日，全国人大八届二次会议作出决定，时年65岁的朱镕基被任命为中国人民银行行长。在任命前的当年3月，朱镕基在八届一次会议上刚被任命为国务院副总理。

当年6月，中央采取严格控制货币发行等十六条措施，旨在抑制日益严重的通货膨胀。此时由副总理兼任央行行长。

1993年8月到10月间，面对由于经济发展过热引起的通货膨胀问题，刚刚履新中国人民银行行长不久的朱镕基，先后主持召开了8次会议，集中讨论了宏观调控措施实施的程度及货币投放量控制的程度。

会上，朱镕基以中国人民银行行长身份，命令属下的行长们在40天内收回计划外的全部贷款和拆借资金，“逾期收不回来，就要公布姓名，仍然收不回来，就要严惩不贷”。

截至当年7月底，拆借的资金收回来332亿元，还增加了405亿元的储蓄。以此为储备，银行又可以发行几百亿元去收购夏粮，国库券又有人买了，财政部不再找银行借钱发工资了，股市也止跌企稳了，“宏观调控初见成效”。

“通过这种办法和我们的努力，我们基本上成功实现了经济增长的缓慢减速，没有发生经济增长率的急剧下跌，也没有发生大规模的价格波动。”《朱镕基答记者问》一书中如此评价上任初的货币政策。

货币政策是指政府或中央银行为影响经济活动所采取的措施，尤指控制货币供给及调控利率的各项措施，用以达到特定或维持政策目标——比如抑制通胀、实现完全就业或经济增长。直接地或间接地通过公开市场操作和设置银行最低准备金（最低储备金）。

货币政策通过政府对国家的货币、信贷及银行体制的管理来实施。一国政府拥有多种政策工具可用来实现其宏观经济目标，货币政策工具是指中央银行为调控货币政策中介目标而采取的政策手段。根据央行定义，货币政策工具库主要包括公开市场业务、存款准备金、再贷款或贴现，以及利率政策和汇率政策等。从学术角度来讲，它大体可以分为数量工具和价格工具。价格工具集中体现在利率或汇率水平的调整上；数量工具则更加丰富，如公开市场业务的央行票据、准备金率调整等，它聚焦于货币供应量的调整。

货币政策工具主要包括：一是由政府支出和税收所组成的财政政策。财政政策的主要用途是通过影响国民储蓄，以及对工作和储蓄的激励，从而影响长期经济增长。二是货币政策由中央银行执行，它影响货币供给。通过中央银行调节货币供应量，影响利息率及经济中的信贷供应程度来间接影响总需求，以达到总需求与总供给趋于理想的均衡的一系列措施。

货币政策可以分为扩张性和紧缩性两种：

扩张性的货币政策是通过提高货币供应增长速度来刺激总需求。在这种政策下，取得信贷更为容易，利息率会降低，因此，当总需求与经济的生产能力相比很低时，使用扩张性的货币政策最合适。

紧缩性的货币政策是通过削减货币供应的增长率来降低总需求水平。在这种政策下，取得信贷较为困难，利息率也随之提高，因此，在通货膨胀较严重时，采用紧缩性的货币政策较合适。

2011年3月18日，日本央行行长白川方明在七国集团同意联手干预日元后表示，日本仍将保持超宽松的货币政策。“日本央行将会推行强有力的宽松货币政策，并继续提供充足的流动性，以保持市场稳定。”央行当天的声明表示。3月18日早，七国集团财长决定联手干预日元汇率，随后日本央行又向金融系统注资3万亿日元（合370亿美元）。此前产经新闻报道，日本政府可能发行超过10万亿日元（约合1268亿美元）的紧急债券，而日本央行会全部买下这些债券。

地震、海啸和核危机给日本经济造成的损失超过20万亿日元。白川方明还表示，重建需要的预算肯定会超过1995年阪神大地震后3.3万亿的重建费用。日本央行继续向金融系统注入资金，数量超过银行能够消化的数额，以保持较低市场利率。而回顾2001年至2006年间，在通货紧缩的长期困扰下，日本中央银行曾将政策利率降至零并定量购买中长期国债的政策就是一种典型方式。这些政策的最终意图是通过扩大中央银行自身的资产负债表，进一步增加货币供给，降低中长期市场利率，避免通货紧缩预期加剧，以促进信贷市场恢复，防止经济持续恶化。

量化宽松有利于抑制通货紧缩预期的恶化，但对降低市场利率及促进信贷市场恢复的作用并不明显，并且或将给后期全球经济发展带来一定风险。中国国际经济研究会副会长张其佐认为：“毫无疑问，主要央行量化宽松货币政策的开启，将带来全球通胀的风险。”实施量化宽松的货币政策，将形成日元走软、商品价格上涨的局面。

在通货膨胀较严重时，采用消极的货币政策较合适。货币政策调节的对象是货币供应量，即全社会总的购买力，具体表现形式为：流通中的现金和个人、企事业单位在银行的存款。流通中的现金与消费物价水平变动密切相关，是最活跃的货币，一直是中央银行关注和调节的重要目标。

财政赤字：影响国家经济的债务

财政赤字是财政支出大于财政收入而形成的差额，由于会计核算中用红字处理，所以称为财政赤字。它反映着一国政府的收支状况。财政赤字是财政收支未能实现平衡的一种表现，是一种世界性的财政现象。财政赤字即预算赤字，指一国政府在每一财政年度开始之初，在编制预算时在收支安排上就有的赤字。若实际执行结果收入大于支出，为财政盈余。

理论上说，财政收支平衡是财政的最佳情况，在现实中就是财政收支相抵或略有节余。但是，在现实中，国家经常需要大量的财富解决大批的问题，会出现入不敷出的局面。这是现在财政赤字不可避免的一个原因。不过，这也反映出财政赤字的一定作用，即在一定限度内，可以刺激经济增长。当居民消费不足的情况下，政府通常的做法就是加大政府投资，以拉动经济的增长，但是这绝不是长久之计。了解会计常识的人都知道，赤字的出现有两种情况：一是有意安排，被称为“赤字财政”或“赤字预算”，它属于财政政策的一种；另一种情况，即预算并没有设计赤字，但执行到最后却出现了赤字，也就是“财政赤字”或“预算赤字”。

一国之所以会出现财政赤字，有许多原因。有的是为了刺激经济发展而降低税率或增加政府支出，有的则因为政府管理不当，引起大量的逃税或过分浪费。当一个国家财政赤字累积过高时，就好像一家公司背负的债务过多一样，对国家的长期经济发展而言并不是一件好事，对于该国货币亦属长期的利空，且日后为了要解决财政赤字只有靠减少政府支出或增加税收这两项措施，对于经济或社会的稳定都有不良的影响。一国财政赤字若加大，该国货币会下跌；反之，若财政赤字缩小，表示该国经济良好，该国货币会上扬。

赤字财政政策是在经济运行低谷期使用的一项短期政策。在短期内，经济若处于非充分就业状态，社会的闲散资源并未

充分利用时，财政赤字可扩大总需求，带动相关产业的发展，刺激经济回升。在当前世界经济增长乏力的条件下，中国经济能够保持平稳增长态势，扩张性赤字财政政策功不可没。从这个角度说，财政赤字是国家宏观调控的手段，它能有效动员社会资源，积累庞大的社会资本，支持经济体制改革，促进经济的持续增长。实际上，财政赤字是国家为经济发展、社会稳定等目标，依靠国家坚实和稳定的国家信用调整和干预经济，是国家在经济调控中发挥作用的一个表现。

财政赤字的大小对于判断财政政策的方向和力度是至关重要的。财政政策是重要的宏观经济政策之一，而财政赤字则是衡量财政政策状况的重要指标。因此，正确衡量财政赤字对于制定财政政策具有十分重要的意义。非常遗憾的是，对于如何正确衡量财政赤字，经济学家并没有达成共识。一些经济学家认为，目前通常意义上的财政赤字并不是财政政策状况的一个好指标。这就是说，他们认为按照目前公认的方法衡量的财政赤字既不能准确地衡量财政政策对目前经济的影响，又不能准确地衡量给后代纳税人造成的负担。

以美国为例，据美国财政部公布的数据显示，在2008～2009财政年度的前9个月，美国联邦财政赤字首次超过1万亿美元，联邦财政赤字到在2009年底达到1.84万亿美元，约占美国国内生产总值的13%，为1945年以来的最高水平。

如果财政赤字问题不尽早得到解决，美国经济很难实现可持续发展。美国联邦政府原总审计长戴维·沃克认为，美国面临的最大挑战是政府在财政方面不负责任。研究美国公共债务问题的华盛顿智库布鲁金斯学会经济学家威廉·盖尔担忧，财政赤字危机一旦到来，对美国经济乃至世界经济的影响将不可估量。

赤字财政政策并不是包治百病的良药。从长期来看，巨额的财政赤字有可能造成通货膨胀加剧、货币贬值，并对国家的主权信用产生不良影响。刺激投资，就是扩大生产能力。实行扩张性政策，有可能是用进一步加深未来的生产过剩的办法来暂时减轻当前的生产过剩。因此，长期扩张积累的后果必然会导致更猛烈的经济危机的爆发。

因此，一国在采取赤字财政政策的时候必须审时度势，十分谨慎，要在促进经济发展的同时，为将来的政策调整留下空间和余地。

PART 05 汇率上升，影响我们的生活——每天读点国际贸易知识

汇率：天下也有免费的“午餐”

故事发生在美国和墨西哥边界的小镇上。有一个单身汉在墨西哥一边的小镇上，他付了1比索买了一杯啤酒，啤酒的价格是0.1比索，找回0.9比索。转而他来到美国一边的小镇上，发现美元和比索的汇率是1美元：0.9比索。他把剩下的0.9比索换了1美元，用0.1美元买了一杯啤酒，找回0.9美元。回到墨西哥的小镇上，他发现比索和美元的汇率是1比索：0.9美元。于是，他把0.9美元换为1比索，又买啤酒喝。这样他在两个小镇上喝来喝去，总还是有1美元或1比索。换言之，他一直在喝免费啤酒。这可真是个快乐的单身汉。

这个快乐的单身汉为什么能喝到免费的啤酒呢？这跟汇率有关系。在美国，美元与比索的汇率是1：0.9，但在墨西哥，美元和比索的汇率约为1：1.1。那么，什么是汇率呢？

汇率亦称“外汇行市或汇价”，是一国货币兑换另一国货币的比率，是以一种货币表示另一种货币的价格。由于世界

各国货币的名称不同，币值不一，所以一国货币对其他国家的货币要规定一个兑换率，即汇率。从短期来看，一国的汇率由对该国货币兑换外币的需求和供给所决定。外国人购买本国商品、在本国投资，以及利用本国货币进行投机，会影响本国货币的需求；本国居民想购买外国产品、向外国投资，以及外汇投机，会影响本国货币供给。在长期中，影响汇率的主要因素有：相对价格水平、关税和限额、对本国商品相对于外国商品的偏好及生产率。

各国货币之所以可以进行对比，能够形成相互之间的比价关系，原因在于它们都代表着一定的价值量，这是汇率的决定基础。

例如，一件价值100元人民币的商品，如果人民币对美元的汇率为0.1502，则这件商品在美国的价格就是15.02美元。如果人民币对美元汇率降到0.1429，也就是说美元升值，人民币贬值，用更少的美元可以买此商品，这件商品在美国的价格就是14.29美元，所以该商品在美国市场上的价格会变低，商品的价格降低，竞争力就变高，便宜好卖；反之，如果人民币对美元汇率升到0.1667，也就是说美元贬值，人民币升值，则这件商品在美国市场上的价格就是16.67美元，此商品的美元价格变贵，买的人就少了。

简要地说，汇率就是用一个单位的一种货币兑换等值的另一种货币。

在纸币制度下，各国发行纸币作为金属货币的代表，并且参照过去的做法，以法令规定纸币的含金量，称为金平价，金平价的对比是两国汇率的决定基础。但是纸币不能兑换成黄金，因此，纸币的法定含金量往往形同虚设。所以在实行官方汇率的国家，由国家货币当局规定汇率，一切外汇交易都必须按照这一汇率进行。在实行市场汇率的国家，汇率随外汇市场上货币的供求关系变化而变化。

随着经济全球化的发展，世界各国之间的经济往来越来越紧密，汇率作为各国之间联系的重要桥梁，发挥着重要作用。

汇率与进出口。一般来说，本币汇率下降，即本币对外的币值贬低，能起到促进出口、抑制进口的作用；若本币汇率上升，即本币对外的比值上升，则有利于进口，不利于出口。汇率是国际贸易中最重要的调节杠杆。因为一个国家生产的商品都是按本国货币来计算成本的，要拿到国际市场上竞争，其商品成本一定会与汇率相关，汇率的高低也就直接影响该商品在国际市场上的成本和价格，直接影响商品的国际竞争力。

汇率与物价。从进口消费品和原材料来看，汇率的下降要引起进口商品在国内的价格上涨。至于它对物价总指数影响的程度则取决于进口商品和原材料在国民生产总值中所占的比重；反之，本币升值，其他条件不变，进口品的价格有可能降低，从而可以起抑制物价总水平的作用。

汇率与资本流出入。短期资本流动常常受到汇率的较大影响。当存在本币对外贬值的趋势下，本国投资者和外国投资者就不愿意持有以本币计值的各种金融资产，并会将其转兑成外汇，发生资本外流现象，同时由于纷纷转兑外汇，加剧外汇供求紧张，会促使本币汇率进一步下跌；反之，当存在本币对外升值的趋势下，本国投资者和外国投资者就力求持有以本币计值的各种金融资产，并引发资本内流，同时由于外汇纷纷转兑本币，外汇供过于求，会促使本币汇率进一步上升。

汇率是两种不同货币之间的比价，因此，汇率多少必须先要确定用哪个国家的货币作为标准。由于确定的标准不同，于是便产生了几种不同的外汇汇率标价方法。

第一，直接标价法。

直接标价法，是以一定单位（1、100、1000、10000）的外国货币为标准来计算应付出多少单位本国货币。这就相当于计算购买一定单位外币所应付多少本币，所以又叫应付标价法。

在国际外汇市场上，包括中国在内的世界上绝大多数国家目前都采用直接标价法，如日元兑美元汇率为119.05，即1美元兑119.05日元。

在直接标价法下，若一定单位的外币折合的本币数额多于前期，则说明外币币值上升或本币币值下跌，叫作外汇汇率上升；反之，如果要用比原来较少的本币即能兑换到同一数额的外币，这说明外币币值下跌或本币币值上升，叫作外汇汇率下跌，即外币的价值与汇率的涨跌成正比。

第二，间接标价法。

间接标价法又称应收标价法。它是以一定单位（如1个单位）的本国货币为标准，来计算应收若干单位的外汇货币。在国际外汇市场上，欧元、英镑、澳元等均为间接标价法。如欧元兑美元汇率为0.9705，即1欧元兑0.9705美元。在间接标价法中，本国货币的数额保持不变，外国货币的数额随着本国货币

币值的变化而变化。如果一定数额的本币能兑换的外币数额比前期少，这表明外币币值上升，本币币值下降，即外汇汇率下跌；反之，如果一定数额的本币能兑换的外币数额比前期多，则说明外币币值下降，本币币值上升，即外汇汇率上升。这说明外汇的价值和汇率的升跌成反比。因此，间接标价法与直接标价法相反。

由于直接标价法和间接标价法所表示的汇率涨跌的含义正好相反，所以在引用某种货币的汇率和说明其汇率高低涨跌时，必须明确采用哪种标价方法，以免混淆。

世界上没有完美无缺的事物，对于任何一个国家来说，汇率都是一把“双刃剑”。汇率变动究竟会带来怎样的好处与坏处，要视一个国家的具体情况而定。

汇率指标：不同国家的适用程度不同

汇率作为国家间配置资源的重要工具，其水平的决定与作用机制非常复杂，同时汇率作为交易国家货币兑换的标准，发挥着在国家间配置资源的重要作用。为了解释与汇率相关的复杂经济现象，经济学理论提出了一系列汇率指标。在目前经济研究中，通过给出的汇率指标的统计来界定得到的相关汇率的数据。

1994年墨西哥货币贬值之前，汇率指标使墨西哥将通货膨胀率从1988年的100%以上降到了1994年的10%以下。在工业化国家，汇率指标的最大成本，是无法实施独立的货币政策以对付国内事务。如果中央银行可以认真负责地实施独立的国内货币政策，通过比较1992年后法国和英国的经历可以发现，这实在是一个很大的成本。不过，要么由于中央银行缺少独立性，要么由于对中央银行的政治压力导致通货膨胀型的货币政策，不是所有的工业化国家都能够成功实施自己的货币政策。在这样的情况下，放弃对国内货币政策的独立控制权，可能不是很大的损失，而让货币政策由核心国的更有效运作的中央银行来决定，所带来的收益可能是相当大的。

意大利就是典型的案例。在所有的欧洲国家中，意大利公众是最赞成欧洲货币联盟的，这并非偶然。意大利货币政策的历史记录并不好，意大利公众意识到，让货币政策由更负责任的外人来控制，其收益会远远大于失去采用货币政策解决国内事务的能力所带来的成本。

工业化国家会发现以汇率为指标非常有用的第二个原因是，它促进了本国经济和邻国经济的融合。这可由一些国家如奥地利和荷兰长期将汇率钉住德国马克，以及先于欧洲货币联盟的汇率钉住的例子所证实。

以汇率为指标可能不是工业化国家控制整体经济的最好的货币政策策略，除非在以下两种情况下：一是国内货币和政治机构不能做出良好的货币政策决策；二是存在其他重大的和货币政策无关的汇率指标利益。

以汇率为指标有以下几个优点：

其一，国际贸易商品的国外价格是由世界市场决定的，而这些商品的国内价格由汇率指标得以固定。汇率指标的名义锚将国际贸易商品的通货膨胀率和核心国相挂钩，从而有助于控制通货膨胀。例如，2002年之前，阿根廷比索对美元的汇率恰好是1∶1，因此国际贸易中5美元/蒲式耳小麦的价格就被确定为5阿根廷比索。如果汇率指标是可信的（也就是预计能够固定住），那么汇率指标的另一个好处就是，将通货膨胀预期和核心国的通货膨胀率固定在一起。

其二，汇率指标为货币政策的实施提供了自动规则，从而缓解了时间一致性问题。当本国货币有贬值趋势时，汇率指标会促使推行紧缩的货币政策；当本国货币有升值的趋势时，汇率指标会促使推行宽松的货币政策。因此，就不大可能选择自由放任的一致性的货币政策。

其三，汇率指标具有简单和明晰的优点，使得公众容易理解。“稳定的货币”是货币政策易于理解的追求目标。在过去，这一点在法国非常重要，建立“法郎堡垒”（坚挺的法郎）的要求经常被用来支持紧缩的货币政策。

尽管汇率指标有内在的优点，但针对这个策略还是遭到一些严厉的指责。问题在于，追求汇率指标的国家，由于资本的流动，钉住国不能再实施独立的货币政策，丧失了利用货币政策应付国内突发事件的能力。而且，汇率指标意味着核心国遭受的突发冲击会被直接传递到钉住国，因为核心国利率的变动会导致钉住国利率的相应变动。

汇率指标引起的第二个问题是，钉住国向冲击它们货币的投机者敞开了大门。实际上，德国统一带来了1992年9月的外汇危机。德国统一后的紧缩性货币政策意味着ERM国家会遭受需求的负面冲击，这种冲击会导致经济增长下滑和失业率提高。对

这些国家的政府来说，在这样的情况下维持汇率相对于德国马克固定不变，当然是可行的。但是，投机者开始琢磨，这些国家钉住汇率的承诺是否会削弱？投机者断定，这些国家要抵挡对其货币的冲击，必须保持相当高的利率，由此所引起的失业率上升是这些国家政府难以容忍的。

在新兴市场国家，汇率指标也是迅速降低通货膨胀率的有效手段。许多新兴市场国家的政治和货币机构特别薄弱，因而这些国家遭受了持续的恶性通货膨胀，对于这些国家，以汇率为指标可能是打破通货膨胀心理、稳定经济的唯一途径。另一方面，新兴市场国家对外汇市场信号效应的需求可能更为强烈，因为其中央银行的资产负债表和行为不像工业化国家那样透明，以汇率为指标可能使得人们更难判断中央银行的政策举动，1997年7月货币危机之前的泰国就是如此。汇率指标是最后的稳定政策，公众不能监控中央银行，以及政治家对中央银行施加的压力，使货币政策很容易变得过于扩张。然而，如果新兴市场国家以汇率为指标的制度没有一直保持透明，这些制度更有可能崩溃，通常导致灾难性的金融危机。

法国和英国通过将它们货币的价值钉住德国马克，成功地使用了汇率指标来降低通货膨胀率。1987年，当法国首次将汇率钉住德国马克，它的通货膨胀率是3%，高于德国通货膨胀率2个百分点。到1992年，它的通货膨胀率降到2%，该水平可以被认为是与物价稳定相一致的，甚至低于德国的通货膨胀率。到1996年，法国和德国的通货膨胀率十分相近，达到略低于2%的水平。类似地，英国在1990年钉住德国马克之后，到1992年被迫退出汇率机制之时，已经将通货膨胀率从10%降到3%。工业化国家已经成功地利用汇率指标控制了通货膨胀。

钉住汇率的货币政策策略由来已久。它的形式可以是，将本国货币的价值固定于黄金等商品，即前面所介绍的金本位制度的关键特征。固定汇率制度已经发展为，将本国货币的价值同美国、德国等通货膨胀率较低的大国货币固定在一起。另一种方式是采用爬行指标或钉住指标，即允许货币以稳定的速率贬值，以使钉住国的通货膨胀率能够高于核心国的通货膨胀率。

经济规模小和经济实力较弱的发展中国家倾向于选择钉住汇率制，这主要是由于它们承受外汇风险的能力较差。目前的固定汇率制主要表现为钉住汇率制。这种钉住不同于布雷顿森林体系下钉住美元的做法，因为那时美元是与黄金相挂钩的，而美元的金平价又是固定的，而布雷顿森林体系瓦解后，一些国家所钉住的货币本身的汇率却是浮动的。因此，目前的固定汇率制本质上应该是浮动汇率制。

“巨无霸指数”：货币的实际购买力

1986年9月，英国著名的杂志《经济学人》推出了有趣的“巨无霸指数”，将世界各国麦当劳里的巨无霸汉堡包价格，根据当时汇率折合成美元，再对比美国麦当劳里的售价，来测量两种货币在理论上的合理汇率。“巨无霸指数”是一个非正式的经济指数，用以测量两种货币的汇率理论上是否合理，从而得出这种货币被“高估”或“低估”的结论。在一些西方经济学家眼中，麦当劳的巨无霸已经成为评估一种货币真实价值的指数，这个指数风靡全球。

两国的巨无霸的购买力平价汇率的计算法，是以一个国家的巨无霸以当地货币的价格，除以另一个国家的巨无霸以当地货币的价格。该商数用来跟实际的汇率比较，要是商数比汇率为低，就表示第一国货币的汇价被低估了；相反，要是商数比汇率为高，则第一国货币的汇价被高估了。

举例而言，假设一个巨无霸在美国的价格是4美元，而在英国是3英镑，那么经济学家认为美元与英镑的购买力平价汇率就是3英镑等于4美元。而如果在美国一个麦当劳巨无霸的价格是2.54美元，在英国是1.99英镑、在欧元区是2.54欧元，而在中国只要9.9元的话，那么经济学家由此推断，人民币是世界上币值被低估最多的货币。“巨无霸指数”是一个非正式的经济指数，用以测量两种货币的汇率理论上是否合理。这种测量方法假定购买力平价理论成立。

有关汇率决定的最著名的一个理论就是购买力平价理论，这一理论最早是由20世纪初瑞典经济学家古斯塔夫·卡塞尔提出的。该理论指出，在对外贸易平衡的情况下，两国之间的汇率将会趋向于靠拢购买力平价。一般来讲，这个指标要根据相对于经济的重要性考察许多货物才能得出。简单地说，购买力平价是国家间综合价格之比，即两种或多种货币在不同国家购买相同数量和质量的商品和服务时的价格比率，用来衡量对比国之间价格水平的差异。

例如，购买相同数量和质量的一篮子商品，在中国用了80元人民币，在美国用了20美元，对于这篮子商品来说，人民币对美元的购买力平价是4∶1，也就是说，在这些商品上，4元人民币的购买力相当于1美元。如果当一国物价水平相对于另一国上升，其货币应当贬值（另一国货币应当升值）。

这一理论在长期实践中得到了证实。从1973年至2002年底，英国物价水平相对于美国上涨了99%，按照购买力平价理论，美元应当相对于英镑升值，实际情况也正是如此，尽管美元只升值了73%，小于购买力平价理论计算的结果。

例如，如果有代表性的一组货物在美国值2美元，在法国值10法郎，汇率就应该是1美元等于5法郎。因此，购买力平价理论认为：一个平衡的汇率是使所比较的两种通货在各自国内购买力相等的汇率，偏离于使国内购买力相等的汇率是不可能长期存在的。如果一件货物在美国所值的美元价格相当于法国所值的法郎价格的1/5，而汇率却是1美元等于1法郎，那么，每个持有法郎的人就会把法郎换成同数的美元，而能够在美国购买5倍的货物。但市场上对美元的需求会使汇率上涨，一直达到1美元等于5法郎为止，也就是达到它的货币购买力的比率与各国货币所表示价格水平的比率相等为止。

购买力平价理论认为，人们对外国货币的需求是由于用它可以购买外国的商品和劳务，外国人需要其本国货币也是因为用它可以购买其国内的商品和劳务。因此，本国货币与外国货币相交换，就等于本国与外国购买力的交换。所以，用本国货币表示的外国货币的价格，也就是汇率，决定于两种货币的购买力比率。由于购买力实际上是一般物价水平的倒数，因此两国之间的货币汇率可由两国物价水平之比表示。这就是购买力平价说。从表现形式上来看，购买力平价说有两种定义，即绝对购买力平价和相对购买力平价。

购买力平价决定了汇率的长期趋势。不考虑短期内影响汇率波动的各种短期因素，从长期来看，汇率的走势与购买力平价的趋势基本上是一致的。因此，购买力平价为长期汇率走势的预测提供了一个较好的方法。

购买力平价的大前提为两种货币的汇率会自然调整至同一水平，使一篮子货物在该两种货币的售价相同（一价定律）。

在“巨无霸指数”，该一篮子货品就是一个在麦当劳连锁快餐店里售卖的巨无霸汉堡包。选择巨无霸的原因是，巨无霸在多个国家均有供应，而它在各地的制作规格相同，由当地麦当劳的经销商负责为材料议价。这些因素使该指数能有意义地比较各国货币。

用现行的货币汇率对于购买力平价比较各国人民的生活水平将会产生误导。例如，如果墨西哥比索相对于美元贬值一半，那么以美元为单位的国内生产总值也将减半，可是这并不表明墨西哥人变穷了。如果以比索为单位的收入和价格水平保持不变，而且进口货物对墨西哥人的生活水平并不重要（因为这样进口货物的价格将会翻倍），那么货币贬值并不会带来墨西哥人的生活质量的恶化。而如果采用购买力平价就可以避免这个问题。

一价定律：购买力平价之上的模型

假定美国钢材的价格为每吨100美元，与其同质的日本钢材的价格为每吨1万日元。按照一价定律，日元和美元的汇率应当是100日元/美元（0.01美元/日元），这样每吨美国钢材在日本的价格为1万日元（等于日本钢材的价格），而每吨日本钢材在美国的价格为100美元（等于美国钢材的价格）。如果汇率为200日元/美元，每吨日本钢材在美国的价格为50美元，是美国钢材价格的一半；而每吨美国钢材在日本的价格为2万日元，是日本钢材的2倍。由于美国钢材在这两个国家都比日本钢材价格高，并且与日本钢材同质，美国钢材的需求就会减少为零。假定美国钢材的美元价格不变，只有当汇率下跌到100日元/美元的水平上，由此产生的美国钢材超额供给才会消除，此时美国钢材和日本钢材在这两个国家的价格都是相固定的。这就是金融学当中著名的“一价定律”。

一价定律即绝对购买力平价理论，它是由货币学派的代表人物弗里德曼提出的。一价定律可简单表述为：当贸易开放且交易费用为零时，同样的货物无论在何地销售，其价格都相同。这揭示了国内商品价格和汇率之间的一个基本联系。一价定律认为在没有运输费用和官方贸易壁垒的自由竞争市场上，一件相同商品在不同国家出售，如果以同一种货币计价，其价格应是相等的。按照一价定律的理论，任何一种商品在各国间的价值是一致的（通过汇率折算之后的标价是一致的）。若在各国间存在价格差异，则会发生商品国际贸易，直到价差被消除，贸易停止，这时达到商品市场的均衡状态。

1934年，英国经济学家格里高利首先提出了均衡汇率的概念。他说，实际上存在着三种汇率：第一，事实上的汇率，即市场上流行的汇率；第二，真实的均衡汇率，是根据购买力平价，再估计到国际收支方面的各项因素及和通货膨胀无关的其他各种因素而得出的汇率；第三，购买力平价，是按各国一般物价水平的对比而计算出来的汇率。格里高利认为，真实的均衡汇率只是极近似购买力平价，而不等于购买力平价。至于事实上的汇率，则既不同于真实的均衡汇率，又有别于购买力平价。

购买力平价理论是基于两国所有商品同质与运输成本和贸

易壁垒很低的假定，得出汇率完全由物价水平的相对变化所决定的结论。并非所有商品和服务（其价格被包括在一国的物价水平当中）都可以跨境交易，住宅、土地及餐饮、理发和高尔夫等服务都是不能进行交易的商品。因此，即使这些商品的价格上涨，导致该国相对于其他国家物价水平上升，也不会影响汇率。

我们的分析表明，有四个因素在长期影响汇率：相对物价水平、关税和配额、对国内和外国商品的偏好及生产能力。任何增加国内商品相对于外国商品需求的因素都可能导致国内货币升值，因为即使当国内货币价值升高时，国内商品也能继续销售。同理，任何增加国外商品相对于国内商品需求的因素都可能导致国内货币贬值，因为只有当国内货币价值降低时，国

内商品才会继续销售。

相对物价水平按照购买力平价理论，美国商品价格上升（假定外国商品价格不变），对美国商品的需求会减少，美元趋于贬值，使美国商品得以继续销售；相反，如果日本商品价格上升，美国商品的相对价格下跌，对美国商品的需求会增加，美元趋向升值。因为，即使美元价值上升，美国商品也会继续销售良好。长期来看，一国物价水平的上升会导致其货币贬值，而一国相对物价水平的下跌会导致其货币升值。

自由贸易壁垒会影响汇率。假定美国提高关税，或者给予日本钢材以较少的配额，这些贸易壁垒增加了对美国钢材的需求，美元趋于升值。因为，即使美元价值升高，美国钢材也会保持良好的销售态势，增加贸易壁垒导致该国货币长期内升值。

如果日本人偏好美国商品，譬如说佛罗里达州的柑橘和美国电影，对美国商品需求（出口）的增加导致美元升值。因为，即使美元价值升高，美国商品的销售也会非常好。同样，如果相对于美国汽车而言，美国人更偏好日本汽车，对日本商品需求（进口）的增加导致美元的贬值。对一国出口的需求增加导致其货币长期内升值；相反，对进口的需求增加会导致该国货币贬值。

如果一国的生产能力相对于其他国家提高，该国的企业就能降低本国商品相对于外国商品的价格，并仍能赚取利润。于是，国内商品需求增加，国内货币趋于升值。然而，如果一国生产能力的提高滞后于其他国家，其商品的相对价格就会升高，其货币趋于贬值。从长期来看，一国相对于其他国家生产能力提高，其货币就会升值。

由此我们可以得出这样一个重要结论，即一价定律成立的前提条件有四个：一是对比国家都实行了同等程度的货币自由兑换，货币、商品、劳务和资本流通是完全自由的；二是信息是完全的；三是交易成本为零；四是关税为零。

同自由市场上其他任何商品或资产的价格相同，供给和需求共同决定了汇率。为了简化对自由市场上外汇决定的分析，我们将其分为两个步骤：首先，我们考察长期汇率是如何决定的；之后，我们利用长期汇率决定的知识来理解短期汇率决定机制。

一价定律在金融中的作用是，在评价成本和收益以计算净现值时，可以用任何一个竞争市场的价格来确定它们的现金价值，而不用考虑所有可能的市场价格。

汇率制度：固定汇率好还是浮动汇率好

自2005年7月21日起，我国开始实行以市场供求为基础、参考一揽子货币进行调节、有管理的浮动汇率制度。人民币汇率不再钉住单一美元，形成更富弹性的人民币汇率机制。

2005年7月21日，美元对人民币交易价格调整为1美元兑8.11元人民币，作为次日银行间外汇市场上外汇指定银行之间交易的中间价，外汇指定银行可自此时起调整对客户的挂牌汇价。此后，每日银行间外汇市场美元对人民币的交易价仍在人民银行公布的美元交易中间价上下千分之三的幅度内浮动，非美元货币对人民币的交易价在人民银行公布的该货币交易中间价上下一定幅度内浮动。

中国人民银行根据市场发育状况和经济金融形势，适时调整汇率浮动区间。同时，中国人民银行负责根据国内外经济金融形势，以市场供求为基础，参考一揽子货币汇率变动，对人民币汇率进行管理和调节，维护人民币汇率的正常浮动，保持人民币汇率在合理、均衡水平上的基本稳定，促进国际收支基本平衡，维护宏观经济和金融市场的稳定。至此，人民币汇率改革首次破冰，引发市场活跃。

人民币为什么要放弃固定汇率制度而改为浮动的汇率制度？为什么这一改革道路进行得颇为艰难？

固定汇率是将一国货币与另一国家货币的兑换比率基本固定的汇率。固定汇率并非汇率完全固定不动，而是围绕一个相对固定的平价的上下限范围波动，该范围最高点叫“上限”，最低点叫“下限”。当汇价涨到上限或跌到下限时，政府的中央银行要采取措施，使汇率维持不变。在19世纪初到20世纪30年代的金本位制时期、第二次世界大战后到20世纪70年代初以美元为中心的国际货币体系，都实行固定汇率制。

固定汇率的优点有以下两点：一是有利于经济稳定发展；二是有利于国际贸易、国际信贷和国际投资的经济主体进行成本利润的核算，避免了汇率波动风险。

缺点包括以下三点：一是汇率基本不能发挥调节国际收支的经济杠杆作用。二是为维护固定汇率制将破坏内部经济平衡。比如一国国际收支逆差时，本币汇率将下跌，成为软币，为不使本币贬值，就需要采取紧缩性货币政策或财政政策，但这种政策会使国内经济增长受到抑制、失业增加。三是引起国际汇率制度的动荡和混乱，东南亚货币金融危机就是一例。

浮动汇率是固定汇率的对称，指根据市场供求关系而自由涨跌，货币当局不进行干涉的汇率。在浮动汇率下，金平价已失去实际意义，官方汇率也只起某种参考作用。就浮动形式而言，如果政府对汇率波动不加干预，完全听任供求关系决定汇率，称为自由浮动或清洁浮动；但是各国政府为了维持汇率的稳定，或出于某种政治及经济目的，要使汇率上升或下降，都或多或少地对汇率的波动采取干预措施，这种浮动汇率在国际上通称为管理浮动或肮脏浮动。1973年固定汇率制瓦解后，西方国家普遍实行浮动汇率制。

浮动汇率制度的主要优点是：防止国际游资冲击，避免爆发货币危机；有利于促进国际贸易的增长和生产的发展；有利于促进资本流动；等等。缺点是：经常导致外汇市场波动，不利于长期国际贸易和国际投资的进行；不利于金融市场的稳定；基金组织对汇率的监督难以奏效，国际收支不平衡状况依然得不到解决；对发展中国家更为不利。

浮动汇率制度形式多样化，包括自由浮动、管理浮动、钉住浮动、单一浮动、联合浮动等。在浮动汇率制度下，汇率并不是纯粹的自由浮动，政府在必要的时候会对汇率进行或明或暗的干预。由于汇率的变化是由市场的供求状况决定的，因此浮动汇率比固定汇率的波动要频繁，而且波幅大。特别提款权的一揽子汇价成为汇率制度的组成部分。有管理的浮动汇率制

是指一国货币当局按照本国经济利益的需要，不时地干预外汇市场，以使本国货币汇率升降朝着有利于本国的方向发展的汇率制度。在有管理的浮动汇率制下，汇率在货币当局确定的区间内波动。在区间内浮动有助于消除短期因素的影响，当区间内的汇率波动仍无法消除短期因素对汇率的影响时，中央银行再进行外汇市场干预以消除短期因素的影响。

在现行的国际货币制度下，大部分国家实行的都是有管理的浮动汇率制度。有管理的浮动汇率是以外汇市场供求为基础的，是浮动的，不是固定的。它与自由浮动汇率的区别在于它受到宏观调控的管理，即货币当局根据外汇市场形成的价格来公布汇率，允许其在规定的浮动幅度内上下浮动。一旦汇率浮动超过规定的幅度，货币当局就会进入市场买卖外汇，维持汇率的合理和相对稳定。

2005年以来，中国开始了一揽子货币的浮动汇率制度，自此以后人民币汇率问题一直是国内外舆论关注的热点。2006年人民币加速了升值的速度，随着2007、2008两年经济的快速发展，人民币在一路“高升”之后渐趋于平稳。这让央行大大松了一口气。对央行来说，保持人民币汇率内外均衡一直是央行政策中的重点。但什么样的汇率水平才是均衡的？这一问题值得探讨。

在1944年，经济学家努克斯给均衡汇率下了一个更为简洁的定义，即“均衡汇率是这样一种汇率，它在一定时期内，使国际收支维持均衡，而不引起国际储备净额的变动”。1945年，他又进一步对均衡汇率的概念进行修正：均衡汇率是在三年左右的时间内，维持一国国际收支均衡状态而不致造成大量失业或求助于贸易管制时的汇率。自此以后，凯恩斯主义者们就以就业作为判断汇率是否均衡的标准。

均衡汇率理论实际上并不是关于解释汇率决定和汇率变动的理论，而是从一个国家的国内经济状况、国际收支的变动等诸方面来考虑汇率水平是否合理，判断汇率是高估还是低估，并决定汇率水平是否应当变动。因此，均衡汇率理论实际上是一种政策性工具。它未能回答汇率的决定政策问题，却在汇率理论和汇率政策之间架起了桥梁，因而也具有非常重要的意义。但是，均衡汇率理论的一些基本内容是建立在诸如“其他一切都不变化”的前提上，而这个条件在现实中是几乎不存在的，这个缺陷限制了均衡汇率理论作为一种政策工具的可操作性，因而降低了它的实际应用意义。

固定汇率制度和浮动汇率制度是两种不同的汇率制度。某个国家在某个经济周期，结合本国的经济结构，固定汇率制度可能优于浮动汇率制度；而在另一个阶段、另一种经济结构下，浮动汇率制度又有可能优于固定汇率制度。所以，权衡固定汇率制度好还是浮动汇率制度好，一定要结合本国的具体国情和经济发展状况，才能作出客观理性的分析。

外汇交易：两种货币之间是怎样交易的

自从外汇市场诞生以来，外汇市场的汇率波幅越来越大。1985年9月，1美元兑换220日元，而1986年5月，1美元只能兑换160日元，日元在8个月里升值了27%。随着经济的发展，外汇市场的波幅更大了。1992年9月8日，1英镑兑换2.0100美元，11月10日，1英镑兑换1.5080美元，在短短大约两个月里，英镑兑美元的汇价就下跌了5000多点，贬值25%。不仅如此，外汇市场每天的汇率波幅也不断加大，一日涨跌2%～3%已是司空见惯。如1992年9月16日，英镑兑美元从1.8755跌至1.7850，英镑日下挫5%。正因为外汇市场波动频繁且波幅巨大，给投资者创造了更多的机会，吸引了越来越多的投资者加入这一行列。

外汇交易就是一国货币与另一国货币进行交换。与其他金融市场不同，外汇市场没有具体地点，也没有中央交易所，而是以电子交易的方式进行。“外汇交易”是同时买入一对货币组合中的一种货币而卖出另外一种货币，即以货币对形式交易，例如欧元/美元（EUR/USD）或美元/日元（USD/JPY）。

外汇交易中大约每日的交易周转的5%是由于公司和政府部门在国外买入或销售他们的产品和服务，或者必须将他们在国外赚取的利润转换成本国货币；而另外95%的交易是为了赚取盈利或者投机。对于投机者来说，最好的交易机会总是交易那些最通常交易的（并且因此是流动量最大的）货币，叫作“主要货币”。到了今天，每日交易的大约85%都是这些主要货币，包括美元、日元、欧元、英镑、瑞士法郎、加拿大元和澳大利亚元。这是一个即时的24小时交易市场，外汇交易每天从悉尼开始，并且随着地球的转动，全球每个金融中心的营业日将依次开始，首先是东京，然后是伦敦和纽约。不像其他的金融市场一样，外汇交易投资者可以对无论是白天或者晚上发生的经济、社会和政治事件而导致的外汇波动而随时反应。外汇交易市场是一个超柜台（OTC）或“银行内部”交易市场，因为事实上外汇交易是交易双方通过电话或者一个电子交易网络而达成的，它不像股票和期货交易市场那样，不是集中在某一个交易所里进行的。

从交易的本质和实现的类型来看，外汇买卖可分为以下两大类：一是为满足客户真实的贸易、资本交易需求进行的基础外汇交易；二是在基础外汇交易之上，为规避和防范汇率风险或出于外汇投资、投机需求进行的外汇衍生工具交易。属于第一类的基础外汇交易的主要是即期外汇交易，而外汇衍生工具交易则包括远期外汇交易，以及外汇择期交易、掉期交易、互换交易等。

外汇交易主要可分为现钞交易、现货外汇交易、合约现货外汇交易（按金交易）、外汇期货交易、外汇期权交易、远期外汇交易、掉期交易等。

1. 现钞交易

现钞交易是旅游者以及由于其他各种目的需要外汇现钞者之间进行的买卖，包括现金、外汇旅行支票等。

2. 现货外汇交易

现货外汇交易是大银行之间，以及大银行代理大客户的交易，买卖约定成交后，最迟在两个营业日之内完成资金收付交割。下面主要介绍国内银行面向个人推出的、适于大众投资者参与的个人外汇交易。个人外汇交易，又称外汇宝，是指个人委托银行，参照国际外汇市场实时汇率，把一种外币买卖成另一种外币的交易行为。由于投资者必须持有足额的要卖出外币，才能进行交易，较国际上流行的外汇保证金交易缺少保证金交易的卖空机制和融资杠杆机制，因此也被称为实盘交易。

国内的投资者凭手中的外汇，到工、农、中、建、交、招等六家银行办理开户手续，存入资金，即可通过互联网、电话或柜台方式进行外汇买卖。

3. 合约现货外汇交易（按金交易）

合约现货外汇交易，又称外汇保证金交易、按金交易、虚盘交易，指投资者和专业从事外汇买卖的金融公司（银行、交易商或经纪商），签订委托买卖外汇的合同，缴付一定比率（一般不超过10%）的交易保证金，便可按一定融资倍数买卖十万、几十万甚至上百万美元的外汇。

以合约形式买卖外汇，投资额一般不高于合约金额的5%，而得到的利润或付出的亏损却是按整个合约的金额计算的。外汇合约的金额是根据外币的种类来确定的。具体来说，每一个合约的金额分别是1250万日元、6.25万英镑、12.5万欧元、12.5万瑞士法郎，每张合约的价值约为10万美元。每种货币的每个合约的金额是不能根据投资者的要求改变的。投资者可以根据自己定金或保证金的多少，买卖几个或几十个合约。一般情况下，投资者利用1000美元的保证金就可以买卖一个合约，当外币上升或下降，投资者的盈利与亏损是按合约的金额即10万美元来计算的。

这种合约形式的买卖只是对某种外汇的某个价格做出书

面或口头的承诺，然后等待价格上升或下跌时，再做买卖的结算，从变化的价差中获取利润，当然也承担了亏损的风险。外汇投资以合约的形式出现，主要的优点在于节省投资金额。由于这种投资所需的资金可多可少，所以近年来吸引了许多投资者的参与。

4.外汇期货交易

外汇期货交易是指在约定的日期，按照已经确定的汇率，用美元买卖一定数量的另一种货币。期货市场至少要包括两个部分：一是交易市场，另一个是清算中心。期货的买方或卖方在交易所成交后，清算中心就成为其交易对方，直至期货合同实际交割为止。

期货外汇和合约外汇交易既有一定的联系，也有一定的区别。合约现货外汇的买卖是通过银行或外汇交易公司来进行的，外汇期货的买卖是在专门的期货市场进行的。外汇期货的交易数量和合约现货外汇交易是完全一样的。外汇期货买卖最少是一个合同，每一个合同的金额，不同的货币有不同的规定，如一个英镑的合同为6.25万英镑、日元为125万日元、欧元为12.5万欧元。外汇期货买卖与合约现货买卖有共同点，亦有不同点。

目前，全世界的期货市场主要有芝加哥期货交易所、纽约商品交易所、悉尼期货交易所、新加坡期货交易所、伦敦期货交易所。

PART 06

谁也逃不掉的金融危机——每天读点金融危机知识

金融危机是如何爆发的

仿佛就在一夜之间，拥有85年历史的华尔街第五大投资银行贝尔斯登贱价出售给摩根大通；拥有94年历史的美林被综合银行美国银行收购；历史最悠久的投资银行——有158年历史的雷曼宣布破产；有139年历史的高盛和成立于1935年的摩根斯坦利同时改旗易帜转为银行控股公司。拥有悠久历史的华尔街五大投资银行就这样轰然倒塌，从此便成了历史。华尔街对金融衍生产品的滥用是导致2008年“百年一遇”的金融灾难的罪魁祸首。

金融衍生品是由原生资产派生出来的金融工具，一般独立于现实资本运动之外，却能给持有者带来收益。它本身没有价值，具有虚拟性。最初进入这个市场的商业银行与投资银行获得暴利，因此吸引越来越多的参与者介入衍生产品市场。

参与者越来越多，金融产品种类的开发越来越多，包括次贷、商业性抵押债券、信用违约掉期等，业务规模也就越来越庞大，直到商业银行与投资银行之间的业务深入渗透。业务的相互渗透意味着高风险的相互渗透，造成了“我中有你，你中有我”的局面。这是金融危机影响深远的主要原因之一。

当1999年时，美国允许商业银行进行混业经营，之后美国政府对银行业的监管逐渐放松。金融行业开始迅速扩张，金融业利润占全部上市公司利润的份额从20年前的5%上升到当时的40%，扩张明显大于其所服务的实体经济，并成为整个经济的支柱。2000年以后，随着房地产行业的逐渐繁荣，与之相关的金融衍生产品开始迅速发展，商业银行也越来越多地介入到衍生品的开发与推广中，并为金融危机埋下隐患。

我们可以简单地演示一下金融危机是如何爆发的。

1. 杠杆

许多投资银行为赚取暴利，采用杠杆操作。杠杆是一柄“双刃剑”：在牛市中，利用杠杆借款可以获得暴利；相反，熊市来临，地产行业出现危机并导致市场转折的时候，杠杆就变成“自杀工具”。

2.CDS

把杠杆投资拿去做“保险”，这种保险就叫CDS。比如，银行A为了逃避杠杆风险就找到了机构B，A对B约定，B帮A的贷款作为违约保险，A每年付B保险费5千万，连续10年，总共5亿。假如A银行的投资没有违约，那么这笔保险费就直接归B；假如违约，B要为A赔偿，为A承担风险。对于A来说，如果不违约，就可以赚45亿，这里面拿出5亿用来做保险，还能净赚40亿；如果有违约，反正由B来赔付。所以对A而言，既规避了风险，还能赚到钱。B经过认真的统计分析，发现违约的情况不到1%。如果做100家的生意，总计可以拿到500亿的保险金，如果其中一家违约，赔偿额最多不过50亿，即使两家违约，还能赚400亿。A、B双方都认为这笔买卖对自己有利，因此双方成交并皆大欢喜。

3.CDS 市场

B做了这笔保险生意并且赚到钱后，C也想分一杯羹，就跑到B处说，只要B将100个CDS卖给他，C可以将每个合同以2亿成交，总共200亿。对于B来说，400亿要10年才能拿到，现在一转手就有200亿，而且没有风险，因此B和C马上就成交了。这样一来，CDS就像股票一样流到了金融市场之上，可以交易和买卖。

当C拿到这批CDS之后，并不想等上10年再收取200亿，而是把它挂牌出售，每个CDS标价2.20亿。D看到这个产品，算了一下，认为自己还是有赚头，立即买了下来。一转手，C赚了20亿。从此以后，这些CDS就在市场上反复地炒，以至于CDS的市场总值炒到了何种程度已经没人知道。

4. 次贷

A、B、C、D、E、F……所有的人都在赚大钱，那么这些钱到底是从哪里冒出来的呢？从根本上说，这些钱来自A，以及同A相仿的投资人的盈利。而他们的盈利大半来自美国的次级贷款。享受次级贷款的这些人的经济实力本来不够买自己的一套住房，但次贷为他们解决了这个问题。越来越多的人参与到房地产市场中，房价持续上涨，尽管次级贷款的利息一般比较高，但是享受次级贷款的人们在此时并不担心贷款利息的问题，只要房子处于升值的过程中，就还是赚钱的。此时A很高兴，他的投资在为他赚钱；B也很高兴，市场违约率很低，保险生意可以继续做；后面的C、D、E、F等都跟着赚钱。

5. 次贷危机

有涨必定有跌，房价涨到一定的程度就涨不上去了。当房价往下跌的时候，原先享受次贷的高额利息要不停地付，终于到了走投无路的一天，把房子甩给了银行。此时违约就发生了。此时A并不感到担心，反正有B做保险。B也不担心，反正保险已经卖给了C。那么现在这份CDS保险在哪里呢？在G手里。G刚从F手里花了300亿买下了100个CDS，还没来得及转手，突然接到消息，这批CDS被降级，其中有20个违约，大大超出原先估计的不到1%的违约率。每个违约要支付50亿的保险金，总共支出达1000亿，加上300亿CDS收购费，G的亏损总计达1300亿。虽

然G是一个大的金融机构，也经不起如此巨大的亏损，因此G濒临倒闭。

6.金融危机

如果G倒闭，那么A花费5亿美元买的保险就泡了汤。更糟糕的是，由于A采用了杠杆原理投资，根据前面的分析，A赔光全部资产也不够还债。这样，从A到G的所有人都会从这连锁危机中损失惨重。

现实中的金融危机远比上述模型要复杂得多，不过，我们也能从模型当中看出金融危机的产生及发展历程。

可以说，2008年的金融危机是五个因素共同发生作用的结果，如果缺一个可能都不会发生金融危机，或者金融危机不会这么严重。这五个因素，第一个是次贷衍生产品，包括CDU、CTS等产品。第二个是美国过去十几年都是低利率政策，特别是“9·11”以后。第三个是金融机构特别是投资银行杠杆率的监管。第四个是金融机构的风险控制、对资本监管的放松，包括让所有的投资银行业务在之前的五六年之中，特别是2001年、2002年都陆续进入次贷，追求高风险业务。我们知道次贷是没有信誉保障的人，他的贷款利率高于优质贷款，所以投资银行做这个业务的收益大，风险也大。第五个是信贷机制的监管不力。

真正的金融危机是五个因素共同作用的结果。危机发生以后，美国、英国包括行业组织都在进行检讨，都在完善监管。衍生产品纳入监管以后，规避风险、价格信号的功能还会正常发挥。这次危机是多方面的，不仅仅与衍生产品有关。但是，应该说即使不是衍生产品惹的祸，也是对衍生产品使用不当，是衍生产品的基础产品产生了问题。如果金融衍生产品没有受到投资者疯狂的追捧，恐怕也不会有金融危机的局面。

华尔街打着“金融创新”的旗号，推出各种高风险的金融产品，不断扩张市场，造成泡沫越来越大。当泡沫破灭的那一刻，危机便爆发了。曾经令人瞩目的“华尔街模式”一夜坍塌，令无数财富荡然无存。普通百姓也已经切身感受到金融危机的冲击。因此，对我们来说，要了解金融危机在美国的演变历程，并牢记历史的教训。

狂热的投机：金融危机顽疾难医

不同国家的人，投机本性可能迥然相异。对某一个国家而言，投机本性在不同的时间里也会有所不同，即在该国情绪高昂时期与压抑时期，投机的程度均不同。但是，各种形式的投机都具备的共性就是，它们都会为金融危机的爆发带来巨大的隐患。

金融危机的远因是投机行为和信用扩张，近因则是某些不起眼的偶然事件，如一次银行破产、某个人的自杀、一次无关主旨的争吵、一件意想不到的事情的暴露或是拒绝为某些人贷款，甚至仅仅是看法的改变。这些事情使市场参与者丧失了信心，认为危机即将来临，从而抛出一切可转换为现金的东西，诸如股票、债券、房地产、外汇和商业票据。当所有需要货币的人都找不到货币了，金融领域中的崩溃便会传导到经济中的各个方面，导致总体经济的下降、金融危机的来临。

投机要成为一种“热”，一般都要在货币和信贷扩张的助长下才能加速发展。有时候，正是货币和信贷的最初扩张，才促成了投机的狂潮。远的如举世皆知的“郁金香狂热”，就是当时的银行通过发放私人信贷形成的；近的如20世纪30年代“大萧条”之前，纽约短期拆借市场扩张所促成的股票市场繁荣。事实上，在所有从繁荣到危机的过程中，都有货币或者是银行信贷的影子。而且，货币的扩张也不是随机的意外事件，而是一种系统的、内在的扩张。

19世纪50年代，全球经济繁荣的出现缘于以下多重因素的影响：第一，新金矿被发现；第二，英国、法国、德国和美国新设立了大量的银行；第三，多家银行在纽约和费城设立清算所，伦敦票据清算所也开始大规模扩张。清算所的出现使得票

据清算更加便捷，也使得其成员银行更愿意在交易结算中选择票据作为结算方式。成员银行间的支付差额通过所签发的证明进行结算，又创造了一种新形式的货币。1866年，英国新成立了股份合作制的票据贴现所，通过票据贴现的方式发放了大量贷款，这也带来了英国当时的信贷扩张。而为了用黄金支付法兰西—普鲁士战争赔款，德国新设立大量掮客银行，这种掮客银行后来拓展至奥地利以及奥地利新设立的建设银行，奥地利的建设银行后来也发展至德国，共同导致了19世纪70年代中欧的信贷繁荣即信用膨胀。

那么，问题就出来了：一旦启动了信贷扩张，规定一个停止扩张的时点是否现实呢？通常当大的金融危机出现，一国的中央银行就会扮演危机中的最后贷款人，来挽救金融危机。

但是，金融危机中的最后贷款人的角色并不好把握。长期来看，货币供应量应该固定不变，但在危机期间它应当是富有弹性的，因为良好的货币政策可以缓解经济过热和市场恐慌，也应该可以消除某些危机。其依据主要是对1720年、1873年和1882年的法国危机，以及1890年、1921年和1929年的危机的研究。这几次危机中都没有最后贷款人出现，而危机后的萧条持续久远。

但是，将这种观点简单理解为设立一个最后贷款人也是肤浅的。如果市场知道它会得到最后贷款人的支持，就会在下一轮经济高涨时期，较少甚至不愿承担保障货币与资本市场有效运作的责任，最后贷款人的公共产品性会导致市场延迟采取基本的纠正措施、弱化激励作用、丧失自我依赖性。因此，应该由一个“中央银行”提供有弹性的货币。但是，责任究竟落在谁的肩上还不确定，这种不确定性如果不使市场迷失方向的话是有好处的，因为它向市场传递了一个不确定的信息，使市场在这个问题上不得不更多地依靠自救。适度的不确定性，但不能太多，有利于市场建立自我独立性。

众所周知，在经济过热与市场恐慌中，货币因素十分重要。芝加哥学派认为，当局总是愚蠢的，而市场总是聪明的，只有当货币供应量稳定在固定水平或以固定增长率增加时，才能避免经济过热和市场恐慌。然而，现实的悖论是，银行家只把钱借给不想借钱的人。当发生经济崩溃时，银行体系必然受到冲击，除了货币数量的变动外，将导致银行对信贷进行配额控制，这势必造成某些资本运行环节当中的信用骤停和流动性衰竭。

泡沫经济：最绚丽的泡沫也还是泡沫

正常情况下，资金的运动应当反映实体资本和实业部门的运动状况。只要金融存在，金融投机必然存在。但如果金融投机交易过度膨胀，同实体资本和实业部门的成长脱离得越来越远，便会造成社会经济的虚假繁荣，形成泡沫经济。

泡沫经济是指虚拟资本过度增长与相关交易持续膨胀日益脱离实物资本的增长和实业部门的成长，金融证券、地产价格飞涨，投机交易极为活跃的经济现象。泡沫经济寓于金融投机，造成社会经济的虚假繁荣，最后必定泡沫破灭，导致社会震荡，甚至经济崩溃。历史上发生过许多次的泡沫经济事件，它们给经济的发展带来了巨大的损害。

17世纪　荷兰发生郁金香泡沫经济。

18世纪　英国的南海公司泡沫经济（南海泡沫事件）。这次事件成为泡沫经济的语源。

20世纪20年代　受到第一次世界大战的影响，大量欧洲资金流入美国，导致美国股价飞涨。之后黑色星期二爆发，美国泡沫经济破裂，导致世界性恐慌。

1980年　日本泡沫经济。

1994年　墨西哥为主的中南美洲泡沫经济。

1997年　东南亚金融危机。

1999～2000年　美国因特网泡沫经济。

2003年　美国为主的全球房地产泡沫经济。

由于没有实体经济的支持，经过一段时间，泡沫经济都会犹如泡沫那样迅速膨胀又迅速破灭。那么泡沫经济又是如何形成的呢？主要有以下方面的重要原因：

其一，宏观环境宽松，有炒作的资金来源。泡沫经济都是发生在国家对银根放得比较松、经济发展速度比较快的阶段，社会经济表面上呈现一片繁荣，给泡沫经济提供了炒作的资金来源。一些手中握有资金的企业和个人首先想到的是把这些资金投到有保值增值潜力的资源上，这就是泡沫经济成长的社会基础。

其二，社会对泡沫经济的形成和发展缺乏约束机制。对泡沫经济的形成和发展进行约束，关键是对致使经济泡沫形成的各种投机活动进行监督和控制，但到目前为止，社会还缺乏这种监控的有效手段。作为投机过程中最关键的一步——货款支付活动，难以监督和控制。

其三，金融系统对房地产领域的过度放纵。过度宽松的财政货币政策加剧资金过剩，助长泡沫膨胀；大批公共工程上马增加了对土地的需求，进一步刺激地价上涨，各种因素叠加共振，使地价、房价飞涨。宽松的房贷条件和政府失察，最终成为压垮经济的最后一根稻草。

一本反映日本泡沫经济的书中，讲了一件真实的事。唱红了《北国之春》的日本男歌星千昌夫准备操办婚事时，银行职员上门了。当时，富裕的日本人都流行到夏威夷结婚，但那里还没有专门面向日本人的酒店。银行职员对千昌夫说："你应该去夏威夷投资建个酒店。"千昌夫问："你能借多少？"银行职员说："1000亿（日元）。"千昌夫傻了："我从来没想过要借这么多钱。"银行职员就说："我们借给你1000亿，不要任何担保。"1000亿日元就这样借给了千昌夫。这还没完，第二家银行又来了："听说您要在夏威夷建酒店？您应该再建个高尔夫球场。"结果，千昌夫名下的贷款总额达到了5000亿日元。

进入1990年，日本泡沫经济终于破灭，股价房价暴跌，大量账面资产化为乌有，企业大量倒闭，失业率屡创新高，财政恶化，日本经济陷入长达10多年的低迷状态。

西方谚语说："上帝欲使人灭亡，必先使其疯狂。"20世纪80年代后期，日本的股票市场和土地市场热得发狂。从1985年底到1989年底的4年里，日本股票总市值涨了3倍。土

地价格也是接连翻番，到1990年，日本土地总市值是美国土地总市值的5倍，然而美国国土面积是日本的25倍！一夜暴富的神话不断上演，眼红的人们不断涌进市场，许多企业也无心做实业，纷纷炒股和炒地——全社会都为之疯狂。但泡沫在1990年3月开始破灭。

灾难与幸福是如此靠近。正当人们还在陶醉之时，从1990年开始，股票价格和土地价格像自由落体一般往下坠，许多人的财富转眼间就成了过眼云烟，上万家企业迅速关门倒闭。两个市场的暴跌带来数千亿美元的坏账，仅1995年1月至11月就有36家银行和非银行金融机构倒闭，当年爆发剧烈的挤兑风潮。

日本当年经济崩溃的原因并非允许日元升值，而是其长期严重压低日元汇率。其次，日本在推行强势日元的同时，实行过度宽松的货币政策，这才酿成了金融领域的严重泡沫问题。

日本泡沫经济崩溃至今已经过去了30多年。对发展中国家而言，这是一段不能忘记和忽视的历史事件。今天的经济环境跟当时相比已经发生了很大的变化，但是在形成泡沫的过程和社会对待泡沫经济的反应上看，今天与过去的表现惊人的相似。

经济大萧条再次降临

“华尔街正陷于‘百年一遇’的金融危机中，这场危机引发经济衰退的可能性正在增大。这是我职业生涯中所见最严重的一次金融危机，可能仍将持续相当长时间，并继续影响美国房地产价格。”美国联邦储备委员会前主席艾伦·格林斯潘曾这样评价2008年美国金融危机。

2008年9月14日，正逢中国中秋节，这是中秋节第一次作为中国的法定假日，加上周末，连续3天的假期，中国人在赏月过佳节的同时还享受着中华民族举办“百年奥运”所带来的欢乐和荣耀。

此时，大洋彼岸的美利坚却阴云密布，整个国家都笼罩在失落和懊丧中：美国金融危机爆发。这是自1929年以来最大的一次金融危机。

这天距离美国纽约世贸大楼被炸7周年不到3天，一场灾难——金融危机在纽约上演了：一年前贝尔斯登倒下的时候，许多人认为那不过是一场流动性不足的短暂危机，而现在没有人再怀疑，华尔街已经崩溃，建立在华尔街之上的美国金融帝国正摇摇欲坠。

著名经济学家克鲁格曼认为，2008年底经济危机爆发时，其严重程度几乎堪比20世纪30年代“大萧条”时期的银行业危机：世界贸易、世界工业产值、全球股市等一系列指标下降速度赶上甚至超过了当时。

格林斯潘认为，这场危机将持续成为一股“腐蚀性”力量，直至美国房地产价格稳定下来，危机还将诱发全球一系列经济动荡。他还预测，将有更多大型金融机构在这场危机中倒下。于是，各个国家的政客都行动起来了，为了避免被美国拖下水，各自寻求自保之法。位于太平洋对岸的亚洲，特别是作为美国最大的债权国的中国和日本，也行动起来了。日本积极购买或者兼并美国濒临危机的证券或者金融公司，而中国则采取相对更为谨慎的态度。

与“大萧条”时代所不同的是，在金融危机中，美国经济并未直线下滑，而是在经历了糟糕的一年后逐渐开始触底反弹。美国之所以免于重蹈“大萧条”覆辙，是因为政府在两次危机中所扮演的角色截然不同。

首先，在金融危机中，最关键的并非政府有所为，而是政府有所不为：与私人部门不同，联邦政府没有大幅缩减开支。尽管财政收入在经济收缩的时期大幅下降，但社会保险、医疗保险、公职人员收入等都得到了应有的保障。而这些方面的支出都对下滑的经济起到了一定的支撑作用，成为政府的“自动稳定器”。而在“大萧条”时代，政府支出占GDP总量的比例则相对小得多。尽管危机时期的大笔财政支出会导致政府的财政赤字，但是从避免危机深化的角度来说，赤字反而能成为一件好事。

其次，政府除了持续发挥其自身的稳定效用之外，还进一步采取措施稳定金融部门，为银行提供救助资金。尽管现行的银行救助计划的规模及形式等方面也许存在缺憾，但是如果没有采取此类措施，情况势必会更加糟糕。在应对本轮危机时，政府没有采取20世纪30年代的放任不管、任由银行系统崩溃的态度，而这正是“大萧条”没有重现的另外一个重要原因。

最后，美国政府在经济刺激计划方面进行了深刻思考，并付出了努力。如果当时没有实施经济刺激计划，会有比当时多100万的美国人失去就业机会。正是经济刺激计划将美国经济从

自由落体式下降的旋涡中拖了出来。

世界是平的，全球化的重要标准之一就是资本和金融在全球的流动性，随着美国金融危机的发生，传导效应和蝴蝶效应发挥了作用，波及了大西洋对岸的欧洲。欧洲的金融系统也面临着更大的压力，步美国的后尘发生了金融危机。

危机造成的经济收缩

2011年，新华网纽约9月27日电：全球知名投资银行经理、私募基金总裁27日在纽约举行论坛。当时的与会专家普遍认为，欧洲债务危机是世界经济面临的主要威胁。此外，危机中深受拖累的欧洲银行因为流动性吃紧而收紧信贷，导致私募基金融资成本上升，投资活动被迫收缩。

有“末日博士”之称的纽约大学商学院教授、鲁比尼全球经济咨询公司创始人努里尔·鲁比尼于当天说，目前大多数发达经济体已濒临衰退边缘，而“美国、英国和一些欧元区国家已经陷入经济衰退”。他说，世界经济现在面临的问题不是会否陷入衰退，而是衰退程度的强弱，而决定衰退程度的关键在于欧元区的表现。在鲁比尼看来，如果欧洲不能采取有效措施控制债务问题，造成的后果要比2008年雷曼兄弟公司破产更“严重”。

一场金融危机看似呼啸而来，实际上在其形成时期，就已经通过很多迹象表明了讯息，只是人们往往不是没有发现，便是发现时已无力逆转。在经济出现倒退预警后，利率以及资本市场和金融部门的诸多反应在另一方面反而加快了金融危机到来的速度。这些因素使得金融危机爆发呈现出一种令人谈虎色变的生猛姿态。

从2008年到2011年这三年，全球经济政策经历了重大变化。2008年金融海啸席卷全球时，采取经济刺激政策，成为各国应对金融危机的一致主张。一年后，随着危机逐渐缓解，实施退出战略，政策趋向紧缩，成为不少国家的选择。但在2011年，复杂的国际经济环境正迫使世界主要经济体政策开始新的转向。转向的大背景，就是世界经济的主要挑战正在发生易位，即债务危机和通货膨胀易位使经济“二次衰退”。尽管在易位过程中，可能一种甚至多种挑战交叉并存，给经济带来更严峻的考验。

可以说，2011年的世界经济，左边是冰山，右边是火焰。在何去何从之间，一些国家经济政策开始掉头，或在为是否掉头做准备。比如土耳其、巴西央行已先后降息；在发达经济体方面，美联储第三轮量化宽松政策呼之欲出，欧洲央行也暗示会根据经济局势的变化适时调整政策。

在美国和欧洲一些国家，债务危机使得扩张性财政政策难以为继，为避免陷入更严重的信心危机，这些国家不得不削减赤字。而在新兴经济体，应对通胀成了政府的头号任务，央行不得不采取各种措施收紧流动性。

但偏紧的财政和货币政策，让本已就低迷的经济更加不振，债务危机更严重地打击民众信心。按照一些西方经济学家的看法，这种趋势如果继续，尽管世界经济不大可能陷入“大萧条”，但却可能陷入新一轮的大收缩。

让我们来看一看，金融危机是从哪几个方面导致经济收缩的。

1. 利率的上升

有一点可以理解的是，参与风险最高的投资项目的个人和企业恰恰是那些愿意支付最高利率的人。如果信贷资金需求的增加或是货币供给的减少导致利率攀升到足够高的水平，信用风险较低的项目就不愿意借款，而仍然愿意借款的只能是风险较高的那些项目。由此引起逆向选择问题的增加，使得贷款人不愿意发放贷款。贷款的大规模减少导致投资和总体经济活动的大幅萎缩。

2. 不确定性的增加

由于主要金融或非金融企业破产、经济衰退或股票市场震荡，导致金融市场的不确定性突然增加，使得贷款人很难甄别信贷资产的质量。贷款人解决逆向选择问题能力的削弱使得他们不愿意发放贷款，从而导致贷款、投资和总体经济活动的下降。

3. 资产市场的资产负债表效应

由于股票价格是衡量企业净值的重要指标，因此，股票市场下跌意味着企业的净值减少，这会削弱贷款人的放款意愿，由于对面临逆向选择的贷款人减少，贷款人收缩放款，从而引起投资和总产出的下降。此外，股票市场下跌引起的企业净值减少，增加了借款公司参与高风险投资的动力，因此即使投资失败，它们遭受的损失也不多，这进一步削弱了贷款意愿，引起经济活动的收缩。

4. 银行部门

众所周知，银行在金融市场中扮演着十分重要的角色。

银行资产负债表的状况对银行贷款有很重要的影响。如果银行的资产负债表恶化引起资本大幅收缩，用于贷款的资源就会减少，银行贷款下降。贷款的减少引起投资支出的下降，从而放慢经济活动。那么，假如争先地出现破产，恐慌会从一个银行传递到另一个银行，引起银行危机。

5. 政府财政失衡

政府财政的失衡也会引起公众对政府债券违约的担忧。如果政府财政出现问题，政府会发现很难向公众出售政府债券，因此政府会强制银行购买，从而恶化银行的资产负债状况，导致贷款和经济活动的收缩。

要避免陷入经济的大收缩，作为西方经济领头羊的美国和德国，在处理因西方问题导致的危机方面要承担特殊责任。对德国这样的债务风险较小的国家来说，可能确实需要采取扩张的政策，帮助欧洲国家渡过债务难关，并促使整个欧洲经济向好的方向发展。德国需要让渡自身利益，但也需要把握好度，防范救人不成反殃及自身。

美国的情况可能较为特殊。考虑到美元作为全球主要储备货币的特殊地位，尽管美国赤字已经高悬，但美国仍有刺激经济的余力。这就要求美国朝野两党抛弃政治斗争，采取一些有针对性的刺激经济、增进就业的有效措施。当然，美国在扶持自身经济的同时，也须考虑其政策对其他国家的负面影响，否则其他国家经济因此不振，美国又焉能独好？

对新兴经济体和欧洲国家来说，当前的首要任务则是迅速解决当前的主要挑战，并为调整政策预备空间。对前者而言，应采取各种措施尽快控制通胀上扬，实施经济软着陆；对后者而言，应迅速削减主权债务，恢复市场信心。一旦外部经济环境突然恶化，这些国家即可腾出手来采取新的刺激政策。

在经济全球化的时代，没有任何一个国家能够在全球性金融危机中独善其身，要重构全球金融体系，制定一些基本、关键的原则，以避免金融危机再次上演。在改革全球金融体系时，应保证实现“透明的市场治理”以及对金融机构的“有效监管”，来有效预防和应对金融危机再次横扫全球。

危机爆发的三大预言成真

金融学家曾经在2008年对经济危机做出了三大预言。

预测一：美国还有4000家银行要倒闭或被整并。

美国银行执行长刘易斯于2008年9月中旬接受美国CNBC专访时表示，美国接近9000家的银行中，在未来5年将会有一半倒闭或者被整并。

预测二：大失业潮即将来临。

2009年底，美国可能有1200万人失业。美国财经研究机构预测，2009年4月的失业率会达到7.1%。高盛证券预测更悲观，2009年底，美国失业率将会达到8%。

以当时美国近1.55亿的劳动人口估计，到2009年4月将可能有超过1000万的美国人失业。最悲观的状况是，2009年底，美国将有约1200万人失业，直逼20世纪30年代的经济大萧条。

预测三：景气还没到底，最糟状况可能在2009年中，欧美经济将零增长或负增长。

多数经济学家都预测，景气最糟的状况将会落在“2008年底到2009年中”。

摩根大通曾预估，美国经济将在2008年第三季开始，到2009年第一季出现负成长，尤其以2008年第四季衰退15%最为严重。摩根大通也曾预测2009年欧元经济将出现0.4%的衰退，这将是欧元区成立10年以来新低。

此次发生问题的衍生产品与过去传统的股权、期权、期货这些产品有区别，本来人们以为住房贷款这种资产不会太离谱，然而这次恰恰是住房按揭贷款这种标的物很真实的产品出了问题。实际上，在最发达的经济体中，金融的作用呈相对弱化的趋势。当时很多人都说美国的经济这次可能要垮台了，但实际上美国的经济实力仍然是世界第一。国家竞争力排名中，美国还是排名第一，美国的制造业创造的增加值仍然第一，服务业第一，农业出口量第一。即使是金融出了这么多问题，倒闭了那么多大银行，当时美国有问题的银行170多家，但是实体经济受到的伤害还是非常有限。即使就数量而言，出问题的银行也有限，因为美国的银行总数是7000多家，资本市场和直接融资仍在运行，商业票据市场仍在发挥功能，所以美国的经济实力仍然不可小视。

相比美国，中国主要还是靠要素投入来推动经济增长，靠一定的技术引进和技术模仿来推动经济增长。而美国已经主要是靠科技文化创新来推动经济增长，要素投入对它的影响已经很小，引进技术、模仿别人的影响作用也比较小。由于像美

国这样的发达国家对要素投入的依赖性已经很小，所以金融在经济中的地位和影响作用就不如从前了。欧洲和美国的问题是“金融过度”，我国的问题是金融欠缺、服务不足。

金融创新与安全的平衡是市场健康发展的前提。金融衍生品作为金融创新工具，一向为一些发达国家的金融市场所推崇，它在活跃市场交易、拓展市场空间、提高市场效率的同时，也隐含着很大的技术与道德等方面的风险。金融创新与金融安全是相互矛盾制约，又相互促进发展的辩证统一体。处理好金融创新与金融安全的关系，必须注意金融创新的适度性。

信用制度是金融市场的生命线，无论发达成熟的市场，还是新兴发展中的市场，都面临着不断健全和完善信用制度的客观需要，即使在信用制度较为完善的市场上，严重的信用缺失同样会引发系统性金融风险，并造成严重的恶果，所以发展资本市场必须建立系统、完善、有效的信用制度。坚持安全与效率并重，安全优先、风险可控的审慎原则。在资本市场基础制度较薄弱、市场发育不成熟的情况下，更应注重在能够有效控制风险前提下的金融创新，务必防止金融创新的风险失控。对已推出和即将推出的金融创新产品应进行严格的风险监控；对市场发展需要，但自身条件不具备的金融创新产品应充分论证，积极培育，择机推出。只有全面、协调地推进创新，才能从根本上避免金融创新步入“雷区”，引发系统性风险。

每一次危机都是新的，但都是流动性危机。我们看到，美国在2008年危机之前和初期，金融市场的流动性都十分充裕，但到了7月就突然紧张起来，以至于后来出现流动性枯竭。

稳步有序地推进资本市场国际化进程。由金融危机引发的全球金融动荡对现有国际金融格局、金融体系、金融组织等产生了不同程度的影响与冲击。我们必须审慎推进国际化进程，宁稳毋快。严格审核评估拟设立合资基金管理公司与合资证券公司的外方资产财务状况与经营管理能力；严格审核合格境外机构投资者资质，继续实行严格的投资额度限制，防止外资对资本市场的冲击；鼓励国内规范经营，具有相当竞争实力、有较强投资管理能力与较丰富投资管理经验的合格境内投资者进行一定的海外业务尝试与拓展。

PART 07 企业融资，有利于长远发展——每天读点企业融资知识

量体裁衣，选择适合的融资方式

所谓融资方式，即企业融资的渠道。它可以分为债务性融资和权益性融资两类。前者包括银行贷款、发行债券和应付票据、应付账款等，后者主要指股票融资。债务性融资构成负债，企业要按期偿还约定的本息，债权人一般不参与企业的经营决策，对资金的运用也没有决策权；权益性融资构成企业的自有资金，投资者有权参与企业的经营决策，有权获得企业的红利，但无权撤退资金。

对于任何一个企业的发展，资金都起着至关重要的作用，它是企业经营活动正常运转的血液，也是进行收益分配的基础。而选择何种融资方式也是每个企业都会面临的问题。合理地选择融资方式，可以降低融资风险，减少资本成本。企业量体裁衣，选择适合自己的融资方式，才能做到既满足融资的需要，也能够不断积累，有利于企业的长远发展。

债务性融资我们在前文做了一定的介绍，这一节我们主要

来看一看权益性融资。权益性融资主要分为两种：普通股融资和优先股融资。

普通股是股份有限公司发行的不具特别权利的股份，是企业资本的最基本构成。它是股票的一种基本形式，在股票市场中，它的发行量最大，也最为重要。它代表满足所有债权偿付要求及优先股东的收益权与求偿权要求后对企业盈利和剩余财产的索取权。通常情况下，股份有限公司只发行普通股。

普通股的基本特点是其投资收益（股息和分红）不是在购买时约定，而是事后根据股票发行公司的经营业绩来确定。公司的经营业绩好，普通股的收益就高；反之，若经营业绩差，普通股的收益就低。

与其他筹资方式相比，普通股筹措资本具有如下优点：首先，发行普通股筹措资本具有永久性，无到期日，不需归还。这对保证公司对资本的最低需要、维持公司长期稳定发展极为有益。其次，发行普通股筹资没有固定的股利负担，股利的支付与否和支付多少视公司有无盈利和经营需要而定，经营波动给公司带来的财务负担相对较小。由于普通股筹资没有固定的到期还本付息的压力，所以筹资风险较小。再次，发行普通股筹集的资本是公司最基本的资金来源，它反映了公司的实力，可作为其他方式筹资的基础，尤其可为债权人提供保障，增强公司的举债能力。最后，由于普通股的预期收益较高，并可一定程度地抵消通货膨胀的影响（通常在通货膨胀期间，不动产升值时普通股也随之升值），因此普通股筹资容易吸收资金。

但是，从投资者的角度来说，由于普通股的资本成本较高，因此投资普通股相对来说风险也较高。而对于筹资公司来说，与债券利息不同，普通股股利从税后利润中支付，因而不具抵税作用。此外，普通股的发行费用一般也高于其他证券。

优先股是公司的另一种股份权益形式。所谓优先股，是指由股份有限公司发行的，在分配公司收益和剩余财产方面比普通股股票具有优先权的股票。优先股常被看成是一种混合证券，介于股票与债券之间的一种有价证券。持有这种股份的股东先于普通股股东享受分配，通常为固定股利。优先股收益不受公司经营业绩的影响。

发行优先股对于公司资本结构、股本结构的优化，提高公司的效益水平，增强公司财务弹性，无疑具有十分重要的意义。利用优先股股票筹集的资本称为优先股股本。

优先股与普通股相比，在分配公司收益方面具有优先权，一般只有先按约定的股息率向优先股股东分派了股息，普通股股东才能进行分派红利。因此，优先股股东承担的风险较小，收益稳定可靠。不过，由于股息率固定，即使公司的经营状况优良，优先股股东一般也不能分享公司利润增长的利益。如果公司破产清算，优先股对剩余财产有优先的请求权。优先股股东的优先权只能优先于普通股股东，但次于公司债券持有者。从控制权角度看，优先股股东一般没有表决权（除非涉及优先股股东的权益保障时），无权过问公司的经营管理。我国的有关法规规定：优先股股东无表决权，但公司连续三年不支付优先股股息，优先股股东就享有普通股股东的权利。所以发行优先股一般不会稀释公司普通股股东的控制权。除此之外，发行人为了吸引投资者或保护普通股东的权益，对优先股附加了很多定义，如可转换概念、优先概念、累计红利概念等。

公司发行优先股，在操作方面与发行普通股无较大差别，但由于公司与优先股股东的约定不同，从而有多种类型的优先股。按照不同的标准，先后分为：累积优先股与非累积优先股；全部参与优先股、部分参与优先股和不参与优先股；可转换优先股与不可转换优先股；可赎回优先股与不可赎回优先股；有投票权优先股与无投票权优先股。

从普通股股东的立场来看，优先股是一种可以利用的财务杠杆，可视为一种永久性负债。公司有时也可以赎回发行在外的优先股，当然要付出一定的代价，如溢价赎回的贴水。从债权人的立场来看，优先股又是构成公司主权资本的一部分，可以用作偿债的铺垫。

综合来看，不论是债务性融资还是权益性融资，随着企业的成长发展，经营风险的逐渐减少，吸引越来越多的投资人，因此，可供选择的融资方式也会越来越丰富。

资源来源	企业发展阶段		
	种子阶段	创业阶段	成长阶段
内源融资	家族积蓄	追加投资	存留利润
债权投资	亲朋好友借贷、政府扶持	典当、租赁融资	商业担保、贸易占款、流动资金贷款
股权融资	合作方投资	私募融资	国际私募

如图所示，纵向来看，随着融资成本的增加，企业可选择的融资方式自上而下也有所不同；横向来看，随着企业成长风险的减小，企业可选择的融资方式也在不断升级，有所改善。

由于融资是双方风险和收益的分配，依次寻找投资人也就意味着是在找人分担风险，同时也是向其“销售”未来的收益。因此企业只要把握风险和收益这两个方面的问题，就能够准确地选择融资方式。

此时，企业要保持清醒的头脑，量体裁衣，根据企业自身的特点来选择合适的融资方式，以免自己的创业成果遭人轻取。

融资成功，如何运作资本才是关键

对于企业发展来说，资本固然重要，它如同企业的血液，是企业生存的根源，但是融资不是目的，如果一个企业拥有大量的资金，却无法运作，也就如同一个植物人，活着，但是不能有任何作为。通过融资，企业得到了足够的资金，那么下一步关键就在于，企业应该懂得如何运作资本，真正地实现融资成功。

那到底什么是资本运作呢？资本运作又叫资本经营，是指利用市场法则，通过资本本身的技巧性运作或资本的科学运动，实现价值增值、效益增长的一种经营方式。简而言之，就是利用资本市场，通过买卖企业和资产而赚钱的经营活动和以小变大、以无生有的诀窍和手段。发行股票、发行债券（包括可转换公司债券）、配股、增发新股、转让股权、派送红股、转增股本、股权回购（减少注册资本），资产重组，对企业的资产进行剥离、置换、出售、转让或对企业进行合并、托管、收购、兼并、分立的行为，以实现资本结构或债务结构的改善，为实现资本运营的根本目标奠定基础。

2006年1月8日蒙牛宣布，与湖北最大的乳制品企业武汉友芝友保健乳品公司合资。在被称为“乳业市场整合年”的2006年首桩收购争夺战中，蒙牛夺得华中市场先机。

双方宣布，蒙牛和武汉友芝友保健乳品公司（下称“友芝友”）双方按52％对48％的比例共同投资人民币2.9亿元，合资成立蒙牛（武汉）友芝友乳业有限公司，其中蒙牛以现金出资，友芝友以土地、设备、人员作价。新公司成立后，友芝友公司将只作为股东身份存在，“友芝友”品牌纳入蒙牛旗下，由蒙牛负责统一管理和销售。

据原友芝友高层介绍，伊利是最早与友芝友接触的企业，

双方谈判前后达一年半，但在战略方向、品牌等根本性问题上始终没有达成共识。

恰在这时，蒙牛现身。2005年10月30日，蒙牛派大将陈广军来到武汉（此人后为蒙牛友芝友合资公司总经理），试探性地接触了友芝友。11月1日，蒙牛董事长牛根生打电话给袁谦，这个电话让袁谦开始“认识这位中国乳业的传奇人物”。

受牛根生之邀，袁谦飞赴呼和浩特与牛根生密谈。他们“一见如故”“长谈达10个小时”，袁谦自觉“深深地被牛根生的人格魅力所打动”，当即决定拿出自己的品牌与资金和蒙牛合作。牛根生劝他回去考虑，袁谦说：“不用考虑了，我就和你合作。”

10个小时对18个月，在这个几近戏剧性的故事中，蒙牛拿下了友芝友。

友芝友乳业归属于芝友企业机构之下，芝友企业机构旗下公司众多，涉及机电、汽车、食品、生物科技等多个领域。虽然“友芝友”是湖北第一乳品品牌，但乳业并不是其主业，因此芝友企业机构董事长袁谦早有心将其拿出与人合作。

如何转移社会中的闲散资本，并给予集中利用？如何将集中起来的资本运行重组后再投放到国家或地方的建设项目中去，以达到援款资本的增值（就是产生利润）目的？这些问题都是对资本运作的肯定，正是在这个无限循环的过程中，才使得原始资本得以不断地增值、裂变，直到再生成巨大的资本（实现区域经济的跨越或发展）。

从资本的运动状态来分析，我们可以将其划分为存量资本经营和增量资本经营。存量资本经营指的是投入企业的资本形成资产后，以增值为目标而进行的企业的经济活动。资产经营是资本得以增值的必要环节。企业还通过兼并、联合、股份制、租赁、破产等产权转让方式，促进资本存量的合理流动和优化配置。增量资本经营实质上是企业的投资行为。因此，增量资本经营是对企业的投资活动进行筹划和管理，包括投资方向的选择、投资结构的优化、筹资与投资决策、投资管理等。

德国的戴姆勒—奔驰公司和美国的克莱斯勒公司均为世界著名的汽车制造公司。戴姆勒—奔驰的拳头产品为优质高价的豪华车，主要市场在欧洲和北美；美国克莱斯勒公司的产品几乎全部集中于大众车，与戴姆勒—奔驰在产品和市场范围上正好互补，两家公司的合并是着眼于长远竞争优势的战略性合并。两家公司各自的规模以及在地理位置上分属欧洲大陆和美洲大陆，使合并的复杂程度和评估难度大大提高。

1998年5月7日，德国的戴姆勒—奔驰汽车公司购买美国第三大汽车公司克莱斯勒价值约为393亿美元的股票，收购这家公司，组成“戴姆勒—克莱斯勒”股份公司，奔驰和克莱斯勒将分别持有其中57%、43%的股份。

这一并购行为涉及的市场交易金额高达920亿美元。合并后的新公司成为拥有全球雇员42万、年销售额达1330亿美元的汽车帝国，占据世界汽车工业第三把交椅。

通过蒙牛公司和奔驰公司，我们脑中对资本运作有了一个相对简单的概念，现在我们来看一看进行合理的资本运作的意义所在。

其一，资本运作是整合资源的法宝。资本运作是整合资源的非常重要的渠道，就像联想收购IBM的PC业务，就是通过不断地收购来达到整合资源的目的，所以企业才能够在长时间里一直占据领先地位。

其二，资本运作是企业发展壮大的捷径。这一点是不言而喻的，企业希望能实现跨越式的发展，并购是一个捷径。

其三，资本运作也是企业快速实现自身价值的利器。在转型变革的现行社会，机会就在我们身边，每一个创业者都是怀着一定的理想来创立一个企业的，而资本运作就是这样一个实现自身价值的强大武器。

资本作为现代化大生产的一种要素，其重要性不言而喻，企业通过合理地进行资本运作是企业实现低成本扩张、跨越式发展的关键之举。企业通过提高资源配置效率，实现经济增长方式的转变；通过提高经济发展速度，促进企业经营机制的转变；建立现代企业制度，实现真正的融资成功。但是我们也必须认识到，资本运作也是一把双刃剑，做得好可以让企业发展壮大，但如果做得不好，也将会前功尽弃，损失惨重。

公司并购，整合就像是滚雪球

2011年3月28日，吉利终于在对沃尔沃的收购上达成双方协议，这桩汽车界的“跨国恋”终于让有情人成为眷属，用吉利董事长李书福的话说就是，“穷小子娶了大明星”。对这类传奇佳话所关注的永恒不变的主题就是，“穷小子”为什么能“娶了大明星”？

简单说，就是这个“穷小子”不差钱，至少在聘礼上让“大明星”满意。我们都可以看到的这个数字是18亿美元，当然还不包括需要投入的后续运营资金9亿美金。

一般来说，企业并购包括兼并和收购两个方面。兼并又称吸收合并，指两家或者更多的独立企业合并组成一家企业，通常由一家占优势的公司吸收一家或者多家公司。狭义的兼并相当于公司法和会计学中的吸收合并，而广义的兼并除了包括吸收合并以外，还包括新设合并和控股等形式。

收购是指一家企业用现金或者有价证券购买另一家企业的股票或者资产，以获得对该企业的全部资产或者某项资产的所有权，或对该企业的控制权。收购的内容较广，其结果可能是拥有目标企业几乎全部的股份或资产，从而将其吞并；也可能是获得企业较大一部分股份或资产，从而控制该企业；还有可能是仅仅拥有较少一部分股份或资产，而作为企业股东中的一个。吉利收购沃尔沃就是一种典型的企业并购行为。

与并购意义相关的另一个概念是“合并”，是指两个或两个以上的企业合并成为一个新的企业，合并完成后，多个法人变成一个法人。

并购的实质是在企业控制权运动过程中，权利主体依据企业产权作出的制度安排而进行的一种权利让渡行为。并购活动是在一定的财产权利制度和企业制度条件下进行的，在并购过程中，某一或某一部分权利主体通过出让所拥有的对企业的控制权而获得相应的收益，另一个部分权利主体则通过付出一定代价而获取这部分控制权。企业并购的过程实质上是企业权利主体不断变换的过程。

产生并购行为最基本的动机就是寻求企业的发展。寻求扩张的企业面临着内部扩张和通过并购发展两种选择。内部扩张可能是一个缓慢而不确定的过程，而通过并购发展则要迅速得多，尽管它会带来自身的不确定性。

根据并购的不同功能或根据并购涉及的产业组织特征，可以将并购分为三种基本类型。

其一，横向并购。横向并购的基本特征就是企业在国际范围内的横向一体化。近年来，由于全球性的行业重组浪潮，结合我国各行业实际发展需要，加上我国国家政策及法律对横向重组的一定支持，行业横向并购的发展十分迅速。

其二，纵向并购。纵向并购是发生在同一产业的上下游之间的并购。纵向并购的企业之间不是直接的竞争关系，而是供应商和需求商之间的关系。因此，纵向并购的基本特征是企业在市场整体范围内的纵向一体化。

其三，混合并购。混合并购是发生在不同行业企业之间的并购。从理论上看，混合并购的基本目的在于分散风险、寻求范围经济。在面临激烈竞争的情况下，我国各行各业的企业都不同程度地想到多元化，混合并购就是多元化的一个重要方法，为企业进入其他行业提供了有力、便捷、低风险的途径。

所以对任何一家有打算“走出去”的企业来说，金融策略都是重中之重。并购的目的概括来说无非是使自己的企业得到更好的发展，最好和并购企业最终实现双赢。

在并购过程中，一定要切忌过分发挥金融的作用，用得不好它就是“洪水猛兽”。如果认为“不差钱”了企业就可以

大胆地“走出去”的话，那很可能是走向了万丈悬崖。清晰且不受外界无端变化所利诱的企业经营战略，才是企业的发展核心。并购不是目的，发展才是目的。做企业应该是和做人一样，不管是在钱、机遇，还是所谓“危机”面前，你都要经得起诱惑，才不会迷失自我。

后市维护是企业竞争的坚实后盾

当今社会，企业上市已经成为一种风尚。一家公司最终成为上市公司，这并不意味着整个工作的结束，反而是全新工作的开始。那么当公司面临一个新的起点时，将如何进行后市维护呢？

企业上市，只是赢得了更大舞台的入场券，企业要想压缩成本、获得巨大的利润，归根到底，还是要用实力说话。如果企业没有良好的后市维护作支撑，美丽的景象也只是昙花一现。

企业的后市维护主要从三个方面来进行，分别是信息披露、投资者关系管理、企业危机管理。

1. 上市公司的信息披露

信息披露主要是指公众公司以招股说明书、上市公告书以及定期报告和临时报告等形式，把公司及与公司相关的信息，向投资者和社会公众公开披露的行为。

上市公司信息披露是公众公司向投资者和社会公众全面沟通信息的桥梁。目前，投资者和社会公众对上市公司信息的获取主要是通过大众媒体阅读各类临时公告和定期报告。投资者和社会公众在获取这些信息后，可以作为投资抉择的主要依据。真实、全面、及时、充分地进行信息披露至关重要，只有这样，才能对那些持价值投资理念的投资者真正有帮助。

博迪森农化公司是我国内地首家在美国、英国和德国三地上市的中小企业。2006年1月，公司登上福布斯“中国最具发展实力的100强”榜单，排名第16位；2006年6月，博迪森被纳入美国代表中小企业股票的罗素2000指数……然而，在2007年3月22日，由于信息披露、财务数据等一系列问题，博迪森被AMEX摘牌，股价也从最高时超过20美元，骤然滑落到2美元附近。

不同类型的投资者对信息的敏感程度也是不同的，因此，最公平的办法就是确保所有的公司信息都能作为一个整体在同一时间向市场公布。交易所通常要求上市公司在各种情形下进行公告，包括公司的重大发展、分红决定、半年及全年的财务数据以及董事会的任何变动。价格敏感性信息披露制度为交易所一线监管者提供了较为明确的标准。如果信息披露仅仅被看成是上市公司应遵守的业务，信息披露管理工作将变得非常困难。应该让市场充分认识到，准确、及时的信息披露将提高市场效率，降低资本成本，对于投资者与上市公司都是一个双赢的市场策略。

同样，作为上市公司的董事来说，可能并不容易精确地定义何种行为及信息应当是上市义务中需要披露的信息，特别是在处理所谓价格敏感信息的时候。因此，保持警醒并从经纪人或者律师处获得建议非常重要。

作为一家新上市的公司，你已经同意为你公司在上市过程中提交给市场的信息负责。你和你的董事同事们也将个人以及集体地为你公司持续遵守上市规则及满足上市及披露条件承担责任。除了这些责任，董事还将需要满足一些进一步的要求，如个人行为方面的更大披露以及股票交易的限制。

董事在公司上市后的主要义务包括：

（1）董事非经法定程序不得同公司进行交易的义务。

（2）董事不得要求公司做与金钱有关或提供担保的义务。

（3）董事不得利用公司机会的义务。

（4）董事竞业禁止义务。

（5）董事不得违法分派股息或红利的义务。

（6）董事不得在公司最低法定注册资本缴付前以公司名义从事商事活动的义务。

（7）董事在公司招股说明书中不得有虚假或误导性陈述的义务。

（8）董事在公司清算时有作出法定声明、使公司及时进行清算的义务，董事不得从事欺诈性交易的义务。

2. 投资者关系管理

投资者关系管理，又叫作IRM，是指运用财经传播和营销的原理，通过管理公司同财经界和其他各界进行信息沟通的内容和渠道，以实现相关利益者价值最大化并如期获得投资者的广泛认同，规范资本市场运作、实现外部对公司经营约束的激励机制、实现股东价值最大化和保护投资者利益，以及缓解监管机构压力等。IRM还经常被通俗理解为公共关系管理。

美国的微软公司是最早设立IRM网站的公司之一，堪称与个人投资者沟通的典范。在微软每季业绩披露时，当时的公司CEO比尔·盖茨都会出来同投资者见面，并会带一个IRM团队参与。这些IRM人员会处理一些细节上的问题。

IRM在西方资本市场上已有三十多年的历史。然而，对于在美国上市的中国企业而言，大多还不能充分理解IRM对公司长远发展的重要意义。

3. 企业危机管理

企业危机管理是指企业为避免、减轻或消除危机所带来的威胁和损害，而制定和实施规避危机、控制危机、解决危机等措施的一系列动态管理过程。这一定义强调两点：一是企业危机管理要求我们把握企业危机发生和发展的规律性，在动态的危机变化中挖掘有利因素；二是利用危机管理的系列方法与措施，努力避免危机所造成的影响和损失，并尽可能变害为利，转危为机，推动企业的持续发展。

近些年来，在商场中，一些声名赫赫的知名企业经常会遭遇一连串纠缠不清的危机包围，接二连三地掉进不能自拔的泥潭。例如，早在2004年底，三九医药的“大股东占用资金已达37亿元”的信息披露，此非诚信行为导致企业信誉度直线下降，不仅为三九医药的昔日辉煌画上句号，而且中小股东权益也因此受到严重损害。

这是个司空见惯的现象。只有重视危机，才可能及时地规避风险；只有加深对危机管理的认识，提高危机管理的能力，才能相应地减少更多的不利影响。加强危机管理，促进自身的健康发展，其实也就是促进证券市场的和谐发展，保护中小股东的权益。

对于企业危机管理，除此之外，还应该包括公司内部的公关危机等方面。而树立员工的信心、整合企业文化、做到稳定员工队伍和情绪、统一员工的思想认识，这也是企业危机管理的延伸，并有着举足轻重的作用。

PART 08

政府与市场过招——金融风险与监管知识

金融风险：“玩钱者要承担的风险”

在1997年7月以来出现金融危机的国家中，泰国、马来西亚、印度尼西亚、菲律宾四个东南亚国家大体属于同一类型，韩国、日本、俄罗斯各属于一个类型，而1999年1月出现金融动荡的巴西又属于另一个类型。泰国等国的金融危机爆发带有突然性，不仅这些国家的政府没有准备，连国际货币基金组织等国际性金融机构事先也没有料到。

金融风险，是金融机构在经营过程中，由于决策失误、客观情况变化或其他原因使资金、财产、信誉有遭受损失的可能性。

一定量的金融资产在未来的时期内到底能产生多大的货币收入流量，还有相当的不确定性。这种预期收入遭受损失的可能性，就是通常所说的金融风险。一家金融机构发生的风险所带来的后果，往往超过对其自身的影响。金融机构在具体的金融交易活动中出现的风险，有可能对该金融机构的生存构成威胁；具体的一家金融机构因经营不善而出现危机，有可能对整个金融体系的稳健运行构成威胁；一旦发生系统风险，金融体系运转失灵，必然会导致全社会经济秩序的混乱，甚至引发严重的经济危机。

当人们用自己的货币以一定的价格购买金融资产时，人们之所以关心系统金融风险问题，原因就在于系统金融风险发展到一定程度就会转化为金融危机，金融危机如果引发经济危机甚至社会政治危机，国家发展将面临停滞或严重倒退。

在现代市场经济中，金融领域是竞争最激烈、风险程度也最高的领域，没有风险就没有金融活动。因此，想要避免金融风险是不可能的，我们要关注的是系统性金融风险或全局性金融风险。我们的报刊上常用的所谓“化解金融风险”实际上说法不准确，系统性金融风险或全局性金融风险一直存在，个别金融风险或局部性金融风险每天都在出现，如何化解得了？如果说“化解”，只应该是化解危机，但在危机尚未出现时，我们要做的工作也只能是降低系统或全局性金融风险。

金融学所涉及的无非是风险与回报这两大话题：第一个问题就是风险与回报之间的关系到底是怎么样的；第二个问题是如何在降低或者控制风险的同时，获得尽可能高的回报。

为什么风险与回报的问题这么重要呢？原因很简单，因为不愿意承担风险是绝大部分人的本性，可是我们又想得到尽可能高的回报。所以，在从事金融活动中，我们就要尽可能控制风险，采取办法降低风险。而要控制风险、降低风险，我们就必须了解风险是怎么回事，哪些因素可能导致风险，怎么衡量风险的大小。

在金融活动中，因为不重视风险而吃了大亏的例子很多。

1994年12月，美国加利福尼亚州奥兰治县政府宣布破产，成了美国历史上规模最大的政府破产案件。奥兰治县在洛杉矶附近，一直是一个比较富有的县，那它为什么会破产呢？因为它的财政局长在投资的时候，片面追求高回报，却不知道自己的风险有多大，也不知道自己的风险来自哪方面，当然也就没有采取任何措施来控制风险。当美联储在1994年提高利率后，这个县亏损了大约17亿美元，也就只能破产了。

在奥兰治县政府破产这个案件中，还有更有意思的事情。在破产前的很多年中，这个县的投资回报都很不错，负责投资的财政局长也因此而连续7次当选财政局长，并多次被美国的一

些刊物评为投资明星。

这个财政局长后来对6项重罪服罪，并被法院判刑3年半，外加社区服务1000个小时。因为没有发现他有什么贪污挪用公款等行为，县政府破产是因为他不重视风险、不懂控制风险导致的。

从奥兰治县政府破产这个案件中，我们得到什么教训呢？就是要懂得风险与回报之间的关系，不能只强调回报，而不看风险。

那么，什么是风险呢？怎么衡量风险的大小呢？

在金融学中，风险是指我们投资实际获得的回报达不到我们的预期，也就是我们的投资可能遭受部分损失甚至是全部损失。

一般而言，投资者不会愿意承担较高风险，如果两项投资回报相当，但风险各异，投资者必定会选择低风险的一项。高风险必须有高的回报率，大家才有积极性参与。

绝大部分人都不喜欢风险，但风险又无法避免，那么我们怎么办呢？我们可以采取办法预防、控制风险对我们的影响，这就是风险管理。对于系统性风险，我们没有办法避免，但是我们可以想办法减少它们对我们的不利影响。对于非系统性风险，我们可以想办法避免，也应该想办法避免。

在金融学中，我们把风险分为两大类。一类叫系统性风险，这类风险的特点是，只要你从事金融活动，你就要承担这种风险，谁也躲避不了。这类风险包括政府宏观经济政策等因素，例如中国人民银行提高利率的时候，所有人都会受到影响，再如出现通货膨胀的时候，谁都会受到影响。有人说，那我到美国去投资，向美国的银行借款，中国人民银行提高利率以及中国国内的通货膨胀对我就没有影响了。其实也还是会受到影响，因为中国人民银行提高利率可能导致美国的美联储也跟着提高利率。所以，有些风险是谁也躲不开的。这就是系统性风险。

另一类风险叫非系统性风险，就是每一个公司所独有的风险。比如，你购买了通用汽车公司的股票，通用汽车前不久宣布破产保护了，但别的很多公司并没有破产，而且在汽车行业内，很多公司也活得好好的。因此，破产就是通用汽车所独有的风险。再比如，你购买了伯纳德·麦道夫发行的股票，结果被他骗了，这是投资这个公司独有的风险。

理论上，除了我们前面讲到的套利活动外，所有其他的金融资产、所有其他的金融活动都是有风险的，因为谁也不能保证投资只赚不赔，“股神”巴菲特在2008年也亏损了不少。虽然所有的金融活动都有风险，但是风险还是有大小之分的。因此投资者在进行金融投资之前，对风险进行了解，针对自己的风险承受能力酌情考虑是非常重要的。

资本控制：一个有效的金融措施

20世纪末期，由于受东南亚经济危机的影响，很多国家不得不改变原有的经济政策。这一点，尤其表现在对短期资本流动和资本外流的控制以及稳定本国的金融市场上，而且这还引起了世界范围内关于资本管制的讨论。而马来西亚关于资本管制的策略值得很多国家借鉴和学习。

马来西亚是在20世纪60年代末期开始不断提高国内金融市场的开放程度的，经过长时间的改革后慢慢地发展成了一个外汇交易十分自由的国家。20世纪90年代初期，马来西亚国内的通货膨胀加剧，政府实施了提高利率的金融政策，马来西亚货币的升值预期便大大增加，大量的资金开始涌进马来西亚。而当马来西亚政府试图采取措施来改变这种状况时，国内的利率和外资还在不断地上升，政府的政策根本起不到什么作用。于是，1994年前后，马来西亚政府便公布了一些临时性的措施来制止短期资本的不断流入。这样，流入马来西亚的短期资本有

效地减少，资金流入的结构也得到了很大的改变。

马来西亚在危机的时刻对资本的严格控制，给马来西亚带来了很大的影响。这个措施不仅给马来西亚国内和国际的金融市场创造了有利的条件，同时还改善了资本在国内和国外的流动情况。

马来西亚对资本进行严格的管制后，使得国内的金融市场和国外的金融市场成功分离开来，国内的利率水平也完全不会受国外利率水平的制约。在资本控制的措施实施不久，马来西亚国内的利率大幅度下降，很快就恢复到了危机爆发前的水平，并且国外的资本又开始不断地流向了马来西亚。

对于资本的控制在很大程度上帮助马来西亚恢复了国内的金融和经济，同时它的这种措施也给其他的国家提供了一个在金融危机中恢复经济和金融市场的经验。在华尔街金融风暴不断加深扩大时，资本控制的措施值得每一个深陷危机中的国家思考和借鉴。

在经济学上，资本管制是一种货币政策工具，是国家政府机关等权力机构用来掌控资本从国家资本账户等的流进和流出，以及定向投资金额从国家或货币中的进出。资本管制从克林顿政府祈求通过国际社会的努力创建世界贸易组织（WTO）起变得越来越突出，最初是因为全球化已经提升了区域强势货币的加快速度，换句话说，给一些货币超出其自然地理界限的效用。

资本控制是对一国居民持有与交易外币资产的法律限制。中国资本管制的概念的形成与中国整体经济改革的进展是密切联系在一起的。1993年12月29日，中国人民银行公布了《关于进一步改革外汇管理体制的公告》，从而把外汇体制改革放在了社会主义市场经济这块基石上，并提出了把实现经常账户下的可兑换作为突破性的第一步，从此，“资本管制”这一概念真正形成。资本管制对一国整体经济的发展具有重要意义。

其一，保持事实上的固定汇率制。如果没有资本管制，一国不可能同时实现货币政策独立性和汇率的稳定性，这就是所谓的“不可能三角”。对于任何一个国家来讲，独立的货币政策是一国获得非通货膨胀经济增长的前提条件，任何一个国家都不可能放弃独立的货币政策；另一方面，当一个国家经济缺乏弹性，为了减少本国货币汇率的波动，政府必须求助于资本管制。

其二，提高资源配置效率。除了为了实现独立的货币政策和汇率稳定性之外，实行资本管制的另外一个重要原因是提高资源的配置效率。金融市场是不完善的，主要表现是：市场的不发达、市场分割、利率控制和缺乏有效的激励机制。

其三，阻止过度借贷。企业、地方政府和外国投资者在过度借贷的过程中会相互勾结起来欺骗中央政府。在中央银行对国有商业银行的隐性担保下，银行系统会滋生道德风险问题。由于资本市场的不发达，具有高不良贷款特征的银行体系比较脆弱，使得金融体系没有足够的弹性应对由于高度流动的国际资本，尤其是短期投机资本带来的冲击。

资本管制的另一个目的是减少过度借贷，防止由于公司治理结构的缺陷导致的外部冲击。中国的金融和非金融机构在借款上几乎是不谨慎的。任何情况下，只要可能，他们能借多少就会借多少，从来不考虑偿还问题。资本管制首先可以阻止国际投机资本的流入，在国内金融市场和国际投机资本之间树立了一道屏蔽。

其四，防止非法资产转移。资本管制的另一项重要任务是防止非法资产从国内转移或以其他形式的资本外逃。以中国为例，由于中国转轨经济的特点，产权界定不清和“国有资产转手”的行为比较普遍，把这些资产转移到国外的动机是很强的。政策套利和利用法律的漏洞追求利润也是资本外逃的重要原因。

资本流动受国家施加的资本管制的影响，各国政府对进入该国的资本流量往往具有控制权。例如，一个国家的政府能够对本国投资者在国外资本所得征收特别税，这种税收迫使本国投资者不再向国外市场输出资金，因而增加了本国的资本账户余额。然而，其他受此税收影响的国家会对其本国投资者课以类似的税收加以报复，结果各国投资者在外国的投资均减少。

金融统计：为宏观经济“把脉”

像平常人一样，一个经济体也总有“生病”的时候——有时过热亢奋，有时过冷萧条，治病的关键是辨证施治、对症下药。医治“经济病”也如此，关键要及时发现问题，找准“病根”，及时采取针对性措施。金融统计在这时就派上了用场。

当经济出现明显波动时，人们在日常生活中很容易感觉出来。比如遇到通货膨胀，什么东西都变贵了，钞票不值钱了；

当有通货紧缩时，什么生意都不好做了，工作不好找了。但当经济异常只是刚露出苗头时，人们的感觉就不那么灵敏了。昨天的菜价跌了，今天东边的楼盘又涨了，你怎么判断这就是通货膨胀或是通货紧缩？这时金融统计的作用就显现出来，它把成千上万个微观主体的经济活动分门别类地加以整理、记录、统计和汇总：这个月全国增加了多少存款，发放了多少贷款，货币供应量有多少……人们通过这些数据的变化，以及它们之间的关联性的分析，就能够判断当前的经济运行状况，能对未来较短时期内的经济走势有一个相对明确的预期。

金融统计是适应国家经济管理和金融事业发展的需要而建立和发展起来的。金融统计是国家统计体系的重要组成部分，集金融信息、金融分析与政策咨询于一体，以货币信贷及金融运行的各种数量关系为研究对象，以金融与经济统计数据为依托，运用定性与定量分析相结合的方法，分析、判断、预测国民经济运行及金融的发展情况，是中央银行货币政策决策的支持系统和国家进行宏观调控的重要工具。

一年到头，全国各地不知有多少人去银行开户、存款、贷款，不知有多少企业在与银行发生着资金往来。但用不了几天，全国存款规模、贷款规模、货币供应量等指标的年度数据就摆在决策者的案头。别小看这些小小的数字，它凝聚了成千上万名统计人员的心血。

张三上个月在甲银行存了7.5万元，李四昨天向乙银行贷款50万元买房……像这样一例一例具体的经济活动构成金融统计数据的初始来源。中国人民银行要得出最后数字，首先需依靠

各类金融机构为它报送以各种实际业务为基础的数据。数据只有标准一致才方便汇集加总，中国人民银行为此专门建立了通行的统计制度，统一科目、统一数据指标、规范数据源，制定编码规则。在计算机的帮助下，各类数据被分门别类、井井有条地加工处理，最后的统计结果很快就能显示出来。

由于经济周期的存在，一个经济体在发展中也会有冷热起伏，有时过热亢奋，有时过冷萧条，但如何了解经济运行冷热情况呢？政府就需要根据金融数字统计这个“温度计”来制定相应的经济政策。

金融数字统计对居民生活的影响重大，当经济出现明显波动时，政府需要加强对金融数字统计的分析，防止社会经济动荡的产生。

金融数字统计是宏观经济形势下，国家发展的必然选择。

随着中国市场经济的发展和金融全球化的深入，国内金融体系也在不断地发展、完善。金融创新和新型金融机构大量涌现，需要金融机构大力推进金融统计的法制化和标准化。当前形势下，以金融统计法规为保障，尽快建立“全面、统一、协调、敏锐”的金融统计体系，是更好地服务于宏观调控和系统性金融风险防范的必然选择。

正所谓“以管窥豹”，只要看几个简单的金融统计数字，您就能清楚地了解全国金融体系的总体运行情况。

五类金融统计数据能帮助您大致认识全国的金融形势。一是货币供应量，中国人民银行定期公布各层次货币供应量的余额及增减情况，将货币供应量增长与经济增长及物价上涨三类指标相联系，您就能大致判断货币供应是否满足实际需要；二是金融机构存款与贷款的余额及变化情况；三是各种利率的水平及变化情况，还有汇率；四是国家的储备，如外汇储备、黄金储备，通过这类数据，您能直观感受一国政府掌握的财富；五是企业商品价格指数。中国人民银行选取了上千种在国内生产并销售的物质商品，按照一定分类，采用一定方法计算出价格指数，用以反映批发物价总体水平的变动情况。

将同一种数据不同时间段的数值加以比较分析，或者是将不同类型的数据结合起来观察，您就能深刻了解金融运行的总体态势，发现其中的一些特征。如果您还有更多的兴趣，不妨再探究一下统计数据变化背后的原因，思考相关问题的解决办法。

金融“三乱”：金融界中的“毒瘤”

1993～1994年，金华市区的王云香以高利为诱饵进行非法集资，涉及400多人，金额高达985万元，造成许多受骗群众血本无归。

金华市婺江寄售铺业主李亦东，为了谋取高额利差，1995年下半年到1999年5月期间，以寄售铺做生意需周转资金为名，非法吸收公众存款444万元，发放贷款500万元。案发后法院对其判处有期徒刑6年零6个月，吸收的存款只清退了10万元。

永康市唐先镇村民施金龙等4人，从1993年开始以月息15%～20%高利向当地村民非法吸收存款597万元，发放贷款759万元，涉及当地周边五六个乡镇、50多个行政村，参加存款人数达1000多人，案发后只清退50万元。

从1998年底开始，一些地方出现了较为严重的金融事件。许多非法民间基金会、投资公司因经营不善导致挤兑，进而造成了部分地区出现了严重的金融恐慌。在这种形势下，政府果断并且迅速地采取相应措施进行清理，由金融“三乱”导致的混乱状态若得不到合理整治，危害将进一步扩大。

上述案例中所涉及的就是金融“三乱”的问题。地方、部门、企事业单位和个人乱集资、乱批设金融机构和乱办金融业务，简称金融“三乱”。金融“三乱”是由于我国在20世纪80年代初期开始的金融体制改革过程中出现了金融政策的偏差造成的一种特殊金融异化现象。

自1998年7月以来，国务院开始部署大规模整顿和查处金融“三乱”。然而，由于国有金融体制和工具创新的不足，国有金融体系中缺乏提供为高风险融资进行风险分摊的机制，并且不能向广大城镇居民投资者的巨大储蓄存量提供有效和较高收益的理财投资工具和途径。在许多发达国家，有专为私营中小企业提供金融服务和融资渠道的私营金融机构，如美国的风险投资公司或风险投资基金，如日本的乡村银行体系。另一方面，金融与市场经济既相互推动又不可分割，当金融与经济发展不相适应，就会出现相互脱节的金融混乱现象，使社会经济的震荡摇摆和畸形发展。

正是由于“三乱”活动的形成以及其本身的复杂性，使得查处金融“三乱”存在法律界限不明晰的问题，即承担法律责任的主体是批准部门、主管单位或组建单位还是个人，以及承担的是刑事责任、行政责任还是民事责任。因而，政府在整顿和查处过程中必须坚持三个基本原则：

第一，依法整顿和查处。《中华人民共和国中国人民

银行法》《中华人民共和国商业银行法》《中华人民共和国证券法》《中华人民共和国企业债券管理条例》《非法金融机构和非法金融业务活动取缔办法》《整顿乱集资乱批设金融机构和乱办金融业务实施方案》《金融违法行为处罚办法》，党中央、国务院《关于深入金融改革、整治金融秩序、防范金融风险的通知》以及国务院有关清理整顿农村合作基金会、保险中介市场等的有关方案，《中华人民共和国行政处罚法》《中华人民共和国民法通则》《中华人民共和国公务员法》《中华人民共和国刑法》以及有关刑事法律的司法解释等，都可以作为“三乱”问题的整顿和查处时的法律依据。

第二，谁主管，谁整顿；谁批准，谁负责；谁用钱，谁还债；谁担保，谁负相应责任。《非法金融机构和非法金融业务活动取缔办法》中针对中国人民银行宣布取缔的非法金融机构，提出了“谁批准、谁主管、谁组建，谁负责债权债务”的清理清退。没有批准部门、主管单位或组建单位的，由所在地的地方人民政府负责组织清理债权债务。对中国人民银行宣布取缔的非法金融业务，提出了“谁从事，谁负责清理清退债权债务”原则。《整顿乱集资乱批设金融机构和乱办金融业务实施方案》将这一原则进一步具体化，明确提出对各级地方政府以及国务院直属部门所批准或主管的各类涉足金融业务的非金融机构进行整顿。“谁主管，谁整顿”，主管单位应根据有关法律、法规、规章进行清理整顿；“谁批准，谁负责”，主要是由批准单位负责债权债务的清理清退；“谁用钱，谁还债”“谁担保，谁负相应责任”主要指借款人、担保人应承担偿还债务义务。对于未经任何单位、部门批准而擅自设立非法金融机构和从事非法金融业务的行为主体应坚决追究其法律责任。因而清理整顿的过程同时也是查处违法犯罪的过程。

第三，既要彻底解决问题，又要确保社会稳定。“三乱”活动涉及资金数额巨大，范围广，影响群众多。因而国务院统一部署整顿查处方案，要求中国人民银行要加强对整顿“三乱”工作的领导、组织和协调；地方政府要高度重视，积极配合，分步实施，审慎处理，既要彻底解决“三乱”问题，尤其是各地地方政府、部门、企事业单位、个人不得再从事“三乱”活动，同时又要确保社会稳定，特别是妥善解决群众个人到期债务的清偿问题，避免引起大的动荡。对清理整顿中发现和暴露的违纪、违法、犯罪行为，要彻底清查，从严惩处。

非法金融业务活动本身是违法行为，参与者的利益不受法律保护。因此，对待这些金融的“毒瘤”，不仅需要政府的监管，也需要广大市民的支持。

首先，广大市民应当加强金融法律常识的学习，加强法制意识，增强识别能力。

其次，广大市民要有风险意识，决策前首先要判断其合法性、合规性，不要盲目从众，学会自我保护，不要被高利息、高回报所引诱，要懂得高利的背后往往是高风险。

最后，市民发现金融“三乱”行为，应当及时向当地人民政府、人民银行、公安机关等相关部门举报，在政府领导下，由人民银行、公安机关等部门相互配合，及时查处。

金融诈骗：欺骗银行的罪犯

近年来，金融诈骗犯罪手法不断翻新，诈骗金额也越来越大，已成为危及国家金融安全和社会稳定的重要因素。通过对众多案件的分析，可以看出现代金融诈骗犯罪具有以下几个特点：

其一，涉案数额越来越大。随着金融体制改革的深入，新旧金融体制之间出现漏洞，加上新的信用工具的不断出现，金融诈骗犯罪又进入一个特殊的高发期。一些金融案件案值之巨、涉及面之广、受害者之众、社会影响之大无不令人震惊。

其二，犯罪手段日趋智能化。随着国内银行业金融电子化、信息化建设的推进，传统金融业务的处理手段和程序已相继退出，取而代之的是电子化的资金转账系统、数据清算系统、自动柜员系统及银行数据交换中心和数据备份中心等现代

化的调拨、转账、清算、支付手段，这就为金融诈骗留下了较大的空间。这些使得金融诈骗成为一种智能化犯罪，犯罪分子不仅智商高，而且精通有关的金融业务和法律知识。

其三，犯罪分子往往内外勾结。近年来，金融诈骗犯罪已从原来的单个作案发展到内外勾结的团伙作案，金融机构内部人员参与金融诈骗的犯罪也有所增加，一些重大、特大金融诈骗案件大多与金融机构内部工作人员有关。犯罪分子利用金钱贿赂、女色引诱等手段拉拢、腐蚀金融系统内部职工或领导，加上金融机构内部人员素质不高，利欲熏心，不惜以身试法，与社会上一些不法分子相互勾结进行诈骗活动。

其四，金融诈骗呈现国际化趋势。随着经济全球化的发展、国际经济交往的增多，金融业务的国际化进程加速，国际经贸的频繁合作也为国际金融诈骗团伙提供了更多的可乘之机。国际交通、通信的便捷，国际间的交往频繁，人员往来的方便，给犯罪分子实施金融诈骗提供了方便的条件。同时全球金融市场的不断扩张及国际经济贸易合作的不断加深，为国际金融诈骗团伙提供了更多的作案机会。

在经济转型的过程中，金融领域内的犯罪活动急剧增加，并不断出现一些新的犯罪行为，诈骗犯罪尤其突出。由于对此新型犯罪的控制与防范机制尚未健全，导致一些犯罪分子乘机作案，金融诈骗犯罪案件明显增多，诈骗数额越来越大、涉案面越来越广、社会影响越来越恶劣。金融诈骗不仅侵害国家和人民群众的财产权益，而且扰乱了市场经济秩序，直接威胁到国家金融安全。

因此，对于金融诈骗犯罪的防范和控制不能采取单一的措施，应该综合性、多元化地应对复杂多变的金融诈骗新形势。一方面从法律层面上加强控制机制建设和防范措施，另一方面也要加强社会群众防范意识和法制修养，这样才能更加有效地抵御金融诈骗带来的危害。

仅仅依靠刑罚来控制与防范金融诈骗显然是幼稚而不切实际的，尽管法律对这类犯罪行为严惩不贷，但是金融诈骗犯罪不仅没有丝毫减少，相反，在逃避刑罚制裁的进程中不断摸索、前进，并不断通过更为隐蔽的手法继续犯罪。因此，在日常生活中，我们需要提高警惕，加强对金融诈骗的防范意识。

金融监管：金融创新需有度

2010年7月24日，CCTV－2《今日观察》栏目中两个评论员异口同声对美国新出台的金融监管法大加赞赏，说这是史上最严厉的金融监管。真的吗？

金融改革法案的主要内容：

第一，成立金融稳定监管委员会，负责监测和处理威胁国家金融稳定的系统性风险。该委员会共有10名成员，由财政部长牵头。委员会有权认定哪些金融机构可能对市场产生系统性冲击，从而在资本金和流动性方面对这些机构提出更加严格的监管要求。

第二，在美国联邦储备委员会下设立新的消费者金融保护局，对提供信用卡、抵押贷款和其他贷款等消费者金融产品及服务的金融机构实施监管。

第三，将之前缺乏监管的场外衍生品市场纳入监管视野。大部分衍生品须在交易所内通过第三方清算进行交易。

第四，限制银行自营交易及高风险的衍生品交易。在自营交易方面，允许银行投资对冲基金和私募股权，但资金规模不得高于自身一级资本的3%。在衍生品交易方面，要求金融机构将农产品掉期、能源掉期、多数金属掉期等风险最大的衍生品交易业务拆分到附属公司，但自身可保留利率掉期、外汇掉期以及金银掉期等业务。

第五，设立新的破产清算机制，由联邦储蓄保险公司负责，责令大型金融机构提前作出自己的风险拨备，以防止金融机构倒闭再度拖累纳税人救助。

第六，美联储被赋予更大的监管职责，但其自身也将受到更严格的监督。美国国会下属政府问责局将对美联储向银行发放的紧急贷款、低息贷款以及为执行利率政策进行的公开市场交易等行为进行审计和监督。

第七，美联储将对企业高管薪酬进行监督，确保高管薪酬制度不会导致对风险的过度追求。美联储将提供纲领性指导而非制定具体规则，一旦发现薪酬制度导致企业过度追求高风险业务，美联储有权加以干预和阻止。

这就是美国出台的所谓历史上最严厉的金融监管吗？

如果贪婪是人类与生俱来的本性，那么这一点在华尔街高管的身上显露无疑。金融机构对高管的激励措施往往与短期证券交易受益挂钩，在高薪驱动下，华尔街的精英为了追求巨额短期回报，纷纷试水“有毒证券”，从而从事金融冒险。那些衣着光鲜的金融高管每天只消打几通电话或者在电脑键盘上敲击几下，就可以获得非洲、亚洲一个农民一年的收入。即使在金融危机爆发后，这些金融高管还要求发高额奖金。

华尔街过度创新的金融工具，缺少监管、过度杠杆化的金融风险，以及过高的金融高管的薪资压垮了华尔街。可以预见，如果失去了对华尔街的金融监管，世界将会变得多么危险。

金融监管是金融监督和金融管理的总称。纵观世界各国，凡是实行市场经济体制的国家，无不客观地存在着政府对金融体系的管制。从词义上讲，金融监督是指金融主管当局对金融机构实施的全面性、经常性的检查和督促，并以此促进金融机构依法稳健地经营和发展；金融管理是指金融主管当局依法对金融机构及其经营活动实施的领导、组织、协调和控制等一系列的活动。

金融监管有狭义和广义之分。狭义的金融监管是指中央银行或其他金融监管当局依据国家法律规定对整个金融业（包括金融机构和金融业务）实施的监督管理；广义的金融监管在上述含义之外，还包括了金融机构的内部控制和稽核、同业自律性组织的监管、社会中介组织的监管等内容。

实施监管的目的主要体现在以下几个方面：

一是维持金融业健康运行的秩序，最大限度地减少银行业的风险，保障存款人和投资者的利益，促进银行业和经济的健康发展；二是确保公平而有效地发放贷款的需要，由此避免资金的乱拨乱划，制止欺诈活动或者不恰当的风险转嫁；三是金融监管还可以在一定程度上避免贷款发放过度集中于某一行业；四是银行倒闭不仅需要付出巨大代价，而且会波及国民经济的其他领域，金融监管可以确保金融服务达到一定水平从而提高社会福利；五是中央银行通过货币储备和资产分配来向国民经济的其他领域传递货币政策，金融监管可以保证实现银行在执行货币政策时的传导机制；六是金融监管可以提供交易账户，向金融市场传递违约风险信息。

在资本市场中，人们总是期望能够维持10年牛市、20年牛市，但这是不可能的。即使维持20年牛市，也许它会集中在某一天爆发出来，让人们一时无法承受。因此，法制建设、公司治理、市场监管、社会诚信文化、健全的宏观政策等，这些都需要全面发展和完善，在资本市场不断创新的基础上，做好市场监管，维持市场更好地运营。

资本是逐利的，对于资本市场的企业家、金融家来说，他们最大的目的就是追逐资本利益最大化，因为资本本身的特性，就决定了它与社会、与政府博弈的本能。因此，要建立一个真正安全、高效、透明的中国华尔街，市场监管就显得尤为重要。从金融发展200年的历史来看，如何控制这个风险，如何监管这个市场，大体上需要从以下四个方面入手：

其一，要有完善的法制体系。在资本市场领域，法制体系的健全，除了我们讲的社会整个法律体系的完善，还必须有公司法、证券法以及其他与公司相配套的金融法律，比如信托法、基金法规等。此外，这个法制还必须是可诉的，投资人可以用来维权。既然可诉，必然就要有相应完善的司法体系，所以这是第一个必不可少的制度。

其二，整个企业的治理必须是可控而有效的。华尔街这一轮危机调控的失败，问题主要还是公司治理的失控。因为职业经理人为了追求个人利益最大化，有时候立场和股东是不一致的，所以公司的治理必须是有效的，大股东要发挥作用，监督机制要发挥作用，企业的内控制度要非常有效。像雷曼倒闭，就是因为内控彻底失效，风险机制彻底失效。

其三，政府的监管要做到可控有效。危机时期政府监管体系失控至少证明发达市场的监管体系存在严重漏洞，不能有效地检测风险，防范风险，发现风险以后也不能及时地化解，致使最后风险积累到一起爆发。所以风险的防范体系很重要。

其四，整个社会形成真正的金融、资本市场文化。一定要有一个良好的投资文化，这个文化就是社会的诚信基础。良好的社会投资文化，不是一个追求短期利益、暴利的、激进的投机文化，而是一个拥有良好心态、长效的投资文化。

两三百年前的亚当·斯密曾经说过，即使健全的财政、健全的贸易、健全的货币政策，也不会在一段时期长期繁荣，一段时期集中爆发。美国从20世纪80年代到2000年是处于繁荣阶段，风险没有能够释放，似乎所有人都在赚钱，2000年的经济泡沫，格林斯潘通过“撒钱”把它解决了，但把钱撒到了房地产上，最后导致了房地产业的次贷危机。

PART 09 是“馅饼”还是“陷阱”——每天读点金融陷阱知识

金融全球化带来更大的挑战

经济全球化的过程早已开始，尤其是20世纪80年代以后，特别是进入90年代，世界经济全球化的进程大大加快了。经济全球化，有利于资源和生产要素在全球的合理配置，有利于资本和产品经济全球化。

全球性流动，有利于科技在全球性的扩张，有利于促进不发达地区经济的发展，是人类发展进步的表现，是世界经济发展的必然结果。但它对每个国家来说，都是一柄双刃剑，既是机遇，也是挑战。特别是对经济实力薄弱和科学技术比较落后的发展中国家，面对全球性的激烈竞争，所遇到的风险、挑战将更加严峻。目前经济全球化中急需解决的问题是建立公平合理的新的经济秩序，以保证竞争的公平性和有效性。

世界各国、各地区经济，包括生产、流通和消费等领域，相互联系、相互依赖、相互渗透，以前那些由于民族、国家、地域等因素所造成的阻碍日益减少，世界经济越来越成为一个不可分割的有机整体。

举例而言，美国波音公司生产的波音客机，所需的450万个零部件，来自6个国家的1500家大企业和1.5万家中小企业。波音公司所完成的不过是科技的设计、关键零部件的生产和产品的最终组装而已。据统计，目前全世界有40%的产品是由跨国公司生产的。

世界市场的形成使各国市场逐渐融为一体，并极大地促进了全球贸易的发展。国际贸易的范围不断扩展，世界市场容量越来越大，各国对世界市场的依赖程度也日益增大。

经济全球化是指世界经济活动超越国界，通过对外贸易、资本流动、技术转移、提供服务、相互依存、相互联系而形成的全球范围的有机经济整体。经济全球化是当代世界经济的重要特征之一，也是世界经济发展的重要趋势。

各国金融命脉更加紧密地与国际市场联系在一起。迅速扩张的跨国银行，遍布全球的电脑网络，使全世界巨额资本和庞大的金融衍生品在全球范围内流动。

国际投资中资本流动规模持续扩大。1995年发达国家对外投资总额达到了2.66万亿美元，是1945年的130多倍。资本流向从单向发展为双向，过去只有发达国家输出资本，现在发展中国家也对外输出资本，包括向发达国家输出。

区域性经济合作日益加强。区域经济组织遍及全世界，如欧洲联盟、北美自由贸易区等。许多区域集团内部都实现了商品、资本、人员和劳务的自由流通，使得区域内能够合理配置资源，优化资源组合，实现规模经济，提高经济效益。

一方面，全球化为发展中国家提供了难得的发展机遇，有利于吸引外资，弥补国内建设资金的不足；有利于引进先进技术和设备，实现技术发展的跨越；有利于学习先进管理经验，培养高素质的管理人才；有利于发挥比较优势，开拓国际市场。另一方面，它也不可避免地会给发展中国家带来不利因素和风险。发展中国家的经济和科技水平相对落后，不仅面临着发达国家经济和技术优势的巨大压力，而且国家经济主权和经济安全也受到严重挑战。正因为如此，世界银行首席经济学家斯蒂格利茨把全球化具有的两重性比喻为“一柄双刃剑”。

1. 在全球化过程中，发展中国家处于不利地位

几百年资本主义、殖民主义统治的结果，世界经济发展的严峻现实是，南北之间即南半球广大发展中国家（约占世界人口的四分之三）与北半球发达国家（约占世界人口的四分之一）之间，也就是穷国和富国之间，在经济发展和人民生活水平上的差距很大。这是世界范围的一种不公平现象。资本主义殖民主义体系崩溃之后，南北差距并未缩小，其原因是西方发达国家依靠国际经济旧秩序，垄断世界商品市场和金融市场，通过压低发展中国家初级产品的进口价格，抬高发达国家制成品和高精尖产品的出口价格，进行不等价交换，同时并进一步加强了资本输出，从而使南北之间的差距越来越大，由原来的几倍扩大到十几倍、几十倍，甚至上百倍。经济全球化趋势仍然是在国际经济旧秩序没有根本改变的情况下形成和发展的。西方发达国家在资金、技术、人才、管理以及贸易、投资、金融等各个方面都占有优势。目前国际经济的“游戏规则”，虽然其中有符合社会化大生产的一面，但总体上是在西方发达国家主导下制定的，国际经济和金融组织也都控制在美国等西方发达国家手中。他们利用这些优势，成为经济全球化的最大受益者。经济全球化由发达国家首先推动并在其中一直起着主导作用，而发展中国家虽然是政治上独立的主权国家，但在国际经济关系中处于受支配的地位，不可避免地带来发展中国家与西方发达国家贫富差距的进一步扩大。

2. 在全球化过程中，发展中国家主要产业乃至整个经济命脉有可能被跨国公司与国际经济组织所控制

经济全球化的主要推动力是跨国公司。根据联合国《1997年投资报告》的统计，目前全世界已有44000个跨国公司母公司和28万个在国外的子公司和附属企业，形成了庞大的全球生产和销售体系。这些跨国公司控制了全世界1/3的生产，掌握了全世界70%的对外直接投资、2/3的世界贸易与70%以上的专利和其他技术转让。我国部分国内市场已经被跨国公司控制，轻工行业如洗涤用品、饮料等，外商投资企业在产量、销量上占了35%～50%；移动通信设备仅美国摩托罗拉天津独资企业一家已占国内市场的90%，国内企业彻底退出竞争，外商一统天下；德国西门子在华39个合资企业中规模最大的北京国际交换系统有限公司的产品在中国市场的份额已达到23%，全国程控交换机外商占70%的市场。

有的研究者指出，在全球化背景下爆发的亚洲金融危机，给一些发展中国家造成巨大的损失。有的评论认为，从外部因素来说，西方国际垄断资本先是使短期资金大量涌入亚洲国家，使之看作是难得的融资而纷纷引进；而当这些国家将资金造成大量不良资产时，西方金融投机家就利用短期资金进行套利，并把资金撤走；到了发生金融危机的国家需要国际援助时，他们又通过自己操纵的国际金融、经济组织提出种种损害受援国的条件，进一步控制这些国家的金融机构和经济命脉。随着经济全球化的发展，当今世界各种全球性和区域性国际组织日趋增多，比如世界银行、国际货币基金组织、关贸总协定和世界贸易组织。它们对国家经济主权的渗透性越来越大，已成为对发展中国家进行强有力经济干预的机构。为了获得更大的国家利益，发展中国家不得不让渡一部分国家经济主权。

3. 在全球化过程中，发展中国家生态环境和可持续发展的矛盾会日益尖锐

经济全球化已经和正在导致一种崭新的全球分工格局的出现：发达国家主要发展知识密集型的高新技术产业和服务业，而把劳动和资源密集型的产业向发展中国家转移。广大发展中国家除了继续作为原材料、初级产品的供应者外，还成为越来越多的工业制成品的生产基地。发展中国家的经济发展和高新技术相对落后，不得不以消耗稀缺自然资源和污染环境为代价，参与国际竞争，争取“后发效应”。在全球化背景下，日趋激烈的综合国力竞争，主要体现在资源的争夺上，这实际上是一场没有硝烟的战争。这场战争的结果，将会进一步强化西方发达国家在高新科技领域的垄断地位，进一步加剧发展中国家的环境污染和生态环境的破坏，影响发展中国家的可持续发展。

进入21世纪以来，经济全球化与跨国公司的深入发展，既给世界贸易带来了重大的推动力，同时也给各国经贸带来了诸多不确定因素，使其出现许多新的特点和新的矛盾。为此，研究和了解这一问题有着一定的现实意义。

漏洞百出的金融现状

如今的金融界危机四伏，各国领导者们需要采取一系列行之有效的措施，来缓和当下日益加剧的全球经济失衡。他们应该深入探究初露端倪的权益噩梦，制定一项全球战略来应对全球危机。领导者们必须改革如今漏洞百出的金融体系，包括信用评级和配置体系。

2007年，随着次级抵押贷款还款拖延问题的加剧，金融体系架构使一个本来并不严重的问题演变成了数十年来空前严峻的金融危机。

金融危机以来，世界经济陷入大萧条时代以来最惨重的衰退，国际贸易也遭受重创。世界银行在其2008年《世界经济展望报告》中悲观地预测到，2009年世界经济增长率为0.9%，全球贸易量将减少2%。然而现在看来，这样的预测依然是过于乐观，人们并没有意识到情况会比想象更糟。全球贸易正经历第二次世界大战以来持续时间最长、幅度最大的一次下滑。

国际货币基金组织于2010年1月26日发布《世界经济展望》，2009年世界经济增长率为－0.8%，其中先进经济体为－3.2%，新兴和发展经济体为2.1%。这也意味着2009年将这样被铭记在历史中——“二战”以后人们经历了首次全球经济的负增长。关于世界经济与世界贸易的关系，经济学家们总结出一条规律：若世界经济增长，贸易会增长得更快；若世界经济增长下降，贸易则会以更猛的势头下降。这条规律再一次得到了验证，2009年世界贸易量（包括货物和服务）相比2008年下降12.2%，其中先进经济体进口下降12.2%，出口下降12.1%；新兴和发展经济体进口下降13.5%，出口下降11.7%。这与金融危机肆虐全球之前国际贸易的空前繁荣形成鲜明对比，以2000年到2007年为例，这期间世界贸易年均增长幅度约6%，而同期的世界生产增长率约为2%。

世界贸易组织2009年11月发布的《世界贸易年度报告》中显示，全球贸易总量（2008年10月到2009年10月）与上年同一时期相比下降10%，这意味着，国际贸易规模一下退回到2005年的水平。考虑到金融危机后，各主要币种纷纷贬值，这个10%的比率恐怕算是保守的。

报告称，截至2009年第二季度，制造业产品贸易量比上年同期平均下降29.9%，其中能源和矿物产品贸易量的减少最为明显，降幅达55.5%，汽车产品下降45.8%，办公用品和电信设备下降22.0%，化工品下降24.6%，服装与纺织品下降19.8%。全球服务贸易的数据有限，发达经济体获得的服务贸易数据显示，在金融危机爆发初期，服务受到的消极影响远小于制造业产品，但是年中，这种好景也无法维系，服务贸易开始收缩。美国服务贸易出口比2008年同期下降13%，进口下降16%。另一个重要的发达经济体欧盟面临的服务贸易形势更严峻，其服务贸易进出口比起上年同期分别下降22%、20%。

次贷危机从金融领域打开一个劫掠财富甚至摧毁一国经济的巨大缺口。从1994年12月爆发的墨西哥危机，到1997年爆发的东南亚金融危机，到1998年的俄罗斯金融危机，到1999年的巴西经济危机，到2002年的阿根廷金融危机，再到2007年爆发的越南金融危机，危机一直在频繁发生，这到底是为什么？

有一点是可以确定的，许多国家都在灾难临头时，求救于美国主导的国际货币基金组织（IMF）等机构，屈辱地接受不平等的条款。当危机过去，这些国家也难以恢复往日的风采。

次贷危机让冰岛不幸成为一个面临政府信用破产、国家经济濒临破产边缘的国家。在最暗淡的时候，冰岛克朗兑欧元在短短的一周时间里就贬值了约80%！惨烈之至。

次贷危机犹如海啸，最脆弱的部分必然首先被摧毁。冰岛的困局告诉我们，现在摧毁一国经济主权的工具，已经变成金融而非枪炮。同时，摧毁一国经济主权的主角，已经变成尖端的金融人才而非勇猛的大兵。

冰岛虽然是次贷危机中第一个面临国家经济破产风险的国家，但欧盟也是次贷危机制造者瞄准的目标之一，欧元是当今唯一能够挑战美元的货币。

在全球化的今天，金融已经代替枪炮成为战争的主角，其造成的后果与真正的战争一样血腥和残忍，而许多人被洗劫后还浑然不觉。我们需要认真思索，以透彻地了解和掌握这个时代的黑暗与危机，让更多的人从麻木不仁和被欺骗的状态下觉醒。

次贷危机之下，通货膨胀如噩梦般挥之不去。自2007年下半年开始，国际油价连破70、80、90、100、110、120、130、140美元关口；黄金价格涨势空前，一举突破1000美元/盎司关口；铁矿石价格又暴涨了近一倍……

次贷危机将对未来的世界经济格局产生深远影响，最起码，美国凭借货币霸权“空手套白狼”的游戏已经很难持续，危机将促使美国人的财富观念、消费观念发生颠覆性变化，过度的信贷消费已经走到尽头。美国自己需要转型，而美国的转型意味着世界经济的引擎发生变化。次贷危机中，无数财物被掠夺，这些财富的数额令人瞠目结舌。

次贷危机可以说是一个巨大的陷阱，那么，在拯救次贷危机的过程中，同样布满重重陷阱。而且，拯救次贷危机可能制造出一个更为可怕的陷阱。美国一边小心翼翼地呵护其实体经济，一边呼吁其他国家拿出真金白银拯救其已经是无底洞的虚拟经济。

通过对次贷危机之后的世界经济形势的上述分析，我们不难得出以下几个结论：

首先，世界上多数国家都面临经济衰退，比起新兴经济体和发展中国家的增长率下降，发达国家境况更为严峻，出现了负增长。

其次，当涉及对外贸易时，无论是发达经济体还是新兴发展经济体，国际贸易规模都遭遇了不同程度的下滑，而且在出口领域，新兴和发展经济体面临的下降幅度稍大。原因在于，这些新兴和发展经济体正是通过国际贸易参与国际分工，融入世界经济体系，实现经济蓬勃发展，几乎每个国家都有较高的外贸依存度。但是，无论是危机前还是危机后，新兴和发展经济体对于世界经济的贡献都与日俱增，危机后更是在全球经济恢复这场战斗中扮演着举足轻重的角色。比如中国，2010年以后的中国经济被称为“世界经济中流砥柱”。

最后，我们还可以看到，就国际贸易结构而言，制造业产品首当其冲受到金融危机的冲击，贸易量急剧缩减，而服务贸易则有一个缓冲过程。虽然危机对服务贸易的消极影响在年中也渐渐呈现，但是比起制造业产品，下降幅度小很多。

危机极大地动摇了全球化的政治基础，使全球数百万计的中低收入家庭面临严重的生存困难。的确，金融市场最终恢复稳定了，然而根本问题却仍潜藏在表象之下，随时可能再次爆发。我们也必须采取一些方法，使人们更好地理解全球变暖与维持全球贸易体系之间所固有的冲突和紧张局势，并创造一种能够妥善应对主权财富基金投资风险和机遇的可靠方法。除此之外，我们还要保护国际金融的流动性，同轻率的贸易保护主义斗争。

金融机构拿着我们的钱去赚钱

2008年3月，摩根大通以每股10美元的价格正式完成了对贝尔斯登的收购。而在2007年1月，贝尔斯登的股价曾高达每股

170美元。贝尔斯登在全球的员工约有1.4万多名，公司历来鼓励员工持有自己公司的股票，员工持股量达到总股本的1/3。股价大跌使贝尔斯登的员工遭遇了巨大的损失，当然，受损的还有广大的投资者。

而雷曼兄弟则因过度投资于担保债务凭证，紧跟贝尔斯登也倒下了。雷曼兄弟是以自己购买的住宅和商业房产抵押贷款支持证券作为后盾（它大胆假设房地产市场的价格是永远不会下跌的），因此大量投资于担保债务凭证市场。由于雷曼兄弟完全依赖短期贷款做生意，因此它要获取高额利润并及时地连本带息归还贷款，就只有铤而走险了。它以1∶35的杠杆率进行投资，也就是说，雷曼兄弟拿自己拥有的1美元，以及从别处借入的35美元进行投资。按这样的比率，只要其资产负债表中的投资总价值下降3%（雷曼兄弟的实际亏损幅度远远大于3%），股东的权益便完全丧失。于是，当房地产市场无情地崩溃后，雷曼兄弟因无力偿还所欠贷款而“寿终正寝”。与贝尔斯登的情况相似，雷曼兄弟持股的员工也遭受重创。

华尔街金融体系是掠夺财富的武器，对冲基金经理、外汇交易员、经纪人和进行投机的炒家是当

今的冒险家，大型投资银行是武装起来的船队，经济是他们的海洋，上市公司是为他们掠夺财富服务的船只，而国家则变成他们的奴仆和监护人。

每到年末，华尔街投资银行便开始清算“战利品”——其发放的红包多少是最能吸引眼球的财经新闻。年景好的时候，各大投资银行报出的红包数额一家比一家高，民众也还能够接受：“美林45万美元的平均奖金”“雷曼兄弟平均50万美元”“摩根斯坦利平均55万美元”“高盛平均60万美元”！当时，金融危机远未结束，可高盛则在2010年率先高调报出其3.1万名员工的人均入账有望达到70万美元的消息，这一收入水平创高盛136年历史上的最高纪录！这使大量失业或失去家园的美国民众怒火中烧。

金融危机证明，危险的根源就是资产证券化。然而华尔街投资银行最赚钱的业务，恰恰就是资产证券化和衍生化业务。在这个证券化的过程中，华尔街2%的人把“垃圾”包装成“黄金”（譬如将次贷证券化）。他们赚得越多，广大投资者的亏损就越大。社会大众的财富就这样神不知鬼不觉地通过“移钱大法”，被装进自称是“为上帝工作的人”的口袋中。

如果没有金融海啸，那么华尔街发明的金融衍生产品可以说举世无双，美国金融体系的实力不知道要羡煞多少国家，从而促进某些国家极力效仿。而大多数国家都要依靠生产来积累国家财富，这一过程缓慢而且回报率低。如果有人能够不通过生产，而是以接近零的储蓄转到用中国储蓄额的50%或者德国储蓄额20%所获得的回报，那他还需要生产和储蓄吗？

华尔街的投资银行就是这样无与伦比的金融“巫师”，它们可以化腐朽为神奇，将国家微不足道的储蓄额用漂亮的包装投放到金融市场上。比如“有毒”的次级债务就吸引了中国及其他各国争相购买，他国的财富就神不知鬼不觉地被挪到了华尔街机构的腰包里。

以高盛为例。高盛在危机最严重的时刻获得数百亿的救助资金，并再一次利用20～30倍的高杠杆借到相当于2万亿美元的资金，一跃成为当时最有钱的银行，而后又利用这些钱在股票市场崩溃和各类资产处于最低价的时期大量购进资产。随后，美联储和美国财政部以“营救金融体系和国民经济”的名义投入了23.7万亿美元的资金，使那些资产重新膨胀。高盛完全是用纳税人的钱以最低价购入资产，从而得以创下盈利纪录，而纳税人却没有得到任何的利益。这就是所谓的“上帝的活儿”。高盛的金融大鳄们脸不变色心不跳地将所赚利润的一半——210多亿美元装进自己的口袋。

为了平息大众愤怒的情绪，高盛在当时表示，公司30位级别最高的管理者将不接受2009年的现金奖励，而是以股票代替现金。这种换汤不换药的“典范”之举，依然难以平息民愤。殊不知，美国上班族的人均年收入不过是5万美元，而单单是华尔街人士平均获得的红包，就接近普通上班族人均年收入的15倍。华尔街不仅闯下大祸令全球经济进入衰退，使大量无辜的民众丢掉饭碗，而且在分发“战利品”时丝毫不手软，这种情形能不令人愤怒吗？当金融海啸爆发了，政府为挽救这些金融机构，救助资金总共达到近640亿美元。如果没有这640亿美元的救助资金，高盛就将像其他很多银行那样，绝对活不到今天。

当衍生产品扩大的利润被处于财富金字塔顶端的人掠夺之后，遗留下来的巨大的窟窿将由谁去填补？毫无疑问，当然是美国纳税人了。他们是处于金字塔最底端的人。据估算，当金融海啸爆发，美国政府为拯救“两房”的资金至少达到1万亿美元，平均而言，每一个纳税人必须拿出6000美元来为此买单。

纳税人中最倒霉的是中产阶层，他们既没有像富豪那样逃税漏税的资本（这需要大量专业人士为之服务），又不甘于像穷人（其基本上不用纳税）那样依赖政府。每一个美国中产阶层人士可能为拯救“两房”分摊高达上万美元。

警惕，金融衍生品惹的祸

1995年2月26日，英国的巴林银行倒闭了，被荷兰的一家银行用1英镑的象征性价格买了下来。这件事震惊了全球金融界。在世界银行业历史上，巴林银行的倒闭被很多人看作一个转折点。在西方国家，银行倒闭是常有的事情，但巴林银行的倒闭却出乎意料。巴林银行创建于1762年，到1995年倒闭，有着233年的历史，是英国历史最悠久的批发性商业银行。从英国国王乔治五世开始，巴林银行和英国王室的关系一直很密切；英国和法国皇帝拿破仑打仗时，就是巴林银行给英国政府提供资金的；巴林银行倒闭前，英国女王伊丽莎白二世在它那里开有户头；此外，1997年去世的英国王妃戴安娜就是巴林银行创建人巴林家族的后代。更让人意外的是，巴林银行居然是被一个年仅28岁、名叫尼克·利森的员工一个人给搞垮的，而且还与衍生金融工具有很大的关系。

那么，28岁的尼克·利森是怎么利用衍生金融工具，单枪匹马地搞垮了一个有着233年历史的银行呢？

在巴林银行倒闭后，很多人开始讨论衍生金融工具到底是恶魔还是天使，要不要使用衍生金融工具，怎么控制衍生金融工具的风险。

首先，我们来了解一下什么是衍生金融工具。要知道什么是衍生金融工具，我们得先从金融工具说起。

在金融市场中，人们买卖的不是衣服、食品这些买来马上就可以用的商品，而是具有一定价值的某种权利。“权利”这么抽象的东西怎么买卖呢？怎么把它从一个人手中交给另外一个人呢？我们使用金融工具来买卖这种权利。

金融衍生工具是人类金融史上最令人瞠目结舌的创新之一，有人引用一位花旗交易员的话来讲：投资银行的本质就是炒家，没东西就想出一个东西来炒。

当传统产品的交易佣金越来越低、竞争日益激烈时，投资银行为了生存，不断地突破金融监管以寻求新的盈利模式。在期权理论引发了华尔街的革命后，投资银行借助于数学模型和大规模计算机，开发了大量的衍生金融产品和交易模型。所谓金融衍生产品，是指价值依赖于标的资产价值或回报率变动的合约。按照产品的形式，衍生金融品可以分为远期、期货、期权和互换四大类。

国际投资银行通过开展衍生产品业务，为金融机构、跨国公司、基金、政府实体、保险公司和投资者提供套利、风险对冲、衍生品交易等服务。金融专家定期地为客户提供各种金融产品的咨询服务，包括利率、货币、信用、股权及商品衍生产品，并且为对冲交易、衍生类结构性融资安排、综合交易以及回购和证券借贷协议方面提供建议。全球金融市场波动加大充满了不确定因素，仅仅理解资产证券化或结构性融资的基础知识已经远远不够，要想掌握交易中出现的种种问题，需要极高的专业知识水平和技巧，这种复杂性为投资银行带来了大量的衍生业务。

金融衍生品的出现挑战着投资银行传统上以服务赚取佣金为主的业务模式。随着投资银行们大量涉足衍生金融品交易，次贷市场和复杂产品投资以及对冲基金这些风险较高的领域，变相投资于高风险的对冲基金，它们逐渐从衍生品交易与经纪

业务向买方投资转变，承担的风险也逐步提高。

在对大量金融衍生品交易中，投资银行赚取了巨额利润。高盛和摩根斯坦利两家投行在过去十年里，每年的平均净资产回报率高达20%，远远高于商业银行12%～13%的投资回报率。

投资银行出售金融衍生品的目的是利益最大化，在此前提下，它们往往会出售一些风险巨大的产品，利用客户对其的模糊认识而牟利。根据有关统计，美国抵押债务与其相关的衍生金融产品的比例高达1∶19，即10万亿美元的房屋抵押贷款所衍生出的CDS等高达近200万亿美元。

在这些工具诞生之初，人便担忧这些金融产品的风险。诺贝尔奖获得者莫顿·米勒却认为："与人们广泛理解的相反，衍生工具使世界变成了一个更加安全的地方，而不是危险的地方。"但是，即便像米勒这样的金融专家也大大地低估了金融衍生品所具有的巨大威力。金融衍生品的大量创造，在为投资银行打造了一条新的食物链的同时也打开了潘多拉魔盒，在全球金融危机中，成为投资银行倒闭的根本原因。

巴菲特曾经很形象地把金融衍生品称为"大规模杀伤性武器"，当然我们理解这种说法。但是也有学者认为，金融衍生品只是一种市场投资工具，本身并不是金融危机的罪魁祸首。

欺骗的根源在于信息不对称

世界顶级炒股大师巴菲特说过："要预测股市走向，跟预测一只鸟从一棵树上起飞后要落到哪棵树的哪根枝条一样困难。”另一位投资大师索罗斯也说：“上帝也无法预测股市。”股市有亿万个操作思路，任何个人都难预测到全体的操作动向将导致的市场异动。个人相对于全体，在信息的掌握上构成了不对称。

信息不对称指交易中的个人拥有的资料不同。在社会政治、经济等活动中，一些成员拥有其他成员无法拥有的信息，由此造成信息的不对称。能产生交易关系和契约安排的不公平或者市场效率降低问题。一般而言，卖家比买家拥有更多关于交易物品的信息，但相反的情况也可能存在。前者例子可见于二手车的买卖，卖主对该卖出的车辆比买方了解；后者例子比如医疗保险，买方通常拥有更多信息。

信息不对称会带来很多失误和损失，但对于部分消息灵通的先知先觉者，也会变不利为有利。

1865年，美国南北战争接近尾声。由于战事频繁，美国的猪肉价格非常昂贵。当时有位名叫亚默尔的商人，他从事的正是猪肉供应。亚默尔非常关注战事的发展，他十分注重收集各方面的信息。亚默尔相信自己一旦抓住别人没有发现的商机，一定能够猛赚一笔。

这一天，报纸上的一则新闻吸引住了亚默尔。这则新闻里提到一个神父在南军的营区里遇到几个小孩，小孩们拿了很多的钱问神父怎样可以买到面包和其他吃的东西。这些孩子的父亲是南军的高级军官，军官们给孩子带回来的马肉非常难吃，孩子们已经好几天没有吃面包了，所以才会到处买面包。

这是一篇很普通的报道，但在亚默尔看来，这里面透露出一个重要的信息。南军的高级军官已经开始宰杀马匹，足以说明这场战争马上就要结束。而战争一旦结束，整个美国的经济市场也将恢复正常，那么猪肉的价格必然会出现大幅度的回落。对于亚默尔来说，战争的结束就意味着他发财的机会来临。

亚默尔马上与美国东部的猪肉销售商们签订了一个大胆的销售合同，将自己的猪肉以较低的价格卖给对方，并约定迟几天交货。在当时的市场情况下，亚默尔的这批猪肉价格相当便宜。于是，各地的销售商们纷纷与亚默尔签订合同，亚默尔储备的猪肉很快销售一空。

就在亚默尔的猪肉销售出去后，没过多久，南北战争正式宣告结束。受到战事的影响，各地的猪肉价格一下子暴跌。销售商们不得不低价处理手中积压的猪肉，价格要远低于收购亚默尔的猪肉价钱。亚默尔在这次的行动中，一共赚取了100多万美元的利润，一举奠定了坚实的商业基础。

报纸上一条并不引人注目的小新闻，亚默尔却能从中发现商机，及时捕捉到信息，并及时利用，从而使自己在这场商战中大获全胜。

这是一个成功的利用信息不对称抢得商业先机的例子。但在前面说到的股市，先知先觉者只有靠自己的知识、经验和预测能力一时取胜。如果通过不正当手段窥视到上市公司股票的秘密，抢先一步操作，则发生竞争违规，属于被证监会等执法部门处罚的行为。

金融市场中的信息不对称意味着投资者可能面临着逆向选

择和道德风险等问题，从而阻碍了金融市场的高效运行。风险企业和骗子最急于向失于防范的投资者推销证券，由此导致的逆向选择问题可能导致投资者不愿涉足金融市场。进一步讲，一旦投资者已经购买了某种证券，即已经将贷款投放给某企业，借款人就可能有动机从事风险活动或进行欺诈。这种道德风险问题也可能使得投资者远离金融市场。政府对金融市场的监管可以帮助投资者获取更多的信息，从而减少逆向选择和道德风险等问题，促进金融市场的健康运行。

1929年美国股票市场的大崩溃以及随后暴露的大量欺诈行径，向美国政界提出了加强金融市场监管的要求，这也最终导致了1933年美国证券法的通过和证券交易委员会（SEC）的建立。美国的证券交易委员会要求企业在发行证券时，必须向公众公布有关它们销售、资产和收益的状况，并对企业大股东（即内部人）的交易作出了限制。通过对信息披露的规定和对可能操控证券价格的内部人交易的限制，证券交易委员会希望投资者能够享有更充分的知情权，避免1933年之前金融市场的某些弊端。事实上，证券交易委员会近年来一直特别致力于内部人交易的查处。

随着经济全球化的来临，面对世界性的竞争与挑战，无论是个人还是商业组织，都应重视对外界信息的收集和利用。能够通过正当途径收集到有用的社会信息，再凭借出色的领悟和判断能力，就能及时预测到新的社会需求，便能在市场竞争中“领先一步”，击败对手。

利率：使用资本的应付代价

金融中介：供求之间的桥梁

winshare文轩

四川人民出版社

轻松学习金融学的基本理论知识，
为工作与生活带来更多成功机遇。

以金融学的基本结构作为骨架，以生活中的鲜活事例为血肉，
将金融学内在的深刻原理与奥妙之处娓娓道来……

如果操作过度，即使对市场判断正确，也会一败涂地。

——乔治·索罗斯

上架推荐：经营管理

ISBN 978-7-220-11674-2

9 787220 116742 01>

定价：78.00元